蒙古史经典著作

蒙古黄金史纲

汉译

朱风 贾敬颜 译

内蒙古人民出版社

图书在版编目(CIP)数据

汉译蒙古黄金史纲/朱风,贾敬颜译. -呼和浩特:内蒙古人民出版社, 2006.8(2015.1 重印)

(蒙古史经典著作)

ISBN 978-7-204-07983-4

Ⅰ. 汉… Ⅱ. ①朱… ②贾… Ⅲ. 蒙古族-民族历史-中国-古代 Ⅳ. ①K281.2

中国版本图书馆 CIP 数据核字(2006)第 099943 号

目　录

引　言

《黄金史纲》原书名为《诸汗源流黄金史纲》,无名氏作,成书约在一六〇四至一六二七年间。作者从宗教的立场出发,荒诞地将蒙古族源同印度、土番联结起来,盖自帕思巴《彰所知论》以降,蒙古编年史书中主张蒙古源出印藏之说,乃以本书为始。全书内容可略分两大部分,第一部分为印藏王统,第二部分为蒙古王统,其中又分两段,前段从孛儿帖赤那叙述至元顺帝妥欢帖木儿,后段从必里克图汗叙述至林丹汗。两段中间又插入永乐帝朱棣登基以后的明朝诸帝纪年。作者肯定明成祖永乐帝为元顺帝弘吉剌皇后所生遗腹子,写道:"汉家之君第一代即洪武皇帝,其子建文皇帝,在位四年之后,弘吉剌哈屯之子,统率自己少数护卫与兀剌之六千兀者人,水滨之三万女真人以及黑城之汉人整兵来伐，擒获汉家洪武皇帝之子建文皇帝，捺印于其颈而废逐之。于是，乌哈噶图可汗之子永乐皇帝为君，而汉家却以为‘真正吾皇之子做了皇帝’，号曰大明。”插入明朝诸帝纪年，盖即出于此种认识。

《黄金史纲》除了宣扬印藏源流说以外，还记录了传说故事多则，包括上述关于永乐帝的传说在内，也都不能作为信史对待。但本书对明代蒙古鞑靼、瓦剌两部的历史叙述颇详，较为系统地勾画了当时蒙古的社会政治面貌，这是本书的一大特点，也是它的史料价值所在。以致后世蒙古编年史家很少有不注意到这本书的。至于对后来编纂的蒙古史书，诸如萨冈彻辰的《蒙古源流》、罗卜藏丹津的《黄金史纲》以及无名氏的《古代蒙古诸汗源流大黄史》等著作所给予的影响，则早有公论，无须喋喋。因此《黄金史纲》与《元朝秘史》、《蒙古源流》号称蒙古文三大历史文献。现除《史纲》外，《秘史》、《源流》都有汉译本（《秘史》仅有汉字标音和撮要本，《源流》由满文译汉文改动亦大），虽然对《秘史》、《源流》的研究还有待于进一步地深入探讨。而国外研究《史纲》的人和书，无论就数量、时间、功力几方面讲，都已走在我们前面。我们应奋发图强，急起直追，把这一工作搞上去。

虽则如是，这部相当粗糙，甚至谬误迭出的《史纲》译文，并不想、也无能力填补上述的这一空白，更不可能因它的出版而抹掉我们脸上的灰尘。我们只有一个希望，即对那些不认识蒙古文而又想知道一下《史纲》内容的人，给予一个极其初步的便利而已。

这部书的结束，说来不能原谅自己。初作于一九五六年，那时，我们在做阿拉善旗的社会历史调查，公余之夜，草草从事，手头仅有小林高四郎的两种日译本，虽然我们采用的底本与小林氏一致，但不甚了然或根本不理解的地方那是很多的。一九六四年和一九六六年也曾两度整理旧稿，但又都因故半途而废了。每当许多朋友问起时，只好嘿然相对；只是到了去年和今年，在我们相聚不多的时间里，才下定决心，本着"丑媳妇必得见公婆"的心情，把它清写出来。"抛砖引玉"对我们来说，绝不是一句客套，但愿在这部拙劣作品的基础上，能够产生一部乃至数部对《史纲》无论就校勘、翻译、注解、研究而论，皆具相当水平的著作问世；如果达到了这一目的，那么，我们这份译文也算尽到了它的责任而不至于笔墨纸张的白白浪费了。

由于水平的限制，我们只能逐字逐句地"硬译"，结果不蒙不汉，这倒不是什么"忠实于原文"，能做到一个"信"字已不容易，"达"、"雅"二字，根本不敢作此奢望。加上多年来闭目塞听，孤陋寡闻，只是这次整理旧稿时，我们才见到了鲍登(C.K.Bawden)对此书的校勘与译注，而该书却是早在一九五五年威斯巴登(奥托·哈拉索维茨出版社)已出版的。我们根据它来检验自己的工作,不但底本选得不够理想,而且注解多系信手拈来,更不用说详细地校勘了。当然,我们因偶然机会也简单地利用了两种新发现的蒙古文历史文献,其一即《黄金史鉴》(此书,朱风与道荣嘎同志有专文介绍,载《中央民族学院学报》1979年第4期),另一为《俺答汗传》(此书,珠荣嘎同志在整理中);至于内蒙古,以至全国各地收藏的各种版本《史纲》的利用,只好留待于有志此书的同志它日另作详尽而有意义的工作了。

总之,这部《译文》不是一部好的作品,更不是一部专门性的学术著作。重复一句,如果说它能对帮助一些不通蒙古文而又想了解一下《史纲》内容的人有所裨益的话,那也勉强地算做我们的微薄贡献了。

最后须说明三点:

一、本书蒙古文底本为北京第二版,原题:《Boγda činggis qaγan-nucedig》即《圣成吉思汗传》。其北京第一版标名只是少了一个“Boγda”(即“圣”字),在校记中简称P1版;其它,嘎拉桑贡博叶夫(Galsan Gomboev)本,简称G本;所谓《喀喇沁本蒙古源流》,简称K本;罗布桑丹津(Lobsan danjin)《大黄金史》(即《Altan tobci no-va》)则简称U本。对这些书,我们都不曾核实原文,只是转引了鲍登的译注:《蒙古编年史·黄金史》。

二、旧传有所谓盛昱的《蒙古世系谱》一书行世,现已明白它不是什么盛氏的著作,原作者为罗密,增订者曰博清额,原书名《蒙古家谱》。它是在许多方面依据《史纲》而成书的,所以,作为附录重刊于此,供参考。

三、为了核对与检索方便,我们编了一个简单的人名、地名的蒙(拉丁)汉译文对照表和附载了蒙文原文。

四、此稿曾于一九八〇年油印百余本,征求意见。感谢内蒙古大学乌兰同志和内蒙古社会科学院张双福同志认真校阅,润色译文、纠正失误,他(她)们的劳绩是可贵的。

朱风　贾敬颜

一九八〇年六月脱稿

一九八三年三月改定

阿勒坦·脱卜赤

尊贵菩萨后裔，贤德帝王根基，
起源印度① 土番，愿述事迹梗概。
为着拯救世间，众生免于沉溺，
禀承佛陀旨意，大三末多降生，
以众敬王显扬。

① 原文作“额纳特珂克”(εnetɣek)，即印度。续增《华夷译语》人物门:西天曰“安惕客惕”(an(e)tɣet)。《高昌馆杂字》人物门:西天曰“昂答克”(endeke)。按《清太宗实录》卷四一崇德二年三月庚午，谕喀尔喀文中谓“昔金、辽、元三国之主，西伐额纳特珂克，东抵朝鲜，北及黑龙江，南至于海”。三年七月丁卯谕喀尔喀文语略同，译“厄纳忒黑”。《蒙古源流笺证》引《四川通志》作“厄讷特克”。《大唐大慈恩寺三藏法师传》卷二，突厥叶护可汗谓法师曰:“师不须往印特加国(原注:谓“印度”也)……”(回鹘文译本作yntk′k)，粟特语作εnetkek，都是对“印度国”的不同时代、不同语言的不同写音。

印度的劫初之祖是大三末多王。彼之子光妙。彼之子善帝。彼之子静斋。彼之子顶生。是为主宰四瞻部洲的金转轮王。彼之子妙帝。是为主宰三部洲的银转轮王。彼之子近妙。是为主宰二部洲的铜转轮王 。彼之子善妙。是为主宰一部洲的铁转轮王。彼之子严妙。此五人以五转轮王而显扬。

严妙王之子舍帝。彼之子舍捉王。彼之子舍固尼。彼之子香草王。彼之子大香草王。彼之子乃善见王。大三末多王的贵胄为甘蔗王。其子善生王。王复繁衍为众王之后的狮子颊王①。子净饭王、白饭王、斛饭王、甘露饭王。长兄净饭王二子,长即佛陀,次妙难陀;仲子白饭王二子,长具寿胜,次具妙;叔子斛饭王二子,长具寿大名,次无天;季子甘露饭王二子,长天授,次庆喜。释迦牟尼之子罗睺罗。罗睺罗出家,净饭王一支由是绝嗣。但诸经典却说并未绝嗣。释迦牟尼佛涅槃后千有余年②,经由大三末多王族宏布于东方雪山之周。其始末如此。有印度摩揭陀国侨萨罗之子名沙尔巴王者,有子五人。幼子生时身长青犀色毛③,手足皆扁,目之交睫自下而上。因

① 原文 Arsalan ouquči-tu qaɣaṇ,直译“狮子背王”。

② 此句前衍罗睺罗、净饭王之名,它本无,今删。

③ 原文 keris(G 本作 krik,初版作 kiris)案:蒙古文 k、g 不分,qiris 或许是“鳞”。

谓“此儿不似前胎”。于是装在铜匣里,弃入恒河中,飘流到了巴勒布①、土番二国交界的地方,土番一老人于河边拾到这个匣子,打开一看,原来是个漂亮的男孩,抱回去养育到十六岁。探寻地势高峻、风景优美的地方,得知雪山四维之地,打算安设营盘,来到那里时,遇见了土番人,当被问及“从哪里来的人”时,指了指上空,土番人便说道:“这个孩子乃上天所授,我们土番国没有君主”,于是驮在脖颈上,舁之而归。这就是土番最初的库谆三塔里图王。其子七贵人椅子王。传子恰札尔布西巴衮三搭里图王。其子爱图尔哈阿尔拜三搭里图王。其子库里库鲁克噶尔波罗尔三搭里图王。其子衮苏宾默林三搭里图王。其子大赉苏宾阿尔滩三搭里图王。王有三子,长子博罗出,次子锡巴罟持,幼子孛儿帖赤那。由于内部失和,孛儿帖赤那北渡腾吉思海,至浙忒② 地方,娶了一个唤作豁埃马阑勒的处女为妻,在浙忒地方定居下来,是为蒙古部落。

其子为巴塔赤罕。其子塔马察③。其子豁里察儿篾

① 谓尼泊尔(《彰所知论》称“捏巴辣国”,《元史·阿尼哥传》称“尼波罗国”),藏语。

② 浙忒,此从《世谱》译音。《秘史》40 节作“札惕”,译“世人”。谢再善译“外姓”,云“札惕”有外人、旁人之意。

③ 原文 Temüjin,G 本作 temücin,应是 Tamacăk 之误。

儿干。其子阿兀站孛罗温勒。其子撒里合察兀。其子也客你敦。其子挦锁赤。其子撒里合儿出①。其子孛儿只吉歹篾儿干。其子脱罗豁勒真伯颜。此人有妻名孛罗黑臣豁阿②。生下都蛙锁豁儿③、朵奔篾儿干两个儿子④。都蛙锁豁儿印堂间长着一只眼,能视三程路那么远。有银花、铁青两匹马。都蛙豁锁儿携其弟朵奔篾儿干,一同登上不峏罕山之巅,刚刚坐下,都蛙锁豁儿即望见一簇搬家的人,从推朗噶噜迪顺着统格黎小河而来,就对弟弟朵奔篾儿干说:“在移居的车子里,坐着一位姑娘,那位姑娘的光彩从这里就能看得见。”⑤ 于是弟弟去查看,果然有

① 原文 qalčaqu,G 本作 γaljaγu,余本作 Sali-qaljaqu,今从之。

② 此下有蒙古成吉思汗以来至布尔尼亲王四十二代的世系,为后人篡入。G 本同误,今省去。

③ 原文 dunsoqur,G 本作 duwɑSoγur。今从之。

④ 《世谱》卷二“多娑和尔生子四,多耐、多克生、厄墨尼克。多娑和尔殁后,其四子与叔多波墨尔根不相睦,流为威勒忒、巴图忒、徽忒、克烈忒四姓焉”。《源流》卷三,多斡索和尔之子托诺依(Tonoi)、多克新(doksin)、额木尼克(emnik)、额尔克(Erke),后为厄鲁特(Ölut,应为 Oheled)、巴噶图特(baγatut)和特(qut)、奇拉古特(Kiragut)四姓之卫喇特(uirat)。本书应有这段文字,此处遗漏。

⑤ P1 版,此句后还有“či ečijü üje”,即“你去看”。

这个姑娘[①]。朵奔篾儿干问那姑娘:“你们是什么人?”姑娘回答:“秃马惕的豁里剌儿台篾儿干的长夫人巴儿忽真豁阿生于阿里黑兀孙唤作阿阑豁阿的姑娘便是我。”于是朵奔篾儿干娶以为妻。后来生了两个男孩子,长子不忽合答吉,次子不合赤撒勒只,从此不合赤撒勒只即以撒勒只兀惕为氏,不忽合塔吉即以合塔斤为氏。

朵奔篾儿干死后,其妻阿阑豁阿寡居中又生了三个儿子,名叫不古〔纳〕台[②]、别勒古〔纳〕台、孛端察儿。为此不忽合塔吉、不合赤撒勒只怀疑起来,背地里议论道:“我们这儿没有房亲[③],这孩子究竟是谁的呢?”这话被母亲阿阑豁阿知道了,说道:“我的两个孩子啊!你们怀疑我是有道理的。”然后,递予每人箭杆一支,各自立时折断了;又分给每人五支箭杆,则未能折断。于是阿阑豁阿说:

① P1 版作 beye-dü kürügsen nigen okin bui ajuɣu。可译作“有一位及笄之年的姑娘”。

② 原文作 bigter,P1 版作 begter,此从《秘史》译名。

③ 子娶后母,弟娶寡嫂,继承家业,故有此说。

“你们五人结合起来，力量就会如此坚固[①]；这三个怀胎的时候，夜间有个带黄光的儿童进来，屋里马上亮起来了，抚摩着我的肚皮，然后变作一条黄狗舐舌抹嘴地从门右侧出去了。如此看来，我想应该是承受天命而降生的孩子了。”

兄弟五人分“份子”时，仅给了孛端察儿一匹脊梁长疮秃尾巴兔鹘马。孛端察儿叹道：“是死呢，是怎么的，听天由命吧！”边说着边逆着斡难河走去。见一只狼追捕惨白色的牝鹿于山坳间，潜踪射得，食肉度日。在斡难河源搭了个名叫“草庵”的家，刚住下，看到雏鹰在抓雉鸡，便用马尾套住了。从此飞放捕捉雉鸡，沿着河且放且走之间，见有一个部落，在那里喝马奶过活。后来他的哥哥不古纳台，溯着斡难河，一边说：“我们的一个弟弟走后，死了呢？还是活着？”一边寻来。走到那个部落中间问道：“见着骑一匹兔鹘马的孩子没有？”那里的百姓回答：“此

① 与此大致相同的传说，在术外尼《世界征服者史》里有两次出现，剌失德也曾照抄。在古代社会，箭是用来表示社会契约、王者的权威、使臣的身份、所有权的标记，是部族内部的统一和平等种种意愿的象征。几乎全世界的古代传说里，都反映了以“束矢”来宣誓部族统一的风习。例如，西欧伊索寓言的《猎人和四个儿子》、伊斯兰世界有塔里巴乌麦亚朝名将穆哈尔剌悯（Muharram）的传说，中国有《魏书》卷一〇一《吐谷浑传》（《北史》卷九六《吐谷浑传》同）阿豺的传说。在日本有毛利元就的故事。

地有个男孩,他有一匹兔鹘马,一只雏鹰,每天喝马奶过活,你不必这里那里找了,就此等着吧。”时当中午,晴天无云,雨却淅淅沥沥地降下来。部落的人们说:“你看,那孩子这不是来了吗。”说话之间,孛端察儿已经到了跟前。孛端察儿抓到的鸟的羽翎随风飘向斡难河下流,那羽翎似雪般地飘起来。这样兄弟二人相遇之后,一道回来。归途中,孛端察儿对他哥哥不古纳台说:“俗语说‘人有尊长,衣有领袖’,我们掳了这部落吧!”哥哥道:“咱兄弟回家商量吧。”到家又重述了一遍,其兄仍未同意①。最后,兄弟五人商量的结果,才掳了那个部落。孛端察儿在此抢了一个怀孕的姑娘。孛端察儿的儿子是合必赤曲鲁克。其子巴奇儿巴阿秃儿②。其子篾年土敦③。其子合赤曲鲁克。其子伯升豁儿多黑申。其子屯必乃薛禅。其子合不勒汗④。其子把儿檀把阿秃儿。其子也速该把阿秃儿。

也速该把阿秃儿带领答里台、斡惕赤斤两个弟弟⑤

① 此句从 P1 版及 G 本增。

② 译名从《世谱》,《源流》作伯格尔巴图尔(Beger baɣatur)。

③ 原文作:maqa töten(G 本作 tuwati),译名从《秘史》。

④ 据《世谱》及《源流》,都有关于合不勒汗七子及他们的后人的叙述,此书或有缺文。

⑤ 答里台斡惕赤斤是一人,非两人。

行猎，突然听到一只沙狐"噗"的呛了一声。原来一个妇女在那里溺了尿。他们沿着车迹走，也速该跟弟弟说："那女人会生贵子的。"说着，顺车迹追了下去。原来泰赤兀人赤列都[①]接他的妻子诃额仑额克，自斡勒忽纳兀惕娘家归来。赶上以后，也速该对两个弟弟说："抢了吧！"这时诃额仑额克对她的丈夫道："你查觉了没有？适才那三个青年人神态不对，你回去吧！"随即脱下内衫，刚递过去，那兄弟三人已动手来抢了。追赶赤列都涉过三条河，越过三道岗，没能赶上，也速该便掳了诃额仑额克留下。回家的时候，诃额仑哈屯边走边哭，于是答里台斡惕赤斤说道："涉过三条河，越过了三道岗，俯视无踪，平眺无影，哭也听不见了。"诃额仑额克听了那话，才默默地走去。

出征塔塔儿的帖木真，旋师之际，诃额仑额克生了一个男孩儿，因此命名为帖木真；诃额仑额克又生了哈撒儿、哈赤温、斡赤斤，总共四个孩子[②]。

一天，也速该领着他的孩子帖木真，前往母舅斡勒忽纳兀惕氏处讨妻室，弘吉剌的德薛禅适在通速儿、扯克扯

---

① 依《秘史》54节，赤列都为篾儿乞惕部人；《源流》作塔塔儿氏，与此泰赤兀氏之说同误。

② 自"出征塔塔儿"至此，用P1版补。

儿两山中间的赤儿古[1] 水上饮自己的马群。德薛禅遇见也速该[2],问:“乞颜氏族的孛儿只斤姓亲家[3]和孩子,你们上哪儿去呀?”也速该说:“只为送儿子[4] 帖木真到斡勒忽纳兀惕那里,才赶路的。”德薛禅道:“今夜梦见一只白海青,落在我的掌上,这梦应验在乞颜氏族的孛儿只斤姓——该是你的吉兆了。你到我家去,我有个叫孛儿帖的九岁的姑娘,许给你的孩子吧!以往我们地方的习惯,让美丽的姑娘坐上幌车,驾上黑色骆驼,嫁给众人之主作皇后;骑上白额骆驼,坐上高床,嫁给一国之主作皇后。”[5]就这样,也速该把阿秃儿把孩子许给了德薛禅,并留下一

① 原文 Tongsur(G 本作 Tangqur);而赤儿古即《秘史》61 节之赤忽儿古,下文不误。

② 弘吉剌的德薛禅以下至此,用 P1 版补。

③ 亲家即“忽答”,凡两个不同的氏族世为婚姻者,相互间的关系便是“忽答”。《秘史》64 节,德薛禅说:“俺翁吉剌家但有颜色的女子,便献与您皇帝人家后妃位子里教坐有来。”《源流》,岱彻辰云:“自古以来,我家之俊雅女子,作尔博尔济斤氏哈屯者最多。”便是这个意思。《秘史》蒙文,此处以韵文形式分叙外甥姿质和女子容颜,以表示这种“忽答”关系的亲切。《秘史》65 节又说:“大凡结亲呵,男孩儿便看他家道(“嫩秃黑”即营盘,《元史》作“农土”),女孩儿便看他容颜。”

④ 送儿子,古代蒙古习俗,为儿子寻配偶,必须先将他送往女方家中,因而蒙古语“女婿”一词,来自“送”这个字。

⑤ 原缺“皇后”一词,意补。

对马[1]。临行时又嘱咐:“我的孩子怕狗,请照顾他。”说完之后,返回去了。

归途中,经过塔塔儿人那里,他们正在举行宴会,也速该心想:“可怕的部民啊！怎么样才能躲过去呢?”正在寻思之际,食物已被掺进了毒药。也速该紧赶慢赶地来到家里,说:“我经过塔塔儿地方,可口的食物里被掺进毒药。”在生命垂危之际,唤来蒙力哥,对他说[2]:“在弘吉剌的德薛禅那里,留下了儿子帖木真,快去领回来吧!”说罢,蒙力哥急驰而往。帖木真到家以前,也速该额毡已经与世长辞了。

贤德的兀真额克,
把自己聪明睿智的儿子,
经常靠着野韭菜养活,
使他成了一国之主;
刚毅的兀真额克,
把自己承受真命的儿子,

① 《秘史》66节,“德薛禅说:‘我将女儿与你儿子,你儿子留在这里做女婿。’于是也速该就留下一匹从马做定礼,去了。”《源流》:“伊苏凯奉双马以为聘礼。”定婚后男子留在女家,这是一种“夫从妇”(即男就女婚)的制度;以马为聘礼,在古代北方民族中颇为盛行,如女真,等等。

② “我经过”至此数句,据P1版。

用小鱼儿抚育成人，

使真命天子即了汗位。

后来帖木真、合撒儿二人对母亲诃额仑说：“先前别克帖儿抢走了捞进网里的鱼，又夺去了合撒儿掏的雀，为此把别克帖儿、别里古台杀了吧！”诃额仑额克说：“唉！我的孩子，你们就像前代泰赤兀的谔呼伯豁阿的[1]五个孩子那样，说仗势的话。可你们影子以外没有伴侣，尾巴以外没有鞭子。”听了这话，帖木真、合撒儿二人把门一摔，走了。出去以后，别克帖儿正坐着瞭放那八匹银合色骟马。帖木真从前面，合撒儿由后面，朝着别克帖儿走来。将要害他的时候，别克帖儿说：“你们要杀我就杀吧，但不要杀别里古台弟弟，他将会给你们出力的。”这样，便将别克帖儿害了。然后帖木真、合撒儿二人回至母亲跟前，诃额仑额克说：“孩子们啊！像那缘山飞腾的大鹰一样，像那贪吃胎胞的黑狗一样，像那风雪中奔窜的苍狼一样，像那啮羔入髓的疯驼一样，像那夜间冲来的鬼魅一样，像那难以降伏的猛虎一样。我的儿啊！怎么闹成这个样子呢？”正说之间，泰赤兀跳马传信，声言：“同你们母子五人无关，单把帖木真送过来！”帖木真一听这话，悄悄

① 原文 kinja-u，P1 版作 yin，G 本作 gi-yin，兹从后两者。

地藏进了斡难河的森林里。泰赤兀得知以后,把守了入口。〈帖木真〉在森林中住了三宿,刚要出来,马肚带还勒着,扳胸也紧着,却滑了下来。于是主上心想:“肚带则罢了,紧着扳胸的鞍子怎么会堕落呢?这可能是我的上天在劝阻我呀!回去又住了三宿。第二次看见路上挡着块白色的石头,因说:“这或许是我的天父在劝阻我呀!”回去再住了三宿。没吃没喝,前后住了九宿,已经到了死活唯有天父发落的程度,泰赤兀却照旧地把守着哩!当把帖木真捉住、带回家戴上枷梏看管起来的时候①,锁儿罕失剌的两个儿子赤老温、沉白他们觉得十分爱怜。初夏满月十五日②,泰赤兀人大开宴会,把帖木真交给一个软

① “带回家”句从 P1 版补。

② 《秘史》81 节称夏季之初月十六日,译四月十六日。又《圣武亲征录》及剌失德丁《史集》(俄译新本 1 卷 2 册 147 页),记甲子年(即公元 1402 年)伐乃蛮,“望日祭纛,诘朝进兵”。望日,月之十五日。《秘史》192 节乃作鼠儿年四月十六日,祭了旗纛,去征乃蛮。实际是十五日祭旗,十六日进兵。《黑鞑事略》彭大雅言:“其择日行事,则视月盈亏以为进止。”徐霆疏:“朏之前、下弦之后,皆其所忌。”案:朏,新月初见貌。下弦,农历每月二十三日前后。这是自匈奴以来“月盛壮则攻战”(《史记》本传)的一种古老相传的习俗。《隋书》卷八十四《北狄传》称:突厥“候月将满,辄为寇钞。”《资治通鉴》卷二百九十《后周纪》一太祖广顺元年正月癸酉日下胡三省注:“胡人用兵,以月为候。”胡三省注:是故,突厥、契丹亦有之。

弱的人看管,帖木真用枷梏打倒那人便跳。那人站起来叫喊,泰赤兀人听见喊声,啸聚着追来时,帖木真跳进水里卧着,当时锁儿罕失剌看见了,说道:"方才那孩子,还是卧着的好。我在明处搜寻。年轻的人理头发,善良的人捋胡须。"说完,领着泰赤兀人散去[①]。到了黑夜,向捣马奶子的声音[②]处奔去,来到恩人锁儿罕失剌家。锁儿罕失剌说:"唉!帖木真,找你母亲去吧!这里怎好留你?"锁儿罕失剌之子赤老温、沉白二人听了,说:"钻进来的雀儿,草丛尚能隐藏[③];被迫来的孩子,若不实心实意地搭救,对我们有何益处?"用斧子毁了枷梏,放开了帖木真。锁儿罕失剌把自己名叫合答安的女儿和帖木真一起藏进装羊毛的车子里[④]。清晨,泰赤兀人起来,声称"带枷梏的孩子哪里去了?"挨家挨户地互相搜查,查到锁儿罕失剌

---

① 此句从P1版。

② 同上。

③ 《元史》卷一二八《土土哈传》:"太祖征蔑里乞,其主火都奔钦察,亦纳思(土土哈曾祖)纳之。太祖遣使谕之曰:'汝奚匿吾负箭之麋,亟以相还。不然,祸且及汝。'亦纳思答曰:'逃鹯之雀,丛薄犹能生之,吾顾不如草木耶?'……"这大概是一句蒙古旧谚语。

④ 《秘史》85节,但言命合答安看守盛羊毛的车子。此文因涉及合答安的名字,遂误为合答安与帖木真一同藏在羊毛车里。

家，快要搜羊毛车的当儿，锁儿罕失刺[1] 之妻生气地说："这么热的天气，能把活人藏在羊毛车里吗？"这样，大家才散去。那时，锁儿罕失刺说："唉，帖木真，你险些把我的魂[2] 都吓走了！"然后，在给帖木真一匹白色飘騧马[3]的同时，又解下自己一只脚镫给他；宰了一只吃两母乳的羊羔，肉煮熟了，做干粮，说："快去会你母亲吧。"便打发走了。这样，帖木真急行回到家里，见了母亲，过着幸福的日子。

泰赤兀人跟踪追来，抢去了八匹银合马。帖木真骑上别里古台猎旱獭时乘坐的甘草黄马去追赶。踏着草上

---

① 原文 aqa kösigün。aqa 是对蒙古妇女的一种尊称，即《登坛必究·译语》、《武备志·译语》的"阿噶"译"娘子"。《源流》此处相应的词是 gergei，译妻。元《竹温台碑》称桑哥刺吉公主即作 aγa。符拉基米尔佐夫说鄂托克—和硕、兀鲁思—土绵的首领(Sayid)的妻子一般地被称为阿噶，意即夫人，又说伏尔加河畔的卫喇特人以及其他一些卫喇特部落中人也知道这一词（见《蒙古社会制度史》刘荣焌译本 218 页）。kösigün，有"生硬"、"固执"之意。《源流》相应的词作 kösigürken，意为"执拗"，清译本作"厉词"。

② 原文 sünesün，译文意亦通。"魂"，于它本谓 ünesün，《秘史》87、146 各节作"忽捏速"，即灰烬。

③ 原文 ermeg čaγaγčin，应译白色飘騧马。按：《秘史》87 节，"阿蛮·察合安·额列木克·忽刺黑赤"一词，译白口不生驹的草黄骒马。

的足迹追赶之间，那忽伯颜的儿子曲鲁克[①]博尔术提着皮桶子，正在野甸上挤马奶子，与君主帖木真相遇了。博尔术问："乞颜氏族中孛儿只斤姓的，你往哪里去?"帖木真说："泰赤兀人赶走了我的八匹银合马，踏踪来此[②]。"于是博尔术便把自己的淡黄青[③]白马请君主帖木真骑上，自己却到马群里抓来一匹黑脊白马[④]，陪同帖木真额毡追赶泰赤兀去了。追到一看，人们正在围着八匹银合马睡觉呢，帖木真额毡对博尔术说："你牵着马，我进去吧!"博尔术说："平安时宠爱，战乱时逃避，那有什么用?"帖木真赞赏此语，二人进去，把八匹银合马赶出来了。行走中间，那忽伯颜候于中途，见了两人，相对而笑，相背而哭，说道："孩子，你不可中断此行谊!"于是宰了一只吃两母乳的羊羔作干粮，赠遣而归。帖木真额毡赶回八匹银合马，到诃额仑额克跟前相会；诃额仑额克、合撒儿和弟弟

① 《元史》九九兵志二宿卫项四怯薛条，曲律言"杰"，武宗名曲律，语解曰"超凡之谓"。

② "乞颜氏族"至此，从 P1 版。

③ 原文 quba-čoqor，quba 为 qubi 之误。《秘史》55、90、205 各节，"忽儿敦忽必"旁译"快淡黄马"。《源流》称"呼尔敦忽必之黑鬃黄马"。

④ orog širɣal，《秘史》90 节，"斡罗黑升忽剌"，旁译"黑脊白马"。《源流》称"乌鲁克星呼拉之貉皮马"。

们正坐立不安,见了面,非常欢喜。

此后,帖木真、别里古台二人以为:德薛禅的女儿孛儿帖姑娘,〈帖木真〉九岁时曾经见过,回来以后,一直是分离的,现在该去寻找她。因而顺着克鲁伦河下流找去,在扯克彻儿、赤忽儿忽两山间,住着德薛禅弘吉剌。见了帖木真,非常高兴,德薛禅说:"泰赤兀兄弟们知道你们潦倒了,便想前来攻打我们。如今得见天日了。"遂命女儿孛儿帖格勒津[①]与之结合,一同出发了。临来的时候,德薛禅送至克鲁伦鄂托克的ᄆ双勒一带,因患热病,返回去了。孛儿帖格勒津之母搠台,送女儿到桑沽儿小河以后才回去。搠台额克走后,〈帖木真〉派别里古台去唤博尔术前来结伴。别里古台一到,博尔术也没有向父母告辞,就骑了匹拱脊黄马,披了件青毛衫,同别里古台一道赶来。其重叙友情之谊[②]若是。从此,由桑沽儿小河[③]移

① 《元史》称孛儿台旭真,格勒津是从旭真衍来,旭真即兀真,乃汉语的"夫人"。

② 原文 nöküček-serer nöku če-qü,直译为友上加友、朋友之间交了朋友,可引申为增进友好,重叙旧交。

③ 《秘史》89 节,不儿罕山之首有古连勒古名字的山,那山里有桑沽儿河,河边有合剌只鲁格名字的小山,有个海子做营盘,住其间。帖木真灭篾儿乞惕后,又把营盘移到这里。看来,这里是他一家的冬营地。

至克鲁伦河源,驻营于不儿罕额儿吉岸边。把挪台额克给的黑貂鼠袄子,献给了奉戴如也速该额毡一般的、父亲的“安答”① 克烈的王罕。回到家里,即了大汗之位。

帖木真成吉思汗是受天命而生的。当佛入涅槃三千二百五十余年之后,〈世上〉出生了十二个暴君②,苦害众生。为了制伏他们,佛陀授记而诞生了成吉思汗。向五色四夷③ 及阎浮提三百六十一种姓氏、七百二十种语言之国征收赋役,使〈人民〉手足有别,世道太平,〈生活〉安宁,扬名如转轮王。

---

① 详见王国维《蒙古札记》(《观堂集林》卷十六,页 19 下至 20 上)。

② 蒙古民间配置在被称为‘Grey High one’(boro öndür)的为挤马奶而布置的木碗仪式——这些马奶为制作马奶酒和酒奠所必需,所念诵的祝辞尚有“征服了外来人的十二个统治者”的语句。见海西希(W.Heissig):《蒙古地区的宗教》(The neligions of Mongolia)65 页及注 167 所引田清波(Mostaert)书。

③ tabun ungge dorben qari,《源流》译音作“五翁格、四郭啰勒”,或曰“塔本翁格”,译意为五色四夷,《秘史》称九种语言的人。《黄册》(sira toji)对此有解说:(一)或言,土番金椅子王有子十人,为长之五子不曾分家产与五位弟弟,因而他们离去,成了五色之国;(二)或曰,孛儿帖赤那之后为青蒙古,其余者,一称白高丽,二称黄回回,三称红汉人,四称黑党项;此五者即五色,此之外,即四夷。

洪福[①] 的成吉思汗辛巳年[②] 生(公元 1161 年),四十五岁丙寅年(公元 1206 年),于斡难河之源树起九斿白纛,即了汗的大位。哈撒儿以是而惧,弃主逃走。国主命"速不台把阿秃儿去追赶!"次日清晨宣谕:"出若骏马之首,蟠若黄冠之璎,曲若绣帘之卷,固若磐石之坚的巨大威力的我的伴当、影子;森列若竹,拱卫若城的我的属民[③]、军士们,尔等听着:平素动作时,应该像牛犊般地行走;奋起搏斗时,应该像兔鹘般地冲撞;敌我交战时,应该像鹰隼般地飞腾;驻营动作时,应该像牛犊般地行走;训练挺进时,应该像鹰隼般地驰骋;欢笑亲昵时,应该像牛犊般地驽钝;与敌搏斗时,应该像鹰隼般地冲击。你们要似饥饿之虎,争食之雕;你们须白昼如雄狼,你们须黑夜似乌鸦。"传令既毕,速不台把阿秃儿回奏:"尽力追,竭力赶,仰仗我主的洪福。"说完,立刻追了下去。追上以后,对哈撒儿说:"抛弃亲戚骨肉,将为外人之食;遗弃宗亲大族,将为孤儿之食;诸国破亡,将为流氓之食;行国易得,

---

① 原文 Sutu,《秘史》、《译语》等书译义为洪福、福音,《源流》译音作"速图"。

② 原文本作 qara moɣai jil,即癸巳。实为 caɣan moɣai 即辛巳之误,今为之改正。

③ 原文 albatu,直译为负担赋役者,清代官书作"阿尔巴图",属民之意。

骨肉难寻；国人易得，亲族难觅。”这么一说，哈撒儿赞同了他的话。

泰赤兀的赤勒格儿孛阔[1]，心怀恶意，在自己屋里掘了个坑，上面铺上毡子，说道：“亲族之间不比旁人，我们原是一体，为什么不和睦呢？”乃邀请主上往他家赴宴。这时，诃额仑额克告诫说：“不要以为顽敌人少，毒蛇身细；背信之人，终须警惕！”于是圣主命令：“哈布图[2] 哈撒儿你整治弓箭，孛克别里古台你管理事务，合赤温[3] 你照料马匹。”又命令：“斡赤斤[4]，你坐在我身边，料不定会发生什么事情！”吩咐既毕，应邀前往。

主上来到泰赤兀家里，刚要坐在毡子中央，斡赤斤把主上的身子一拉，让坐在毡子的边缘上了。这时，一个女人跳来，割断左侧的脚镫，提着就跳，别里古台看见，立刻将那女人的左腿折断，扔了。播里博勒忽刺将孛克别里

① 据《秘史》111 节，赤勒格儿孛阔乃兀都亦篾儿乞惕部也客赤列都之弟，非泰赤兀人。

② qabtu，义为“射”。这就是契丹语“讨里花”——射兔一词的“射”字——“花”。哈撒儿善射，故有此美号。

③ Sačuγu 误，从 G 本 qačqu。

④ 原文 Oyitu očigin。《源流》所述此事中的另一处，称斡赤斤为 uyutu očigin——“睿智的斡赤斤”（库伦本 32 页下）。疑 oyitu 为 uyutu 的笔误。

古台的肩胛砍破了。正在厮打的时候，哈撒儿却在弄箭，别里古台一面用盛着马奶子的皮囊打过去，一面走近科尔沁托克唐阿①的白色飘骟马，用左手把主上搀了上去。以此，赐与托克唐阿以圣权，从此以“答剌罕”为姓。眼睁睁被人把脚镫割去，为此斥责了合赤温。〈泰赤兀惕〉将别里古台捕捉，绑在大车上，夜间入睡以后，别里古台扛着大车回来了。圣主斥责说：“与泰赤兀交手之际，别里古台似乎渺视我，用左手搀我上马。”② 哈撒儿、别里古台二人窃议：“主上政令不公，不就凭着哈撒儿之射，别里古台之力③，才把五色四夷大国征服下来的？”这话被主上知道以后，意欲抑制他们的骄矜，乃变作衰朽的老人，拿着一张长弓，沿途叫卖。行走中间，遇上了哈撒儿、别里古台二人。“一向没有见过，这是从哪里来的呢？”这样发问时，那老人说：“我是个穷苦人，卖弓的。”哈撒儿、别里古台十分轻篾地问：“这个弓想让我们买下吗？”那老人道：

① 后文云，其人系哈撒儿之子，则必是脱忽大王，又曰脱虎者。

② 以上参看《亲征录》及《史集》。《秘史》130—132 节，成吉思汗并其母、诸弟与薛彻、太出并其二母，湩洛大会于斡难河林木间之事。

③ 《元史》卷一一七《别里古台传》：“当创业之初，征取诸国，王未尝不在军中，摧锋陷阵，不辞艰险。帝尝曰：‘有别里古台之力，哈撒儿之射，此朕之所以取天下也。’其见称如此。”

“就算坏的也罢，扣上弦，才会知道呢。”别里古台接过来，扣不上弦，那老人扣上弦，递给了哈撒儿，哈撒儿却拉不开弓。于是那老人变作骑青线脸骡子的苍白头发的人，长弓搭上金哨箭，一箭射裂山峰，然后说：“圣主的号称哈布图哈撒儿、孛克别里古台的弟弟，是你们二人吗？常言道，‘说大话比不得大口吃东西’。”说完走了。他二人吃惊而又佩服地说：“这定是主上的兆示了。”从此，他们谁也不再那么放肆了。

汪古人斡冉镇国①，领着三十一努图克人众于日落之后叛逃为敌。主上，哈撒儿二人追赶上了。那时，哈撒儿骑着主上以“赛音萨穆津”命名的马，带着儿子托克唐阿巴图尔前去截杀。直到“赛音萨穆津”被染成血红马的样儿，才回来。哈撒儿得了名唤布勒巴拉的女子为赏品。其后斡冉镇国向忽必烈薛禅可汗贡献琉璃塔之际，又赠

① 原文 Engküt un uran čiangküi。《源流》作囊古特乌兰昌贵(ξngküt = nanggut uran čangui)。案：其人即汪古部第三代首领镇国。见周清澍：《汪古部统治家族》(“汪古部事迹之一”)15—16页。又，亦邻真：《中国北方民族与蒙古族源》，48 页。Engkut，是明代蒙古人把口语语音 Önggut(即汪古)书面化的俗写。蒙古古文Č亦可读J̌，而 K、g 同形；此处Čangkui 应读作J̌inggui = jinggui，亦即镇国。而斡冉即 uran 之义，为“巧”，或“匠”，《源流》说：uran J̌anggui被擒后，以其手艺工巧获释。这就是此一头衔的来源。

以己之名唤阿勒阿勒坦的女儿[①]。

不里牙惕的鄂鲁锡固斯[②] 从大贝加尔捕得鸦鹘，奉纳给主上，主上便让鄂鲁锡固斯管领不里牙惕。

后来，主上沿兀鲁回河到兀剌河[③] 放鹰时，女真的完颜皇帝瞥见了，不曾朝谒而遁逃。主上归来，大怒，率兵往讨。兀剌河无浅滩可涉，为此，哈撒儿的孙子安都锡喇罕楚固青台吉[④]，将万匹骟马的嚼环连接起来，呼啸而过。攻城的时候，课以万燕千猫之赋，把麻绳点燃，拴在燕子身上；把棉絮点燃，捆在猫儿身上，一齐放走了。燕子归巢，猫儿上房，靠猫、燕两者的火力，夺下城池[⑤]。完颜皇

---

① 原文 Al-Altan，实应读作 Äl-Ältan。古蒙古文字首 a、ä 不分，故 äl 也可读作 al。al tan 的突厥型为 altan，故此人相当于畏吾儿的巴而术阿而忒的斤所娶的也立安敦公主（见《元史》卷一二二）。这里，时代、人物都有错误。伯希和说：“这可能是对镇国之妻阿剌海别吉的改头换面的回忆。”（见《卡尔梅克史译注》注 59）

② 《金鉴》作“鄂鲁锡固锡”。案：此指一二〇七年乞力吉思等部长斡罗思亦难等贡献白海青之事。见《亲征录》旧本及《史集》有关章节。

③ 兀鲁回河，今乌拉根郭勒。兀剌河，指松花江而言。

④ 《金鉴》作“哈图锡喇噶勒吉固”，“噶勒吉固”，疯也，引申为凶猛。案：其人似影射哈撒儿之子也苦。

⑤ 金之上京遗址，即黑龙江省阿城县白城子之地，至今仍旧流行着这一传说，不过将燕子换作了麻雀。

帝说:“是妖还是猫?”圣主娶了完颜皇帝的女儿札拉海哈屯[①]。这位哈屯,据说短命死了。主上向日出之国高丽进军时[②],适值乌讷根江[③]泛滥。主上及大军驻跸于此,遣使代己谕令:“主圣为了征收赋役而来。”高丽的布噶〈斯〉察罕汗奉献其女名忽兰者[④],并有虎帐[⑤]及两户高丽随嫁,用船载来。主圣召唤以高丽的布噶〈斯〉察罕汗为首的那颜、赛德等,全体到河这边来听令:“尔等如输纳赋役于我,才能守住此疆彼土。”敕毕,并皆遵命而行。其后,主圣欲与忽兰哈屯共枕,所有的赛德都谏言:“野外合卺,于礼不合,回宫临幸如何?”没听从他们的话,还是共枕

① 原文J̇alqai,《金鉴》作J̇alaqui。《源流》作J̇aliqai。案:应即《亲征录》之卫绍王公主。《金史》卷一四《宣宗纪》上卷及《史集》之称作“公主皇后”,或 kunju qatun 者。而《元史》卷一《太祖纪》及《金史》卷一一二《完颜合达传》称作歧国公主,似即其承怡之妹。

② 原文 Solongγut,指高丽。

③ 乌讷根江,今嫩江。

④ 《元史》一〇六《后妃表》在太祖第四斡耳朵者有锁郎哈妃子。锁郎哈即高丽,而忽兰皇后在第二斡耳朵。这里混淆二者于一人。忽兰,兀花思蔑儿乞部长带儿兀孙之女。《笺证》说,布噶斯即兀花思。

⑤ 原文 Bars ger,原意为虎房、虎室,此从《源流》译虎帐。

了。从此,驻跸高丽国三年。这期间,委任阿儿合孙虎儿赤[1] 监国。于是家里派遣阿儿合孙虎儿赤作使臣,探悉主圣淹留的原因。阿儿合孙虎儿赤骑着合儿巴仑花骝马[2] 三夜赶了三月的路程,叩请:“主上平安吗?”主上回答:“平安。”并询问:“我的大臣们[3]、后妃、诸子、举国之人好吗?”虎儿赤奏言:“您的后妃、诸子都好,众民的情况却不曾知道;您的妇女、诸子都好,您的大国的情况却不曾知道;我张开的嘴吃上了皮糠,您的众民的情况却不曾知道;我渴了的口喝到了水和雪,您的国家蒙古的情况却不曾知道。”回奏已毕,主上未能领会,让他继续说下去。阿儿合孙虎儿赤奏:“常言道,白海青[4] 产卵于娑罗树上,以为娑罗树可靠,却被花豹[5] 恶鹰毁了巢,吃掉卵、雏;俗语说,鸿雁孵卵在苇丛中,以为苇丛可恃,却让白爪恶鹰坏了窝,吃去卵、雏。我聪睿的主上,明鉴吧!”主上问:“虎儿赤的话,你们明白吗?”众臣说:“不明白。”主上自己懂

① Aragsan qorči。《笺证》以为即《秘史》275—277 节之额勒只吉歹之子合哈孙,似不类。

② qorbalun,其义不明。

③ Tüsimet 为 Tüsimel 的复数,译诸大臣或众官员。

④ Salbar Sibagun,《源流》译海青,又译白爪,即《契丹国志》诸书所记:“海东青爪白者尤以为异”的白海青。

⑤ 花豹,鹰鹯之属。

得了,宣谕:"所谓娑罗树,指我的众伴当;所言白海青,乃我自身;所谓花豹,指高丽国;所言卵、雏,乃我的后妃、诸子;所谓窝、巢,指太平大邦。所言苇丛,乃广阔大国;所谓鸿雁,指我本身;所言之鹰,乃高丽国;所谓卵、雏,指我的后妃、诸子;所言窝、巢,乃太平大邦。"谕讫,随即启程。圣主降谕:"我的孛儿帖哈屯系幼时结缡,无颜相对,回到家里,那屋子便窄了[1]。原未询及家中之人,倘在外人面前发怒,似觉又羞又惧,先遣朕九杰中之一人通个话,至为必要。"故此,札剌儿部的国王[2] 木华黎奉主命前往。到达之后,给孛儿帖哈屯叩头,坐下。于是哈屯问道:"我主平安吗?你来做什么?"[3] 回奏说:"主上派我来传达旨意:没有遵守建国的典章,放纵了自己的权欲;没有听从'赛德'的忠告,贪恋于虎帐之色。圣主在那里,已与忽兰哈屯共枕了。"奏毕,孛儿帖哈屯下谕:"靠汗主的威力,全蒙古不愿意,又能怎样?靠主圣的威力,众生灵不愿意,又能怎样?额尔吉河[4] 上鸿雁集聚,任凭主上射到拇指

---

① 无地自容之义。

② 原文 Goua 译"美丽的",当为 Gy(W)ung(即"国王")之误,意改。

③ 此句前,原文衍出"e jin jarlik bolrun"三字,应是"询问"之误。

④ 即前文的不儿罕山额儿吉河岸。ergi,译"河坎"。

发胀;大国境内妇女尽多,听凭主上寻访探求。芦苇湖畔鸿雁集聚,任凭主上射到手指发胀;广大国土妇女尽多,听凭睿主查考纳娶。善射者箭中双凫,男儿喜欢的话,同娶姐娣。烈马喜被雕鞍,贤妻愿夫续娶。难道多了还坏吗?少了就好吗?衣服双层可以御寒,绳子三股不易抻断。”

圣主携同忽兰哈屯回来之时,报告说:“阿儿合孙虎儿赤酒后佩带金箙[①] 憩息它处。”主圣召唤博尔术,木华黎二人,命他们前去,“既不声张、又不申斥地将阿儿合孙虎儿赤杀了。”

博尔术、木华黎去后说:“阿儿合孙虎儿赤!因为你喝醉了酒,佩带金箙睡在别的地方,打发我们前来, 既不声张,又不申斥地把你杀了。”阿儿合孙虎儿赤道:“常言说:‘杀人要听声音,死者应留遗言。’”因此,二位官员没杀他,把上等的酒罐让他挟在腋下,将高级的酒罐让他端在胸前,拽至帐下。圣主这时适在寝中,博尔术、木华黎二人隔窗奏请道:“您的大明宫里照进了轻霞,唤醒子女们吧!罪犯,执事人员都会集了,降下明旨吧!您的大玉殿中闪烁着光辉,启开屋门吧!您的获愆的人恭候着,乞望颁示明诏。”奏过之后,主上起床了,命将阿儿合孙虎儿

① Xoori《金鉴》作 Xur-i,据改。Xur,箙也,盛矢之器。

赤带至跟前。主上既不发话,博尔术、木华黎二位“赛德”也不做声,阿儿合孙虎儿赤自己说:“燕雀在丽木上自鸣得意时,忽然芝麻雕冲来,连“锵”的一声都未得及叫出来;万寿之主暗怀愤恨之际,我也未得及“锵”的一声回奏。十岁开始为您佩带金箙,学您的谋略、机智;恶习没有戒除,酗酒是真的,酗酒后,我佩带您的金箙却没有恶念。自从二十岁为您佩带金箙,学您的风采,智慧;陋规没有察觉,犯酒是真的,犯酒后,我佩带您的金箙却没有野心。”主上听了,说:“我那以辩才脱罪的阿儿合孙虎儿赤!我那以滑稽著称的阿儿合孙虎儿赤!”这才赦免了死罪,传令晓谕于大众。

圣主征服了汉地,取了金主的大位,西夏的失都儿忽汗[①] 得知后,惧怕了,派伯颜萨儿塔固尔之子多儿通为使,誓言:“作您的右翼,向您输纳贡赋。”该使者奏事既毕,陛辞之际,说道:“圣主诚乃天子,皇后也胜过我们的皇后,夜不秉烛而光艳射人。”说完走了。原来圣主选定泰赤乌的雅布噶之妻蒙郭伦郭斡作妃子,雅布噶听了多

① 《历代佛祖通载》卷三二:“西夏拓跋失都儿忽,乾顺小子仁友之子,乃仁宗之侄也。丙寅年五月立,在位六年。”《史集·部族志》名其人曰 Lūng - Sādargū,即龙失都儿忽。《元史》卷一二〇《曷思梦里传》译失的儿威。乾顺谓西夏崇宗,仁宗名仁孝,失都儿忽即襄宗李安全。

尔通的话,禀告主上:“比起我妻蒙郭伦郭斡来,汉人张家尼薛禅欧密台之女、西夏失都儿忽汗的称作古尔伯勒津郭斡的妃子,光彩夜不秉烛,愿主上聘她何如?”主上乃派了使者,对失都儿忽汗说:“我将征伐回回,你须出兵!”失都儿忽汗却对那使臣说:“既没有占领一切,何以称汗?既已称汗,何需友助?”拒不出征。主上闻得此语,发誓:“我宁肯舍此黄金之躯,也不放过你!”杀死回回的苏丹①汗,征服了那个国家。据说那次行军,忽兰哈屯同行。

其后全能的上帝因前世的福祉、授主圣以满注宝玉之碗的甘露酒。当威严的主圣接领饮尝的时候,四个弟弟奏言:“‘兄有十分,弟受其四’,今请主上饮尝大量的,而将少量的分赐我们,伏乞明察。”主圣宣谕诸弟道:“当初降生的时候,我右手接受了龙宫遵奉佛命送来的玉宝玺②。如今全能的上帝赐下满注宝玉之碗的甘露酒。由此可见,朕乃天命的尊贵之主,你们如欲饮尝,可以!”说

---

① 原文 Sultan。这里指花剌子模末主札阑丁。

② 《亲征录》:“我太祖圣武皇帝始生,右手握凝血。”《史集》成吉思汗纪传:“右手掌中握着一小块凝血,犹如一块干瘪的肝脏。”《秘史》78 节作“手里握着黑血块生来”。至元八年十一月乙亥所颁《建国诏》:“我太祖圣武皇帝握乾符而起朔土。”(见《天下同文集》甲集一及《元史》卷七《世祖纪四》)乾符,即谓此凝血,或作黑血块。右手受玉玺之说,从此引申得来。

着,递了过去。四个弟弟接过便喝,到了口里却咽不下去。于是四个弟弟叩谢道:“天命之主,平凡的我们争错了。我们作管理百姓赋役的‘那颜’吧;〈甘露〉还请主上享用!”主上接过,一饮而尽。主上为甘露的陶醉而温暖,遂降旨道:“初生时,遵承佛命受了龙王的玉宝玺,如今全能的上帝又赐以满注宝玉之碗的甘露酒。以是可知,受天命的君主,是我了。”乃宣谕:“往征夏国。”

失都儿忽汗的名为库伯勒克的黑嘴黄毛狗,能预知征兆[1]。如果吠得太平、宁谧、吉祥、安泰,便无敌人;倘若嚎叫,就表明有敌人了。圣主建立九斿白纛,征伐驻跸三年之久。这狗知道主上出征,嚎叫了三年。“我的狗已经老了,没有这种征兆了。”失都儿忽汗这样说过以后,未加防范。其后,主圣于狗年(丙戌,公元 1226 年)派遣了步兵。猪年(丁亥,公元 1227 年)偕也遂哈屯起驾,率兵出

① 《新唐书·突厥传》上卷,处罗可汗对左右劝谏他的人说:“我先人失国,赖隋以存,今忘之,不祥。卜不吉,神讵无知乎!我自决之。会天雨血三日,国中犬夜群号,求之不见,遂有疾。”《秘史》189 节,可克薛兀撒卜剌黑劝塔阳汗说,不该踏碎王罕的头颅:“……如今狗吠声又不好了。……何况而今狗吠声有将败的声音……”以此预示乃蛮之将亡。看来,许多北方民族都有这种附会之辞。

征。主圣望见穆纳山咀①,降旨道:“丧乱之世,可以隐遁;太平之世,可以驻牧。当在此猎捕麋鹿,以游豫晚年。”

主上望见落在树上的恶鹗,命哈撒儿射掉。哈撒儿的箭刚刚射出,恶鹗飞起,喜鹊落下,主上气怒举剑,刚说声“且住”,喜鹊的翅膀已被射断。这时,乌鲁克那颜禀奏道:“俗语说,‘强枝胜似弱干’,愿主上明断。”主上准奏,有旨。其后,侍从孛斡勒莫钦进言:“君之弟哈撒儿酒席

① 《周书·突厥传》称木赖山(明言在沃野镇之北)。《王忠嗣碑》、《新唐书·郭子仪传》、《旧唐书·郭子仪传》称木剌山(天宝八年,于此置横塞军及安北都护府)。《通典·突厥传》、《元和郡县志》作牛头牟那山(但《太白阴经·关塞四夷篇》既有牟那山,又有木剌山,误以一山为二山)。《辽史·圣宗纪六》(卷一五)开泰二年七月乙未纪事,称黄河北模赧山;而《地理志五》西京道天德军下,但作牟那山。《元史·文宗纪三》(卷三四)至顺元年十月甲子:“木纳火失温所居诸牧人三千户,黄河所居鹰坊五千户,各赈粮两月。”木纳火失温即木纳山咀。《笺证》引王国维校语,称《明史·鞑靼传》作母纳山,同书《瓦剌传》作黄河母纳之地。《于谦奏议》卷二《兵部为军务事》申奏文中,称小黄河牛头山。可见,牛头山即牟那山,亦即黄河母纳之地。《清太宗实录》卷一一天聪六年五月甲子纪事,作黄河木纳汉山。《清圣祖实录》卷一八三康熙二十六年四月庚戌朔日记事,称穆内和朔。和朔即火失温,义为“山梁尽头处”。《明英宗实录》卷四二正统三年五月壬寅纪事,宁夏总兵官都督史昭奏语中,有木纳谎泥一名,“慌泥”显误。《清一统志》卷四〇八,《蒙古游牧记》卷五,乌喇忒部西三旗有三木纳山,在今包头以西,又名穆纳乌拉。乌拉即 ula,“山”也,今仍曰乌拉山。

间曾拉过忽兰哈屯的手。"〈于是〉主上命令孛斡勒莫钦:"向哈撒儿索取大皂雕翎来!"哈撒儿说:"虽是主宰一切的可汗,需要大皂雕翎时,还须靠我。"边说着,递给了大皂雕翎。〈孛斡勒莫钦〉以系库中旧物,拒不收下,回来了。主上又遣孛斡勒莫钦下令哈撒儿:"射取骨顶。"〈哈撒儿〉见飞翔的骨顶,向孛斡勒莫钦道:"那往回飞的就是,射哪处,你说。"莫钦说:"要射在黑黄二者当中。"〈于是哈撒儿〉将骨顶的鼻根射断,落了下来。孛斡勒莫钦说:"原是要把真正的大皂雕翎拿给汗王的,这哪里是呢?是骨顶,还沾了血。"不受而返。为此,主上发怒道:"从前你和忽兰哈屯串通一气[①],后来叫你射杀怪舌的鹗鸟,却射杀了巧舌的喜鹊,如今又不给大皂雕翎。"遂派四人看守着,以鹿熊为粮,捆起来,放在有栅栏的井里。

传令大狩,行围于杭爱汗山,敕言:"若有苍狼、花鹿入围,不许杀戮;卷毛黑人骑铁青马入围,要生擒他。"果有苍狼、花鹿入围,而放走未杀。骑铁青马的进来,被活捉了。问:"你是属于谁的?"〈对方〉没做声,因此送于主上。主上讯问时,奏道:"闻得蒙古圣主发兵,失都儿忽汗

① 此处原文为 Doloγan qongqotan(长部幌忽坛),此据 G 本,《金鉴》同。

派出探子,所有的马都追不上的库斯博勒特铁青马[①]〈到如今〉被追上了,四蹄似乎脱落了;我就是战胜一切人[②]的啮龁哈喇布通[③],都败在你们手下,我的头颅怕是要掉了。”回奏已毕,圣主问道:“据闻,你们的汗是‘呼毕勒罕’[④],据实说来!”哈喇布通说:“早晨〈他会〉变成黑花毒蛇,那时捉不得;中午变成斑斓之虎,那时捉不得;夜晚睡觉时,变成漂亮而略带稚气的幼童,坐下来与妃子欢聚,那时才能捉得。”奏毕,遂被赦免。

其后,来到西夏境内,失都儿忽汗的罗刹出身的魔者黑媪,向蒙古军迎来,咒死了丁男和骟马。速不台拔都奏明主上:“老媪可恶,咒死了丁男、骟马,请准许将哈布图合撒儿从大‘札撒’中释放出来。”主上准奏,把自己的黑鬃黄马交他骑着,去射那老媪。哈撒儿因身体为捆缚所苦,〈舒展不开〉,故仅仅射中了膝盖,那老媪向一侧倒毙时,骂道:“哈撒儿,你的男系后人死于伤疤,女系裔脉被丈夫遗弃。”当失都儿忽汗变作毒蛇的时候,主上化为凤凰;变作老虎的时候,主上化为狮子;变作幼童的时候,主

---

① 原文 Küsebuled,G 本作 Küsebelüd。Küke Buro 即青灰,亦即上文之铁青马。

② qara terigüdu qumun 从《源流》译黔首,即黑头人。

③ qara Butung,《源流》译黑野豕。

④ 清官书译“转生”,即能变幻的意思。

上化为老人,捉住了他。失都儿忽汗被捉以后,对主上说道:“且不要杀我,捉得金星,〈为你〉禳除不祥;捉得彗星,〈为你〉消灭灾荒。如果定要杀我,必会危及你的寿命;不杀,将要祸及你的子孙。”其奏,未获允许。〈然而〉射、砍皆不能入,〈于是〉失都儿忽汗说道:“砍、射都不能损伤我的身体,我的靴腰里藏着三折斑纹肚带,用它绞死吧!”等取出那肚带缢杀的时候,失都儿忽汗说:“今若勒毙我,你的后人将会像我一样的被勒死。对于我的古尔伯勒津郭斡哈屯,从手指甲到全身,都要搜遍!”言毕,死去。主圣娶了古尔伯勒津郭斡哈屯。从主上以至普土大国,无不诧异她的美色。古尔伯勒津郭斡哈屯说:“我的容颜已为您的兵尘污染,先前较此,更为绚丽,现今若能在水中沐浴一番,就会更加俊秀了。”此话,主圣信以为真,打发她去水里沐浴。这位哈屯行至水边,书写信息于蓝雀之尾:“我将死于此水,我的尸体,莫顺流相寻,可逆流去找。”这样通知其父以后,投水自尽了。父亲依照女儿的言语,逆流而来,找见了,每人拿上一个皮袋,撒土埋葬了。遂名坟墓为特穆尔鄂勒呼①,河水为哈屯郭勒②。降服了西夏

① 即铁芦,《源流》译铁芦冈。

② 即后妃河。《黄册》称黑河,因哈屯之死而改称哈屯郭勒。《源流》称哈屯额克江,即“母后之江”。均谓黄河而言。

国,杀死了失都儿忽汗,摧毁了灵州城①,纳娶了古尔伯勒津郭斡哈屯。

那次大狩,主上避暑于六盘山②,患重病于灵州城。当黄金之命将息之际,降旨道:"巨人般的四弟,神骥般的四子,我的五色四夷之众,你们听着:当我艰苦聚集、辛勤经营大国的时候,镫皮为之抻长,镫铁因之磨热;然而这样的痛苦,从来没有受过;当我骑上白飘骟马,披挂毡制"褡护"③,艰苦聚集、辛勤经营大国的时候,这样的痛苦,我没有受过。难道是前世的宿孽吗?"说毕,主圣又谕:"我的这些'赛德'④们,你们跟我一齐死吧!"雪你惕的赛音吉鲁格台把阿秃儿启奏道:

"你的玉成之邦将要寂寞的,

你可爱的孛儿帖格勒津薛禅哈屯将要殉节的,

你的合撒儿、别里古台二人将要服丧的,

你聚集经略的众百姓将要属于他人而失散的;

---

① 原文 Türmegei Balaɣasun,指灵州城。请参阅陈寅恪:《灵州宁夏榆林三城译名考》(《中央研究院历史语言研究所集刊》第1本第2分册第127页)。

② 原文 Loo-bang qaɣan,六盘汗,即六盘山。蒙古习称大山为"汗"(qaqan),以示敬仰。

③ 原文 esɣei-in daqu。daqu 即"褡护",俗译"袄子"。

④ 原文 Sait,即"赛德",译"大臣"。

你的兴隆之邦将要没落的，

你永结良缘的孛儿帖格勒津薛禅哈屯将要辞世的，

你的窝阔台、拖雷二人将要孤独的，

你聚集、经略的众百姓将要属于他人而离析的；

你的似山之邦将要衰败的，

你幸结善缘的孛儿帖格勒津薛禅哈屯将要亡故的，

你的斡赤斤、合赤温二人将要分散的，

你为大家聚集、经略的众百姓将要遍布山野、沿杭爱山而迁移的；

你的后妃、皇子会号啕奔丧的，

请予彼以有益的教言吧！

你为大家聚集、经略的众百姓将要沿兀〈鲁〉回温都儿[1] 而迁移的；

你的皇子皇女会号啕奠祭的，

请予彼以有益的教言吧！

年轻人的身体是一时毁坏不了的，

如果毁坏了，我们还能相见于涅槃之境吗？

健康者的身体是难以毁坏的，

如果毁坏了，我们还能相见于天堂之中吗？

为你的遗孀孛儿帖格勒津薛禅哈屯，

① 言兀鲁回高地，参前兀鲁回河注文。

为你的遗孤窝阔台、拖雷二人，

平川之地指示水源吧！

崎岖之境指示道路吧！"

启奏已毕，成吉思汗谕令："你们如今不必死了。为我的遗孀孛儿帖格勒津薛禅哈屯，为我的遗孤窝阔台、拖雷二人，在平川之地指示水源，崎岖之境指示道路。"如此降了旨意。又降旨道："玉石没有表层，钢铁不需粘合，骄生的身体无常。你们要百折不回，意志刚强，完成百种事业，才算最高的事业。言而有信的人，心地坚贞，寡欲以协众；真正迁移过去的人，是你们自己，往后你们要好生维护朝廷，忽必烈出语不凡，你们遵照他的话行事。"所有该嘱托的话，嘱托既毕，于丙亥（丁亥，公元1227）年，六十七岁，七月十二日宾天①。

当辒车套上衡轭奉载汗的金柩归来之际，雪你惕的吉鲁格台把阿秃儿颂扬主上道：

"你竟似飞翔的鹰翼而逝去吗？

我的主。

你竟成了辚辚之车的载负吗？

我的主。

① Bing γaqai，即丙亥。Bing（丙）是Ding（丁）之误。U本言六十六岁。G本言七月十五日。《本纪》：七月壬午不豫，己丑崩于萨里川哈克徒之行宫。案：壬午，七月初五日；己丑，同月十二日。

你竟似翱翔的鹰翼而逝去吗?

我的主。

你竟成了轮转之车的载负吗?

我的主。

你竟似啼鸣的鹰翼而逝去吗?

我的主。

你竟成了隆隆之车的载负吗?

我的主。"

如此一边赞唱,一边前来的时候,行至穆纳[①]之泥淖处,辅车之毂陷住、深达辐轴而移动不得,套上各色牲畜都拽不出。普土大国全体黎庶在忧虑,雪你惕的吉鲁格台把阿秃儿禀说:

"我的受长生天所命而降生的英杰圣主,

你抛弃普土大国驾返而去了。

你生前服绥、定统的邦基,

你肇基、立纲的国家,

---

① 本书及《源流》都说成吉思汗出征西夏,途经 Muna Qan (muna Qusiqun),即上文第 39 页注 1 所考证的木赖山、木剌山、牟那山、母纳山等,今之乌拉山。又说成吉思汗的灵车行至 Muna-yin kogebür——"母纳之泥淖处",车轮陷住不动了。此处指明车轮在此地沉陷,是由于圣主途经该地时,曾表示过赞赏的原故,所以这里的 Muna 仍是穆纳山。

你所庇护的后妃、皇子，

你所诞育的山岳和土地、水流，乃在彼处；

你清明兴建的汗统，

你威武创立的国家，

你可亲可爱的后妃、皇子，

你的黄金宫阙，乃在彼处；

你巧妙构置的邦基，

你有缘际遇的后妃、皇子，

你从前经营的众百姓，

你的宗亲、知己，乃在彼处；

你的繁荣的国家、百姓，

你净身的水和雪，

你的众蒙古人民，

我所降生的斡难迭里温孛勒答黑① 和土地、水流，乃在彼处；

① onon teligün Buldag，义为鄂嫩河的迭里温孤山，《亲征录》作跌里温盘陀山，洪氏《证补》引俄人之说，在斡难河右岸，今地名犹如故，距 Yäkä-aral 岛之西十四华里。参见伯希和：（P、Pelliot）《马可孛罗札记》（“Notes on Marco Polo”）282 页。

你那用枣骝马鬃编制的旗纛和“苏尔德”,①

你的战鼓、号角、军笳,

你的诸种语言的百姓,

你所居住的怯禄涟② 阔迭兀阿剌勒之山和土地、水流,乃在彼处;

你的建立丰功以前结璃的孛儿帖哈屯,

你的不峏罕山和土地、水流、营盘,

你的二位忠信的伴侣博尔术与木华黎,

你的完整而且伟大的邦基、法律,乃在彼处;

你的由于神的启示而邂逅的忽兰哈屯,

你的琴瑟、歌舞,

你的普土大国的永恒的山水、土地,乃在彼处。

---

① 原文 Sülder－sülde,卡瓦列夫斯基字典中有:a. 幸福、吉祥;b. 民族神、守护神;c. 军旗之意(kow,P、1428b)。又在 Sülde modun 中,以“主命之树”出现。据田清波说,在鄂尔多斯地方有“黑苏尔德、白苏尔德、斑苏尔德三种,黑苏尔德在王的领地内。它在寄附军旗的场合,在园的中心立起的旗杆尖上,安上叫做‘只答’的铁制的矛,其周围饰以马鬃、马尾编的缨穗;以表现之”。云云。(A. Mostaert,Surle curle de saγan Sečen、HJ AS,Note 37、1957)。

② 即今克鲁伦河。

为了哈尔固纳山① 温暖，
为了古尔伯勒津美貌，
为了夏国人庶众多，
你就把可爱的故土蒙古国遗弃了吗？
我的主啊！
你可怜的黄金之命即使超升，
由我们将你那玉宝般的灵柩载还故土，
请你那皇后孛儿帖格勒津观看吧，
让你那全体人民瞻仰吧！”

奏毕，汗主垂恩，施以慈悯。于是辅车辚辚徐动，众庶欢欣，运往汗山大地，在那里营建了万世的陵寝，作了大宰相们的佑护支柱，成了全体人民的奉祀之神，修筑了

① 蒙古文《俺答汗传》称：壬申年（即明隆庆六年，公元 1572 年）俺答汗于哈儿固纳山之阳、哈屯河（请参前注）之滨，建造呼和浩特（即归化城）。而萧大亭《夷俗记》及王士琦《三云筹俎考》皆言：把汉那吉（俺答之孙）在山西偏关边外西北哈朗兀驻牧。考哈朗兀即此传之 Qarquγ，或作 Qarquna、qarγuna、Qaruquna，而汉籍他书，如《万历武功录·俺答列传》中卷及下卷，又称俺答处青山，或称俺答自青山营偕他人赴水泉营市易。前引萧、王二家之书，均云俺答哈（即俺答汗）在大同边外大青山、昭君墓、丰州滩驻牧，等等。凡此，皆可明证，哈尔固纳山实即大青山，成吉思汗征服西夏以前，此山固在西夏管辖之区，又请参照后文 63 页彻卜登对答岱总汗的一段话。

永世坚固的八白室[1]。因为主圣途经此地之时，表示过赞美与欣赏，所以辐车深没轮毂；据说，向众臣庶降下了疑似之诏，把身穿的衫子、居住的房子和一只袜子留在那里。而其真身，有人讲，葬于不峏罕哈里敦[2]；有人说，葬在阿尔泰山之阴、肯特山之阳名为大鄂托克的地方。

蒙古诸汗当中，成吉思汗是最尊贵的。[3]

之后，中经三年，即牛年(己丑，公元1229年)，窝阔台汗四十三岁，继大统于怯禄涟之曲雕阿兰，在位十三年，牛年(辛丑，公元1241年)五十五岁[4]，殁于钺铁镕忽兰之地。汗羊年(丁未，公元1187年)生。

其后六年，即马年(丙午，公元1246年)，贵由汗[5] 四

---

① 《元史》卷七四《祭祀志三》，至元"三年秋九月，始作八室神主，设祐祏室。冬十月……命平章政事赵璧等集议，制尊谥庙号，定为八室"。蒙古俗尚白色，所谓八白室，即由此八室演变而来。

② 《秘史》第5节作不峏罕哈勒敦。《元史》卷一三四《阔阔传》："阔阔，字子清，本蔑里吉氏，部族世居不里罕哈里敦之地。"色楞格河、克鲁伦河皆源出此山之东南麓，敖嫩河源在其西，今名不儿罕哈勒都那山。

③ 此句从P1版增。

④ 原作五十岁，P1版言四十五岁，从G、U本改五十五岁。怯禄涟之曲雕阿兰，即上文的怯禄涟阔迭兀阿剌勒。

⑤ 《纪》作曲津汗(külüg qaqan)，今从U本改。

十二岁，继大统于月儿灭怯土。① 次年，即羊年（丁未，公元 1247 年），四十三岁，殁于横相乙儿②。汗牛年（乙丑，公元 1205 年）生。

其后五年，即猪年（辛亥，公元 1251 年），蒙哥汗四十五岁，四月初三日，继大统于怯禄涟之阔帖兀阿阑③。在位九年，五十四岁，即羊年（己未，公元 1259 年），死于清江府④。汗兔年（丁卯，公元 1207 年）生。

其后六年，即猴年（庚申，公元 1260 年），速图薛禅⑤汗四十五岁⑥，即大位于上都之地，在位三十五年，马年（甲午，公元 1294 年），八十一岁⑦，正月二十二日，殁于大

---

① 原文 örmüge-tu，G 本作 örmuitü，此即《宪宗纪》数见之月儿灭怯土之地。但《定宗纪》称即皇帝位于汪吉宿灭秃里之地，盖两地连接，故相互言之。

② 原文 Semsiki dü，P1 版作 Semsike de，U 本作 Semsikide dur、G 本作 Semsiki de，K 本作 Samaigi da，《本纪》作帝崩于横相乙儿之地。

③ 原文 Kodege arulan，G 本作 Ködge aralan、U 本作 Ködege arala，此曲雕阿兰或阔迭兀阿剌勒的异译。

④ 原文Čing janbu，G、U 二本作Jengbu。即清江府。

⑤ 原文 Sutu 误 Situ，U 本作 Sutu qubilai qaɣan，今从之。

⑥ 原作四十岁，从它本改。

⑦ 原文重出“马年”二字，今删。

都。汗蛇年生①。

其后,该马年(甲午),完泽笃汗三十岁,四月初十,继大统于习吉泊②,在位十四年,四十四岁,羊年(丁未,公元1307年)正月初八日,殁于大都。汗牛年(己丑,公元1261年)生。

其后,该羊年(丁未),海山曲律汗二十七岁继了大统,在位五年,即猪年(辛亥,公元1311年),殁于大都。汗蛇年(辛巳,公元1281年)生。

其后,该猪年(辛亥),爱育黎拔力八达普颜笃汗三十七岁继了大统,在位十年,猴年(庚申,公元1320年),四十七岁,殁于大都。汗猪年(丁亥,公元1287年)生③。

其后,该猴年(庚申),硕德八剌格坚汗十八岁,继大统于大都,在位四年,二十一岁,猪年(癸亥,公元1323年),殁于上都南之默黑努额伯齐衮④。汗鼠年(庚子,公元1300年)生。

其后,该猪年(癸亥),也孙铁木儿汗三十岁,继大统

---

① 本纪称乙亥岁八月乙卯生,即公元1215年9月23日生,此书言蛇年生,则此蛇年降生之说实误。

② 《本纪》称即位于上都,则此习吉泊在上都附近。

③ 《本纪》言至元二十二年(乙酉,1285年)生,前于此者二年。

④ 原文 morin-u ebčigun,此言"马胸"。汉籍但南坡(即契丹语之"纳钵",行在之义)而不明言其地之名称。

于阔帖兀阿兰①,在位六年,龙年(戊辰,公元1328年),三十六岁② 八月初六日,殁于大都。汗蛇年(癸巳,公元1293年)生。

其后③,该龙年(戊辰),札牙笃汗三十五岁,八月十二日,继了大统④。次年蛇年(己巳,公元1329年),适呼图克图汗自西天修道而归。正月十九日,三十岁,继了大统,结果,宝玺被夺,丞相被杀,为敌方派来的使人迎接了去⑤。呼图克图汗四月初三日继大位于齐齐克图泊。同年八月初六日殁。

其后,当年当月初十日,图帖睦尔札牙笃汗⑥ 继了大统。在位五年,黑猴年(壬申,公元1332年),三十五岁,殁于大都。

该猴年(壬申)当月五日,懿璘质班汗即了大位。当月二十五日,殁于大都。

---

① 原文Ködege arulan,G本作Ködöge aralar,U本作Ködege arala。参前注。

② 原作三十岁,从G本改。

③ U本有:"当年 račabag qaɣan(即阿速吉八)在位四十天"与"Kusala qaɣan(即明宗和世㻋)在位一月"的记载。

④ U本此处有:"其时帝师(lama)乃亦怜真瞻巴(3 ričin dimba)"一句。

⑤ 所谓呼图克图汗谓明宗和世㻋。这里暗指明宗与天顺帝争位而明宗被害之事。丞相乃倒剌沙。

⑥ 原文Töb temür jayaɣatu qaɣan,P1版作jayaɣa-tüqaɣan,K本作jiyaɣa-tu qaɣan。

其后，该黄猴年①，乌哈噶图汗② 即大位于大都。

那时，女真一老人有子名朱③ 者，降生之际，霞光满室④，拉哈、伊巴呼⑤ 二人得知以后，奏明可汗："此子善则对帝王有利，恶则对君主有害，不如乘其幼小，加以杀戮。"可汗未从二人之言。拉哈、伊巴呼二人叹道："唉！不杀此子，久后难以保全首领了。"那孩子长大成人后，受命镇守东省之众；西方的百姓，则由脱脱、合剌章二人⑥ 管领。后来，朱哥⑦、不花兄弟二人谗害脱脱、合剌章二人于可汗之前："这两位官长管理您的仓库，上等的留下自

① 黄猴年应为戊申岁，即顺帝至正二十八年(公元1368年)，显误，故知仍为黑猴年，即壬申岁，实则次年癸酉六月顺帝才即位。

② 《俺答汗传》称乌哈噶图妥欢帖木儿汗，《源流》同，即顺帝。

③ 原文jüü，G本作juu，K本作jüüge，可译朱家或朱哥。

④ 明人对太祖初生祥瑞现多所记录，如《皇朝本纪》言："上自始生，常有神光满室……"《天潢玉牒》言："及诞，白气自东南贯室，异香经宿不散。"王文禄《龙兴慈记》言："圣祖始诞，屋上红光烛天……"吕毖：《明朝小史》卷一，谓帝"生时夜有神光烛天"。民间传说，也多有朱元璋"一离母怀，就有霞光遮天，异香满室"，或者说"彩云遮天，异香满室"的神话。(见林兰编：《朱元璋的故事》6页、49页)

⑤ 《黄册》作伊剌呼，谓是博尔术的后裔。

⑥ 脱脱有子二人，其一名哈剌章，今本《庚申外史》误作加剌张。

⑦ 原文jüge。即上文的Jüü，或别的版本的Juu、Jüüge，此处影射的仍然是朱元璋。

己食用，把最坏的献纳给君王。”可汗仍遣朱哥：“捉拿脱脱、合剌章。”朱哥去后，未及中途而返，称言：“不来。”再命前往，仍旧重复了方才的言语。可汗一怒而罢免了脱脱、合剌章的官，以朱哥，不花总理全国之政。以后，朱哥、不花前去征收贡赋、廪食，三年之期已过，尚未归来。可汗着令：“朱哥滞留既久，朱哥来时，不许开门。”这样说给了守门的人。当日可汗得了一梦：来了许多敌兵，围了城，因惧怕那敌人，便在城里乱窜，无路可走[①]，往西北跳时，猛地看到一个洞，于是弃掉君位，丢下国人，从那个有洞的地方逃出去了。“我的这个梦，主吉，还是主凶？”特请了汉地的贤哲予以圆解，那贤哲解释可汗的梦境说：“可汗哪，是失位的征兆呀！”后来，据悉还是蒙古的脱脱丞相[②]作了如实的、恰当的说明。遵循梦的启示，往西北方向查看，果然有洞，因以为“我的这个梦兆被验实了”而惶恐起来。

从此以后，朱哥、不花二人以一万辆大车装了财货，

① 严从简《殊域周咨录》卷一六《鞑靼录》按语言：“至元二十二年，顺帝梦猪拱大都，城覆，遂禁军民畜猪。‘猪’乃朱姓。”《源流》叙此事稍详尽，“是夜汗复梦见一铁牙野豕，突入城中，欲啮众人之际，因不得路，遂各处抵触奔走。托克托噶（即脱脱）太师答曰：‘铁牙之豕，朱姓为乱之兆。’”可见蒙汉都流传着这一故事。

② 唯 G 本作 Toɣtoɣa qaraċang。即脱脱、合剌章，余本有脱文。

以三千辆大车载了身穿铠甲的士兵来到。司阍者不纳，遂厚贿司阍者以大量的财货宝物，才得进入。士兵摆开阵势，几乎快要包围可汗的金殿的时刻，可汗才发觉了。于是抛弃了三十万蒙古，从先前见到的洞里，携同后妃、皇子，带着其余的十万蒙古出走了①。

---

① 蒙古人例以四十万人众自称，如《三云筹俎考》卷二，记俺答初受顺义王封，立下规矩条约，对天叫誓，谓“北虏夷人四十万”。《万历武功录》卷八《俺答列传》下卷，也说俺答自言有“部曲四十万”。《清太祖武皇帝实录》卷三，天命四年十月二十二日，蒙古察哈尔林丹汗致书努儿哈赤，开首便说“蒙古国统统四十万众英主成吉思汗（林丹自谓）”，如何如何。次年正月十七日，努儿哈赤复书林丹汗，也写道：“阅来书，汝为四十万蒙古主”云云。这个完整数字的概念，就我们所知，可以追溯到元朝和辽朝，如《韩椅墓志铭》（重熙六年）称椅之再从兄遂贞（即直心）官拜“四十万兵马都总管”。又如新出土汉文、契丹文对照《北大王墓志铭》（重熙十年）颂扬北大王万辛的功绩，有句云：“四十万之军戎，咸归掌据。”再如《耶律宗正墓志铭》（清宁八年）言，“重熙二十二年为四十万军南大王”。迺贤：《金台集》卷二《赠韩印书归会稽诗》，形容和林形胜，有句云：“带甲四十万，车庐日辚辚。”甚至我们怀疑《元史·太祖纪》所说，成吉思汗“灭国四十”，这个“四十国”，就指的是蒙古地方的四十万人众，即是说，他将那里的四十万人众全部征服了。因为《蒙古源流》等书，习惯地以“都沁”（döčin，即四十）代表全体蒙古人众。以“都沁都尔本”（即四十四），代表全体蒙古人众和卫拉特人众。“图门”（tümen，即万这个词）一般是省略的。此剩余之十万户蒙古，卫拉特复占了四万户，除此之外，但有六万户蒙古。蒙古分左右各三万户，共六万户及卫拉特共四万户，都是概念中的成数，不是具体的人户。

临行之际,哈不图哈撒儿之子脱忽[①]巴图尔的后裔图穆勒呼[②]巴图尔,命令自己的儿子哈齐[③]库鲁克临阵,领着六十名擎旗手赶来,说道:“语云:与其毁声灭名,何如粉身碎骨!”因之,与汉家追兵激战而死。这便是哈撒儿子孙报效于可汗后裔的一桩事迹。

此后,由古北口逃出,乃建巴尔斯和坦[④]以居守,而汉军则筑希尔萨和坦[⑤]相对峙。据传,在那里,乌哈噶图

---

① 即《宗室世系表》搠只哈撒儿幼子脱忽大王。

② 原文 domulaqu,具有接济、帮助之意,似系此役之后所受名号。《黄册》作 tugulaqu。

③ 原文 qači,P1 版作 qaji,G 本作 qari。

④ 原文 baras-qotan-i,P1 版作 biras qota,U 本作 bars qata,G 本作 bars qoton,译“虎城”。《源流》只谓在克鲁伦河边。《笺证》引龚之钥《后出塞录》云:“达赖贝子所属境内有城,名巴喇斯河屯,译言虎城也。城内废基甚大。达赖,即车臣汗部固山贝子达哩,其牧地在克鲁伦河之南博罗布达,即是城矣。”案:城在此河下游的北岸,龚录略误。

⑤ 原文 Kirsa qotan-i,译言“沙狐城”,谓今杀虎(狐)口而言。

汗之子必里克图祭“札答”[1],降了风雪,汉军士马冻死殆尽;残部在回归途中,又被蒙古兵袭至长城脚下 。据悉,那些逃兵烧箭杆取暖,却横死在灶火里。歇后语所谓:“汉军出了野狐岭,狐尾变成帽缨子”,即由此而起。

以诸色珍宝建造的纯朴优美的大都,
先可汗们夏营之所我的上都沙拉塔拉[2],
凉爽宜人的开平上都,
温暖美丽的我的大都,

---

① 原文jadalaju,U本作 Jadalaču。案:《元史·太祖纪》:“乃蛮使神巫祭风雪,欲因其势进攻。”《亲征录》同,作“彼祭风,风忽反,为雪所迷”。《史集》俄译新本1卷2册21—22页,译者谓:“札答”一词,源于突厥语作动词用的 jādā maq(yādāmaq)。《元史·郭德海传》(卷一四九):“三峰山之战,睿宗(按:即拖雷)令军中祈雪。”祈雪,即作“札答”之事。考《梁书·芮芮传》(卷五四)言:“其国能以术祭天而致风雪。”《旧唐书·回纥传》(卷一九五)记,白元光与回纥共破吐蕃,“回纥使巫师便致风雪。及迟明战,吐蕃尽寒冻”。《新唐书·薛延陀传》(卷二一七下):“始延陀能以术禬神致雪,冀困勣师,及是反自敝云”。(参《册府元龟》卷九八五)可见,这是古代北方许多民族中盛行的一种巫术,后来传播到西藏等地,明、清人记述“札答”的文字,也便逐渐多起来。

② 原文 sira tala,译黄色的平野。此辽、金人所说的金莲川,而元称为滦野,后世祖乃建上都于其地。

丁卯年失陷的我可爱的大都①,

清晨登高眺望,烟霞飘渺。

乌哈噶图可汗我御前曾有拉哈,伊巴呼二人,

〈虽曾〉识破,但却放弃了可爱的大都,

生性愚昧的那颜们各都回顾了自己的国家。

我哭也枉然,我好比遗落在营盘的红牛犊。

以各种技巧建立的八面白塔,

宣扬大国威仪以九宝装饰的我的大都城,

宣扬四十万蒙古声威的四方四隅的大都城,

恰在宏扬佛法之际、因昏愦而失去可爱的大都,在我的名声之下。

为四面八方的蒙古之众显耀、矜夸的我可爱的大都,

冬季御寒的我的巴尔哈孙②,

夏季避暑的我的开平上都,

我的美丽的沙拉塔拉,

---

① 此句据 P1 版补。顺帝至正二十八年(公元 1368 年)八月庚午(二十六日),明兵陷大都,元亡。此言丁卯,即洪武二十年(公元 1387 年)失陷大都,误甚。

② 谓桓州故城而言。此城,土人呼为库尔图巴尔哈孙,见《口北三厅志》卷三《古迹志》引《一统志》之文。

未纳拉哈、伊巴呼二人之言，乃我应受的报应。
把神明所建的竹宫，
把忽必烈薛禅可汗避暑的开平上都，
统统失陷于汉家之众；
贪婪的恶名，加诸乌哈噶图可汗了。
把众民所建的玉宝大都，
把临幸过冬的可爱的大都，
一齐失陷于汉家之众；
凶暴的恶名，加诸乌哈噶图可汗了。
把巧营妙建的宝玉大都，
把巡幸过夏的开平上都，
遗误而失陷于汉家之众；
流亡之恶名，加诸乌哈噶图可汗了。
把可汗国主经营的大国威仪，
把灵妙薛禅可汗所造的可爱的大都，
把普天之下供奉的锅撑宝藏[①] 之城，
尽皆攻陷于汉家之众；

① 原文 tulγa erdeni，译锅撑宝藏，引申为全国祭祀(灶火)的中心。

把可爱的大都，

把可汗上天之子成吉思汗的黄金家族，

把一切佛的化身薛禅可汗的殿堂，

由一切菩萨的化身乌哈噶图可汗以可汗上天之命而失掉了，

把可爱的大都。

把可汗国主的玉宝之印褪在袖里出走了，

从全部敌人当中冲杀出去了。

布花帖木儿丞相[①] 突破重围[②]，

愿汗主的黄金家族当受汗位，千秋万代。

因不慎而沦陷了可爱的大都，

当离开宫殿时遗落了经法宝卷，

愿光明众菩萨垂鉴于后世，

回转过来着落于成吉思汗的黄金家族。

其后，历四年，二十九岁，狗年(庚戌，公元 1370 年)

---

① 《俺答汗传》称其人属卫喇特。

② 原文 bolγa dotur eče。bolγa 含意不清，此句臆译。

殂于应昌府城①。

从忽必烈薛禅可汗即位大都传至乌哈噶图可汗,共历一百零五年又六月而失去了城郭。云云。

当彼之帝位被夺之际,乌哈噶图可汗的弘吉剌哈屯已怀孕三月,那哈屯以匿于瓮中而落下了,汉人呼瓮为"缸"②,蒙古则名之为"博通"③,彼哈屯为汉人朱洪武④皇帝所收纳,哈屯心想:"如分娩于七月之后,必以敌人之子而被加害;若分娩在十月之后,当视作己子而免于难,愿天父怜悯,再添三个月,凑足十个月吧!"如此祈祷度日,上苍垂恩,于十三个月上,生下一子。洪武皇帝的汉后也诞育了一个儿子。此时,洪武皇帝曾梦见二龙搏斗

---

① 《本纪》称:庚戌年(即明洪武三年)四月丙戌顺帝因痢疾殂于应昌。《高丽史·恭愍王世家》十九年庚戌(即明洪武三年秋七月乙巳),帝(明太祖)遣中书省宣史孟原括来,诏曰:"……今年六月十日李文忠、赵庸遣使来奏:五月十六日率兵北至沙漠,知庚申君已于四月二十八日因痢疾殁于应昌。"二十八日即丙戌日。庚申君,即元顺帝。

② 原文 γang,G、K 二本同。余本作 qang。

③ 原文 butung。

④ 原文 jüü qunguuaC(G、U 二本作 qungqua K 本 qungquwa),即"朱洪武"或"洪武"。

而西龙乃为东龙所胜[①]，敕令筮者卜其吉凶。筮者说："此非二龙，而为君之二子。居西者，属汉后之子；其东者，则蒙古哈屯之子将继君之宝座而享有天命。"对筮者的话，洪武皇帝不加辨别，以为"虽系后嗣，但母为敌人之后妃，此人生下的孩子，如即我位，显然不好。"于是驱逐出宫，在长城外面替他修造了库克和坦[②]，住了下来。洪武皇帝在位三十一年而殂。

汉地之君，第一代即洪武皇帝。其子建文皇帝，在位四年之后，弘吉剌哈屯之子永乐皇帝[③]，统率自己少

---

① 这里影射的，乃是永乐、建文二帝争位之事。参山本守：《建文帝与永乐帝——永乐帝的蒙古传记》，见所著《辽东之珠》107—17页。考《随志》上卷记述刘随古言："高皇梦二龙绕于庭，一奋而张，一俛而顿；既觉，实懿文、燕邸同游，而文皇厌飞龙焉。"是同一故事的汉文版本。

② 这项故事，又是明太祖封第十七子权为宁献王、镇守大宁的传讹。郭造卿《卢龙塞略》卷一九《译部》所收蒙古语，名泰宁城为"可苛"，即此"库克"，译青色。(《武备志》卷二二七所收《蓟门防御考》著录之蒙古语，别名独石为"可可合托"，"可可"即"可苛"，但与此同名异地。)泰宁即大宁，遗址今内蒙古昭乌达盟宁城县大明城。

③ 成祖出于顺帝之后瓮氏(或作硕氏)，据说，记于《南京太常寺志》和亲见南京奉先殿之响序的人，以及司礼监宦官的传说。详傅斯年：《明成祖生母记疑》(《历史语言研究所集刊》2本4分，406—412页)。

数护卫与山阳之六千兀者人①、水滨之三万女真人以及黑城② 的汉人整兵来伐,擒获汉家洪武皇帝之子建文皇帝,捺银印于颈而废逐之。于是,乌哈噶图可汗之子永乐皇帝为君,而汉家③ 却认为“真正吾皇之子作了皇帝”,号曰

① 原文 üčiyed,是 üči 的复数词。此即清人习称之窝集,女真——满语“深山老林”之谓。《登坛必究》卷二二、《武备志》卷二二七以及《卢龙塞略》等书所收蒙古语,均称福余卫为“我着”。便是 üči 或 üje 一词的汉译。元、明人译此词为吾者、兀者、斡者、斡拙。辽人曰兀惹、乌惹、乌若、乌舍。《金史·地理志》等,此词作所有格形式,曰兀的改、乌底改,后人多译作乌的曷、乌德赫,等等。《黄册》叙成吉思汗诸弟之封地与属民,uciyet 为斡赤斤封地之一。福余卫的第一代首领为元辽王脱脱,而脱脱正是斡赤斤的五世孙。

② 《卢龙塞略》所收蒙古语,泰宁城曰可苛河套,青城曰哈剌河套,会州城曰插汉河套。又,洪武二年(1387),冯胜等人征纳哈出而先期修筑大宁、宽河、会州、富峪诸城。大宁城即名“可苛”(参前注),会州城即名“插汉”,(即金代的惠州城,遗址在今河北平泉县南二十里,仍曰察罕城,见《热河志·地理志》古迹门)则此所谓黑城者,非富峪城,必宽河城。此“河套”,乃“城”之音译词,非指河套也。元朝在宽河、富峪都有驿站的设置,宽河站在今平泉县北吕杖子附近,富峪站在今同县北之八里罕甸子一带。富峪,又作富谷,自辽代以来,为交通据点之一。

③ 汉家(Kitad ulus)两字据 U 本增。

永乐大明。以拥立之功而赐予六千兀者人以三百“大都”①、女真人以千六百“大都”,云云。

永乐皇帝在位二十二年②。

---

① 原文 daidu,仍系“大都”音译,似指大都城的人民而言。案:此处影射的,乃是明成祖割大宁卫以畀兀良哈三卫之事。此事官书不言而私家多有著述,唯其详略不同而已。如郑晓的《皇明四夷考》、王世贞的《三卫志》、严从简的《殊域周咨录》、朱鹭的《建文书法儗》、屠叔方的《建文朝野汇编》,等。而谈迁《国榷》言:成祖“义旗初建,首下大宁,简兀良哈三千骑为奇兵,立三千营,不忘其德,尽指大宁地与之,割雄镇以资伏莽。”语气尤肯定。“三千骑为奇兵,立三千营”云者,或者便是所谓“六千兀者人”的故事依据。又据《朝鲜太宗恭定大王实录》二年壬午(即明惠帝建文四年,公元1402年)三月己丑纪事:贺圣节使参赞议政府事崔有庆回自京师(南京)启曰:“燕兵势强,乘胜远斗,帝兵虽多,势弱,战则必败。又有鞑靼兵乘间侵掠燕、辽之间,中国骚然。”又四年甲申(即明成祖永乐二年,公元1404年)十二月庚午纪事,称帝为燕王时纳於虚出女,及即位,除建州卫参政,欲使招谕野人。他处又言:“於虚出,即帝(成祖)三后之父也。”於虚出,即女真建州卫的首领阿哈出。而《明太宗实录》永乐八年(公元1410年)八月乙卯纪事:升释家奴官,“释家奴者,指挥阿哈出之子,皆以从征有功也。“释家奴,赐名李显忠。既言鞑靼兵侵掠燕辽之间,则借兵兀良哈之说有了旁证和依据。既言燕王纳女真首领阿哈出之女为妃,而阿哈出之子又以“从征有功”,则与女真人的关系密切可知。“从征”一语,不妨理解为女真人参与了燕王的夺嫡谋反之事。

② 原作三十二年,从G、U二本改。

洪熙皇帝在位一年。

宣德皇帝在位十年。

正统皇帝在位十四年。

景泰皇帝在位十五年①。

天顺皇帝在位八年。

成化皇帝在位二十三年。

弘治皇帝在位十八年。

正德皇帝在位十六年。

嘉靖皇帝在位四十六年。

隆庆皇帝在位六年。

万历皇帝在位四十六年。

泰昌皇帝在位一月。

大明朝廷天启在位二十六年②。

从洪武皇帝到天启皇帝在位二百五十七年③。

---

① 十五年,盖连同英宗复辟后之天顺年号为八年计算在内,与下文"天顺皇帝在位八年"计时重复。

② U本作二十一年。计天启七年,崇祯十七年,合为二十四年,亦不足二十六年之数。既称大明朝廷——原文 dayiming čuut-ing(K本同,U本作ču ting,P1版和G本作čuu),则此书成于明末崇祯年间或者竟晚至清顺治初年,可以推知。

③ 实为二百七十六年。

妥懽帖木儿可汗之子必里克图于同年(即狗年)(庚戌)① 继大位于名为应昌② 之城,历九年,马年(戊午年公元 1378 年)③ 殁。

同马年,乌斯哈勒可汗继承大位,历十一年,龙年(戊辰,公元 1388 年)④ 殁。

同〈龙〉年,卓里克图可汗继承大位,历四年,羊年(辛未,公元 1391 年)⑤ 殁。

---

① 继顺帝之位者,为其子爱猷识理达腊,则此必里克图可汗,必为爱猷识里达腊的尊号。

② 原文 ing čing。

③ 《明史·鞑靼传》等书,无不称洪武十一年戊午夏,爱猷识里达腊卒,与蒙古文献吻合。

④ 爱猷识理达腊死而子脱古思帖木儿继位,则脱古思帖木儿必即此乌斯哈勒可汗。《高丽史·辛禑世家》:四年(明太祖洪武十一年戊午,公元 1378 年)七月,北元使来,告其主豆叱仇帖木儿即位。又五年八月,辽东都司移咨都评议使司曰:“胡主帝古思台帖木儿亦遣使驰驿,前往高丽,会议公务。……”豆叱仇帖木儿、帝古思台帖木儿,均此脱古思帖木儿之异书。又,洪武二十一年戊辰三月,脱古思帖木儿与其子天保奴被弑于阿里不哥后裔也速迭儿之手,亦与此书“龙年殁”之说相合。《黄册》称乌斯哈勒可汗三子,恩克卓里克图、额勒伯克尼古埒苏克齐、哈尔固楚克。而此书言:“哈尔固楚克乃额勒伯克尼古埒苏克齐之子。

⑤ 即洪武二十四年辛未。

狗年(甲戌,公元1394年)①,额勒伯克尼古埒苏克齐可汗继承大位。

额勒伯克可汗行猎,见猎兔之血滴在雪上,问道:“有无面似雪白、颧似血红那样的美人?”卫喇特的浩海太尉②回说:“有那样颜色的妇女。”“是谁?”可汗追问。“禀告一句不该禀告的话吧!君之子哈尔固楚克都古楞特穆尔洪台吉的鄂勒哲依图郭斡妣吉,您的儿媳,便这样美丽。”额勒伯克尼古埒苏克齐可汗贪图儿媳的容貌,传旨卫喇特的浩海太尉:“使我见所未见,亲所未亲,满足欲望的我的太尉,去吧!”太尉领了可汗的旨意前往,对妣吉说:“可汗想看看您的容貌而差我前来。”妣吉愤怒地回答:“天地岂可会合,父汗怎能觑看自己的儿媳,难道你的儿子都古楞特穆尔洪台吉死了吗?可汗变成黑狗了吗?”汗不听那些言语,害死了自己的儿子,纳了自己的儿媳。

其后,回到自己的另一个家里。回去之后,浩海太尉前

---

① 即洪武二十七年甲戌。

② 《笺证》卷五引《西域图志》叙准噶尔世系,言绰罗斯部第一世为孛罕,元臣脱欢之后。孛罕之子曰乌林台巴达台什,乌林台巴达台什之子曰达耀。达耀三传额森诺颜。案:额森诺颜即明人习称之也先。乌林台巴达台什,在(御制)《准噶尔纪略》中,译作乌林台巴鞳太师。达耀,即此浩海太尉。《黄册》在区别六万户与四卫喇特之际,亦言浩海太尉乃此卫喇特部之绰罗斯氏。

来讨封“答儿罕”，适逢可汗不在，遂坐在房前等候。这时，洪妣吉遣使来到，传命：“你过这边等候可汗吧！”太尉来了。进屋之后，妣吉把盏，说道：“你让我从贫贱致身于显要，使我由卑微致身于尊贵，以妣吉而为太后。”用一具单口双腹壶，一边盛酒，一边装水，自己喝水，却请太尉饮酒，醉倒了。而后，她记起自己的台吉的冤仇，落下帷幔，拖太尉于两层褥垫上，然后搔破脸庞，抓乱头发，派人赶到可汗那里。可汗闻讯来到，太尉已醒，逃跳了 。可汗追逐，与之交战，可汗的小指被射断。可汗杀掉太尉。命雪你饧名唤札森太保者，剥下他的脊皮，拿来传予妣吉。妣吉搀合可汗的血与太尉的油于一处，舔了，并说：“以贪色杀子的可汗之血为祭品，凝结弑君害主的太尉之油在一起，妇人所报之仇，如此而已，虽死无憾！”

可汗虽知中了妣吉的计，但意识到自己的过错，也便无可奈何于妣吉，只好改由太尉之子巴图拉丞相① 与乌格齐哈什哈二人，掌管四万卫喇特。

可汗在位之六年，即蛇年②，巴图拉丞相、乌格齐哈什哈二人杀死了额勒伯克可汗。以巴图拉丞相、乌格齐哈什哈二

① 前引《准噶尔世系》：达耀之子曰鄂尔鲁克诺颜。鄂尔鲁克诺颜之子曰巴图兰青森。巴图兰青森诺颜之子曰额森诺颜。案：巴图兰青森即此巴图拉丞相，而额森诺颜后文曰也先太师。本书无鄂尔鲁克诺颜一世。

② 此蛇年，或为建文三年辛巳(公元1401年)。

人为首的四万卫喇特叛离逃去，故蒙古之正统乃为卫喇特所篡夺。云云。

其后，托欢可汗于同年即了大位，历四年，马年[①] 殁。

其后，额勒特穆尔可汗即了大位，历十三年，虎年[②] 殁。

---

① 此马年如为建文四年壬午(公元 1402 年)，则在位四年之说必误。《黄册》名此一代可汗为琨特穆尔，是其人即明人著录之坤帖木儿矣。《明实录》、《明史》等书无不言“顺帝后爱猷识理达腊至坤帖木儿凡六传，瞬息之间，未闻一人善终者。”或言“敌自脱古思帖木儿后，部帅纷拏，五代至坤帖木儿，咸被杀，不复知帝号”。六传，盖自爱猷识理达腊至坤帖木儿，凡六辈；五传，则自脱古思帖木儿至坤帖木儿，凡五辈，世系皆与本书不合。“鞑靼可汗坤帖木儿”之名，建文二年庚辰(公元 1400 年)已见于记载。

② 此虎年如为永乐八年庚寅(公元 1410 年)，十三年在位之说亦不合。《黄册》名此一代可汗为额勒哲依特穆尔。《朝鲜太宗恭定大王实录》九年已丑即明成祖永乐七年(公元 1409 年)十月庚申纪事，明使人宦者黄俨对朝鲜国王曰：“元帝子孙窜居藜渠河，传世八叶，今不来附，帝欲以来春平定……”案：藜渠河即胪朐河的异书，今克鲁伦河。“帝欲以来春平定”，谓永乐七年丘福等五将军覆没于胪朐河而明年成祖自将五十万众出塞亲征之事。此时的蒙古可汗，适为阿鲁台所立的本雅失理，如是，则所谓“传世八叶”者，又系自爱猷识里达腊(或自脱古思帖木儿)至本雅失理共为八代矣。而本雅失理之立，据《明实录》、《明史》等书所称，乃在永乐六年戊子(公元 1408 年)稍前；永乐九年辛卯(公元 1411 年)，本雅失理已为瓦剌的马哈木等所杀。本书言额勒特穆尔可汗虎年殁，今假设此虎年为永乐八年庚寅，与明人记本雅失理之卒，所差只一年，看来，将此额勒特穆尔可汗当作本雅失理是完全可能的。

其后，次年即兔年(辛卯)，答勒巴克可汗[①] 即了大位，历五年，羊年(乙未?)[②] 殁。

该羊年，卫雅喇台可汗即了大位，历十一年，蛇年(乙巳?)[③] 殁。

该蛇年，阿岱可汗[④] 即了大位。

可汗为了报复前仇，率领蒙古讨伐卫喇特。那次出征，命令翁牛特的察罕图们的额色库出战。汗降旨道："小马虽然快，但老马能致远。"这才改由锡古苏特巴图

---

① 诸家考证，此答勒巴克可汗便是明人所说的答里巴。《明实录》、《明史》等书无不以为永乐九年马合木等弑本雅失理而擅立答里巴。看来，此兔年为永乐九年辛卯(公元 1411 年)，似亦无甚疑处。

② 此羊年，似为永乐十三年乙未(公元 1415 年)，公元 1415 年。

③ 此蛇年，似为洪熙元年乙巳(公元 1425 年)。

④ 诸家之说，其人即阿鲁台所立之阿台王子，见《明宣宗实录》卷一一一宣德九年七月丙申，卷一一二同年八月庚午，卷一一三同年十月乙卯各日纪事。《世系谱》、《源流》均言，彼人乃铁木哥斡赤斤的后裔。

尔[1] 上阵了。卫喇特则以珪林齐巴图尔[2] 前来应敌。他们俩先前曾经结拜为“安答”,并且常说:“他日蒙古、卫喇特双方交战,必然是我俩交锋了。”珪林齐巴图尔说:“在我射箭时,你不披甲也无妨碍。”锡古苏特巴图尔答应:“在我砍劈时,你不顶盔也无危险。”后来,这次战役中,锡古苏特巴图尔披了三层甲,胸前结了铁盾牌,乘着黄线脸马杀来,另给郭尔罗特的兀鲁回墨尔根骑上一匹绿线脸马,一同上阵了[3]。卫喇特的珪林齐巴图尔顶了双重盔,乘着青线脸马前来接应,战于孛罗那孩斜坡之上。珪林齐巴图尔一箭射去,将锡古苏特巴图尔的前鞍桥连同双甲、铁肩一齐射穿了,身体仰落在鞍桥上。兀鲁回墨尔根从一旁射断珪林齐巴图尔的马的黑护面,锡古苏特巴图尔发狠道:“凭这黄线脸马的嚼环,凭这凹口刀的锋刃,为了国事,亲人也不讲情面了。”说时,将带着八

---

① 《黄册》言:彼人乃哈萨儿之后裔。该书记哈萨儿后裔,复见其人,曰:第十一世乃移相哥之子少师岱巴图尔。亦即本书 75 页,83 页那颜博罗特王之父。而《世系谱》所录后裔次序中,又以那颜博罗特王为少师岱巴图尔之弟,而少师岱之子名博罗乃那颜。少师岱即锡古苏特。

② 《黄册》言:他是布里雅特人。有的人主张,可能与曾经“篡立称可汗”的鬼力赤是一人,但时代不符,彼鬼力赤于永乐六年以前已被阿鲁台杀死。

③ 此句用 G 本补。

面双盔的头颅劈作两半。此次出兵,攻入卫喇特,杀死太尉之子巴图拉丞相,其妻① 为可汗所纳,其子脱欢② 被赐予阿鲁台太师③ 牧羊。所谓蒙古夺取卫喇特之政,即指此事而言。

后来,阿岱可汗召集本部落会盟,可巧脱欢太师遇见与会归来的两个人,“会上谈些什么?”如此询问的时候,据传,那人讥笑说:“因为你不在,所以没有讨论。”那人走后,太师说:“这不是您的话,而是天命。”于是脱下帽子,朝天叩谢了。阿鲁台太师对他的妻说道:“这脱欢太师系良家子孙,梳头搔痒须回避他。”鄂诺依阿哈说:“如今不让看的身子,将来还不让看吗?”为了这话,脱欢太师出至外边,说:“这不是您的话,而是天命!”言毕,再度朝天叩谢了。日后,鄂诺依阿哈在替脱欢太师梳头的时候,阿鲁

---

① 巴图拉丞相之妻即鄂勒伯克可汗之女萨穆尔公主,于浩海太尉被杀后,授巴图拉以丞相之职的同时,改嫁阿台可汗。

② 即也先之父脱欢。其人首见于《明太宗实录》卷一〇九,永乐十六年(1418 年)三月甲戌日。卷一一〇,同年四月甲辰纪事,则言脱欢父爵为顺宁王。卷一〇一,永乐十四年六月丁卯;卷一〇五,永乐十五年四月乙丑两项纪事,并言前代之顺宁王马哈木已死,一似马哈木即本书之巴图拉丞相。

③ 明人记载中称太保、知枢密院和宁王阿鲁台,朝鲜《李朝实录》名之曰阿录太王、或曰中山王。本阿速人,旧名乌格德勒库。

台的弟弟[①] 说:"据悉脱欢太师系良家子孙,不要梳他的头发,而要梳他的脊梁。否则,便撵了出去。"对这种劝说,鄂诺依阿哈没有听。其弟又说:"不听我的话,久后难以保全首领了。"那时节,蒙古儿童在放声大哭,收马群时大喊大叫,他们的狗儿嚎叫不止。脱欢太师得知这些不祥之兆,曾朝天叩谢三次。

后来,脱欢的母后对阿岱可汗说:"你搭救了我的性命而封为哈屯,你把我的儿子指给他人使唤,如不杀掉,就放他走吧!"可汗闻得此言,遂将脱欢太师交付给名为萨勒穆沁、赛穆沁的二位使者,送返故乡。

脱欢太师既归,卫喇特、厄鲁特[②]、巴噶图特、辉特[③]

① 此句从G本补。《世谱》称其人名孟库贝,《源流》作蒙郭勒津之蒙克拜。即下文被也先杀死的蒙郭勒津蒙克。据此,则阿鲁台又属蒙郭勒津人。

② 原文作 ügülün,P1 版作 ügülerün,U 本作 ügüled,G、K 本作 ügü,均误。此或是 Öheled(即厄鲁特)的笔误,但清人官私记载习惯将 oyirad(或 oyirud,即卫拉特)与 Öheled(即厄鲁特)混而为一,亟待订正。详伯希和:《卡尔梅克史评注》6—7 页。

③ 原缺,G 本作 qoyiqada,P1 版作 qoyina ede,U 本作 qoyilγ ede,均误,即辉特。《黄册》解释四卫喇特别具一格:一为乌格勒特(案:即厄鲁特),即今之哈尔吉思(案:即吉尔吉斯);一为之原和硕特、土尔扈特、准噶尔、杜尔伯特四者合作一部;一为巴尔虎、巴噶图特、辉特合作一部。

四万户会盟。当询及脱欢太师“蒙古的可汗、太师以及几个大部的情况如何时”,脱欢太师说:“蒙古的阿鲁台太师上了年纪,各项事务似乎都存在着差误。撒袋变了,思想未变;贤臣放逐于外,战马骑用在家里;让知识浅薄的人当权,由驽马冲锋陷阵;以叛降之人掌管国家,用背水的壶盛酒。恰似没有风驼的驼群、没有公牛的牛群、没有儿马的马群、没有羯羊的羊群一般。如果不信这话,就当成‘乌格齐哈什哈’吧!”①

脱欢太师备下骏马、黑貂、猞猁狲等上好的礼品,用计骗过蒙古使者萨勒穆沁、赛穆沁二人,献给阿岱可汗,从国内送出国境。阿岱可汗见到礼物,降旨说:“这就是遣还脱欢太师回他家的好处!”萨勒穆沁、赛穆沁二人说:“卫喇特毫无戒心,且烦脱欢太师从远方进贡于你,只是耽搁些时日罢了。”如是禀报之后,可汗准奏说:“应该尊重外宾,准予延误②。”

随后,脱欢太师派出四万卫喇特之兵进攻蒙古。这次战役中,脱欢太师俘虏了阿岱可汗,阿岱可汗降旨道:“封你母亲为哈屯,又不曾杀你本人。”脱欢太师说:“难道

---

① 原文 ügeči(P1 版作 üg či)- qašan,从 P1 版改 qašaga(G 本作 qasga,U 本作 qasaqa)。请参前文。

② 此句参照 P1 版及 U 本译出。

我母亲没有丈夫吗？我自身没有父亲吗?”可汗被弑时，降旨说:“我误信了萨勒穆沁、赛穆沁二人的话，一箭未发而坐以待毙。”阿岱可汗在大位十四年，马年(戊午)死于卫喇特的脱欢太师之手①。所谓卫喇特篡夺蒙古一国之政，即指此事而言。

既已篡夺蒙古的权力，脱欢太师便掌握了大统。拜谒了主上的八室，表示了“来取汗位”的意图。朝拜之后，做了可汗。脱欢太师蒙受主上的恩惠和陶醉，却酒后狂言:“你若是福荫圣上，我便是福荫皇后的后裔。”撞倒了〈八室〉的金柱子，正要转身出去，脱欢太师口鼻流血，搂抱着马的鬃颈，“这是什么原故?”抬眼一看，只见主上装满撒袋的鹫翎箭冒着鲜血，众目睽睽之下尚在颤动着。脱欢太师说:“雄的圣上显了威灵，雌的福荫之裔的脱欢太师我，生命结束了。芒刺在身，必须拔除，蒙郭勒津蒙克尚在②，把他废掉!”嘱咐完自己的儿子，便死了。〈也

① 《明英宗实录》卷三二，正统二年八月丁卯:“行在兵部奏:‘泰宁卫都督拙赤等奏:“顺宁王脱欢遣部属剿杀阿台。”其言未可轻信……’”又卷四七，同三年十月丙子:“上闻瓦喇脱欢使臣言:‘阿台、朵儿只伯为脱脱不花王杀死。’……按正统二年丁巳；次年戊午，当即此马年，实公元1438年。脱脱不花，即本书下文所称的岱总可汗。

②《黄册》称蒙古可汗蒙克。即前文之阿鲁台之弟蒙郭勒津蒙克拜。

先〉遵照父亲的遗言，杀死了蒙郭勒津蒙克。卫喇特篡夺蒙古一代之政，即指此事而言①。

同马年（戊午），岱总可汗② 继承了大位。

即位之后，与阿噶巴尔济济农③ 二人盟会卫喇特于明安哈剌之地。卫喇特已先期到达明安哈剌。可汗、济农二人则驻营于阿勒和锡衮之地。卫喇特的也先太师、阿卜都剌彻辰④、萨都剌额格岱、拜答剌、阿拉克特穆尔、

① 似与上一段结尾处重复，疑属衍文。

② 岱总可汗（daisung qaɣan）即"太宗可汗"其人，实明人记载的脱脱不花，又曰不花可汗，普花可汗、不花王，并谓也先之妹嫁于彼人。据《源流》，岱总之父乃阿寨台吉（哈尔古楚克都古楞洪台吉之遗腹子）。《朝鲜李朝世宗实录》二十四年壬戌即明英宗正统七年（公元 1442 年）纪事，称蒙古皇帝脱脱不花于本年致朝鲜国王敕书一道，称他"即位今已十年"；敕书末尾所署年月，亦为"十年二月初五日"。自此上推九年，为明宣宗宣德八年癸丑（公元 1433 年），与上引《明英宗实录》之文及本书岱总可汗马年即位之说均不合。又《朝鲜李朝世宗实录》二十四年八月己亥纪事，言迤北达达名脱脱不花者，权臣脱欢立之为主。前岁脱欢已死，其子也先继领其众。云云。是脱欢当死于正统六年辛酉或五年庚申（公元 1440 年或 1441 年），脱欢死，而也先专政。

③ 济农（jinung），《世系谱》的作者主张即汉语"亲王"的写音，而博明《西斋偶得》卷上说是汉语"郡王"的写音，前者近是。

④ 《黄册》等称帖良古思之阿卜都剌彻辰。帖良古思，即帖良古惕。

哈丹特穆尔、阿巴布尔吉、泰东、托欢呼木齐、罗巴锡诸太师率领的一千人马，星夜起程。挥舞着枪矛，掀动着寒风，向可汗与济农杀来。蒙古士马大受冲闯。可汗济农召集会议，说道："与卫喇特讲和吧！"可汗主持的会议过后，敖汉的桑得格沁彻辰到来，问起："卫喇特前来的太师是哪几位？"当数说着一一回答时，桑得格沁彻辰说："此乃天赐良机，先除掉他们，再派大军征讨。"可汗、济农申斥道："人家来议和，你却主张歼灭，哪有这种道理？"桑得格沁盛怒之下，鞭打着自己的白马头，说道："当了即了，当败则败！"扬长而去。哈尔固楚克台吉却赞同桑得格沁的言语。岱总可汗又责备他，下令说："若死，死在一起；若活，活在一处。"

卫喇特参与会议的人散去以后，岱总可汗向阿噶巴尔济济农追索先时披戴甲胄盗哈剌哈马叛投过去的、阿勒噶齐古特的名为伊纳克察罕的人，而济农不与。伊纳克遂挑拨说："济农想问一问可汗，'公黄羊几时发情，公狍子几时解角？'"可汗愤慨地说："发情的公黄羊系笨货，问话的阿噶巴尔济济农是蠢才。"济农闻得此言，气愤地说："〈你又〉不是不知道我的愚戆。"到了儿，还是夺走了伊纳克察罕。阿噶巴尔济济农发誓道："我不把你当兄长！"当他准备叛入卫喇特的时候，哈尔固楚克台吉进行劝阻，说："语云：偏袒妻党者低下，维护同胞者高尚；向着外人的倒运，慈爱宗亲的发迹；作天子的会变得卑贱，作首脑的身躯会变成尾巴：太可怕了。”阿噶巴尔济济农还是不答应，而以鄂尔多斯的哈丹特穆尔与永谢布的诺该特穆尔二人为使，去至卫喇特那里，声称：“我已脱离兄长岱总可汗，愿与四万卫喇特合伙，哈尔固楚克台吉只不过一位先锋而已，杀掉哈尔固楚克台吉、桑得格沁彻辰二人吧！”卫喇特对此没有响应。阿卜都剌彻辰紧握拳头说：“一个小孩子懂什么？”卫喇特的众太师、那颜们则声称：“济农真想合伙的话，由你济农来作可汗，而将你的‘济农’之号让给我们；若是同意的话，合伙便合伙吧！”使者回去，全部报告了济农。济农同意后，果然，离开了自己的兄长岱总可汗。

从此，济农联合卫喇特的兵马向兄长打来，点火的时候，济农说：“我的汗兄胆子小，让军人每一名燃起十把火。”说着，真的点起火来，这样，岱总可汗的哨探望见了济农、卫喇特的军队，报告给可汗。可汗说：“让我亲自看看！”前来一看，惊惧道：“这火恰便似繁星堕落地表，怎可取胜？”岱总可汗携带少数护卫和子女们，逃往克鲁伦河①。

过去，因风闻彻卜登之女阿勒台哈屯与塔拉沁的哈

---

① 《黄册》谓直奔肯特汗山。肯特汗山即今肯特山。

勒察该私通而杀死哈勒察该,割掉哈屯的耳鼻,休退在家。如今当准备投奔哈屯母家郭尔罗特的彻卜登那里时,有萨尔塔固勒部名为顾俊的人,用计割下银锅,扔弃了。可汗发觉丢锅之事,便传谕:"派哪位善良可信的人找回来?"顾俊立刻报告说:"让我去吧!"可汗跳下自己的黑马,让他骑走了。顾俊带着银锅叛投到济农处。

可汗到达彻卜登那里,想见一见自己先前出离的哈屯。彻卜登说:"哈尔忽纳[①] 山之阴过去是温暖的,如今怎么会寒冷了呢?哈屯的怀抱过去是凉的,如今怎么会热了呢?阿尔泰之阴过去是温暖的,如今怎么会寒冷了呢?我女阿勒台的怀抱过去是凉的,如今怎么会热了呢?常言道:'因为缺乏水草而离开的牧场,还能驻牧吗?由于没有姿容而遗弃的妻室,还能收留吗?'"

岱总可汗原有三子,长子蒙郭赉台吉先已自尽;此时可汗并其二子伊利、托利,另有郭尔罗特的阿嘎博罗特、巴克博罗特二仆人,计五人,俱被擒拿,猴年(壬申),在鄂

---

① 原文 qarquɣ,误。P1 版作 qarquna,K 本作 qarɣuna,G 本 qaruquna,即今之大青山,参前吉鲁格台颂词"哈尔固纳山温暖"一句。

尔沁的齐克尔地方，岱总可汗死于彻卜登之手①。可汗在位十五年。

阿嘎博罗特、巴克博罗特二人之兄们都乌尔鲁克住在一所寨子里，他的两匹名为呼拉干、哈尔罕的马预感其事，又喷鼻子，又刨地，们都乌尔鲁克清晨动身，往可汗那里赶路，来到之前，可汗及二弟已被杀害了。于是们都乌尔鲁克让可汗的头枕着一位弟弟，脚踏着一位弟弟，埋葬了。随后，们都乌尔鲁克率领一些伙伴攻打彻卜登，报得此仇。

那以后，卫喇特内部聚会，议论道："不顾全自己宗族的人，岂肯照料我们的宗族？不忠实自己国家的人，怎能保护我们的国家？不爱惜自己声望的人，会珍重我们的名誉吗？往自家的灶里泼水，来我们灶里浇油，这是对谁有利的济农呢？"因此设下杀害之计。于是卫喇特的大臣、官员们向济农奏道："济农不是想当可汗吗，那就将你

① 《明英宗实录》卷二三二废帝成戾王附录第五〇卷，景泰四年八月甲午："兵部奏：来降韃子言，虏酋也先与其主脱脱不花交战，脱脱不花为也先所败，逃往其姻家兀良哈头目沙不丹之处，遂为沙不丹所杀。"案：兀良哈头目沙不丹，即此郭尔罗特之彻卜登，后文又曰博郭罗勒彻卜登，可见，所谓兀良哈三卫中，必然地包含郭尔罗斯部落在内。景泰四年癸酉，三年则壬申。是此猴年，即景泰三年壬申(公元 1452 年)。

的‘济农’之号赐予我们的也先太师吧！当初我们不是这样相约了吗？如今奉戴济农以可汗之称，务必把你的‘济农’之号赏予我们的也先太师吧！”请求既毕，一方面设宴来邀济农，一方面在屋里一个角落上挖了大坑，坑上浮摆了毡子，请以济农为首的三十三名结飘带的、四十四名插羽翎的、六十一名擎旗子的，由一个门进来，从两个门出去，杀得坑内满满的，这便是“那颜们死在盟会上，狗儿死在猎围[①] 中”这一典故的由来。

哈尔固楚克台吉派自己的亲随那哈出[②] 去打听消息，“先头进屋的以济农为首的大小官员们在做什么？”那哈出看了回来说：“我没有看到济农率领的所有的人，只见顺着房子的东侧在淌血迹。”哈尔固楚克台吉说：“为了来倒下，倒下了；为了来送死，死掉了。”于是带着仆人那哈出蔽入丛山[③] 之中。一个披了双重铠甲的人[④]，由峡谷的小路鱼贯而入，那哈出射双甲，那人连同后面跟来的

① 原文 ɣang，G 本作 qan，P1 版作 qang。ɣang、qang 疑系 ang 的讹写或竹笔书 aba 的破字。ang，指野牲，亦指狩猎；aba，猎围也，暂以此译。

② 《黄册》等书谓是马佚伊纳克格勒。

③ 同上书作翁衮峡谷。翁衮山，亦谓今之大青山蜈蚣坝。

④ 同上书称是卫喇特之素勒必斯巴图尔。

一齐倒下了。又有裹了三层铠甲的人[1],持枪前来搏斗,那哈出说:“我已筋疲力尽,无能相战了,你来射吧!”哈尔固楚克台吉一箭射去,透过三层甲,箭都发出了响声,那人和后面跟随的也都倒下了。那哈出说:“若能活着出去,徒步是不行的,从卫喇特人那里盗马吧!”说着一径去了。

当时,因为刮风的原故,也先太师以外氅遮挡了火,坐着。他竟越过四周熟睡的人,去解那拴在也先太师身旁的甘草黄骒马和黑鬃黄儿马;猛地听到冬冬的声音,环视之下,却不见人影,解开缰绳,骑了一匹,牵了一匹,刚刚要走,又冬冬地响了,环视一番,仍无人迹,这才发觉是自己由于紧张而心跳的声音。当营中人问起“你是谁”时,回答说:“你可真够机警的,有蒙古的哈尔固楚克台吉、那哈出二人,把他们抓住!”言毕,越营而出。

寻至哈尔固楚克台吉的驻处,招呼,不答应,因而以为逃跑了,又喊叫了一遍,才出来。因问道:“为什么要走开?”回答说:“怕你被卫喇特拿了,可能会攀扯我,故此逃避了。”于是乘了盗来的两匹马逃走,行至呼图克图音胡鲁孙之地,用脚绊把马绊好,刚刚坐定,忽见一个踏着兽迹捕捉沙狐的人,便又躲开了。

---

① 同上书称彻勒克图尔根。

正在缺鞍鞯、骑孱马走路的当儿，哈尔固楚克台吉射倒一只鹿，用肋骨当鞍鞯，以鹿肉充干粮，去至图木克[①]一富人家[②]，富人的弟弟[③] 言道："此人目光炯然，不可以为友，杀了吧！"回答说："谁个还不结交宾朋呢？"没有杀害。那哈出对哈尔固楚克台吉说："我们这样孤零零的，怎可成就事业？我试着去卫喇特那里，接回你的哈屯，归来之前，不要叫人发觉自己的身份，不要到众人面前，不要灭绝群兽。"嘱咐既毕，那哈出将他的发辫拿了，投奔也先太师，声称"我杀死了哈尔固楚克"。

后来，该富人嫁女于哈尔固楚克台吉。行猎之际，围中有二十只黄羊，哈尔固楚克放掉两只，其余，全被射死。那次行围，该富人的弟弟嫉妒他，托词"失误"而杀害了他。

那哈出去至也先太师那里，母亲试探地问也先太师："那哈出如果来了，你杀不杀？"也先太师说："见了面的

① 原文 Tongmuq，G 本作 Tumuq，即今日托克马克南 8—10 公里的阿克贝希姆废城，即古碎叶城（又作素叶城）遗址。见张广达：《碎叶城今地考》（《北京大学学报》哲学社会科学版，1979 年 5 期，70—82 页）。《黄册》等书谓成吉思汗三十五岁杀托克马克之莽古剌汗，并取托克马克。又谓术赤镇守托克马克。谓托克马克之主系术赤的后裔。

② 《黄册》等书名此人为阿克蒙克伯颜。

③ 《黄册》等书名此为人雅克锡蒙克。

话，必食其肉而饮其血。”其母又说：“假如谋害了哈尔固楚克，还杀吗?”也先说：“那样的话，便不杀了。”其母这才让那哈出露面，见过也先太师，于是有福分的人，保住了性命。

也先太师出兵图木克。那次行军，携带那哈出同行。那哈出骑了两匹马，走在队伍外侧，乘卫喇特攻打图木克之机，跟在卫喇特众将官的后头，抢了一个马群，献予也先太师，却把银碗和银鼠“褡护”藏了起来，送给了他的母亲。也先生气了，说：“为什么不将银碗进贡给我?”其母安抚地说：“难道还嫉妒自己的母亲吗？杀死了哈尔固楚克，夺回了甘草黄飘骟马，抢来了马群。”也先太师见了，说道：“那哈出不是人，是‘阿里雅’[①]。从此，那哈出便得了“阿里雅”的诨号。于是阿里雅那哈出便在那里住了下来。

也先之女，哈尔固楚克台吉的阿勒坦妣吉[②] 虽已怀孕，却被卫喇特的奥布依呼济吉尔娶去。

---

① 原文 aliya，有“恶作剧”、“机灵”、“淘气”诸涵义。而 G、U 二本作 eliye，谓“鹞鹰”，又谓“邪魅”。《世谱》译此人全名为“厄劣那克楚”，并言：“厄劣，鹰也；那克楚，舅也。鹰性善戕物，故以名之。”所据与二本同。海西希书 15 页，又谓 eliye 乃一种鸟状的恶魔，它能报知灾祸，也能带来灾祸，是蒙古巫教的一种神。

② 《黄册》等书则名为彻彻克。

卫喇特夺取蒙古之政以后,也先太师往招锡古苏特那颜[1]。锡古苏特那颜率领三十名随从前来,带着十名随从进了帐幕。也先太师派人向锡古苏特索取砍死珪林齐的那把环刀,锡古苏特知道这是心怀恶意,刚要用带鞘的刀砍下那人的首级,被兀鲁回墨尔根抱住,没有砍成;锡古苏特终于交出了环刀,那人拿上环刀,问道:"是砍珪林齐的那把环刀吗?"锡古苏特回说:"东西是,主人不是。"据说,将锡古苏特巴图尔王和他率领的兀鲁回墨尔根十名随从都杀了。

卫喇特人捉了一只鸟,正不知是什么鸟的时候,一个小孩子走来,指明"巨咀、宽掌、翘翅、尖尾,此鸟尝养育于熊圈之中,乃是皂雕的幼雏,名唤团雕"。那部民禀明了也先太师:"我们原不识此鸟,是一个蒙古儿童辨别出来的。"也先太师说:"那孩子系仇家[2],领来吧!锡古苏特巴图尔的儿子,正找不到呢,该遗孤[3],必是了。若属女孩儿,便梳了她的发;如果男孩儿,便梳了他的心。"如此派了使者。

---

① 其人见前文 54 页,是科尔沁部首领孛罗海与那颜博罗特王的父亲。

② 原作 ataγ-tai,可译"怪人",误。从 G 本作 ataγa-fai,即"仇家";而 K 本作 mataγ-tai,不成词。

③ 原文 qačimal－un ür,P1 版作 qajimal-un üre,据译。

一见使者,索朗古特① 的桑胡勒台之妻喀喇沁太夫人嘱咐"孛罗海② 不要动!"把他扣在锅底下,并在上面倒了干牛粪,这样隐瞒过去,却将自己的儿子交了出来。其中的一人准备绞死,脱光了,颈上套了绳子。此时,他的伙伴说 :"那天的小孩生的兔背,目光炯炯,这个不是,杀不得。"该使者走后,喀喇沁太夫人叮咛孩子说 :"给你换个地方吧! 将你重打也罢,轻打也罢,咬定是卫喇特人,自幼失去父母,乡里、部落因而不知了。"后来,被安置在卫喇特的依拉珠伯颜处,〈依拉珠伯颜〉只道"你既不知本生父母,即是我们卫喇特的子孙",便亲昵地留在身边。

喀喇沁太夫人对丈夫说:"那是咱们那颜的宗祧,携往蒙古地方吧!"桑胡勒台推托"地方遥远",拒绝了。"你留下,我带着儿子送去。"说着,打发儿子玛哈西③ 把孛罗海偷来,送给了他的弟弟那颜博罗特王④。那颜博罗特王说:"兄长,你虚位时,我非礼地作主人了,我那合法的兄长,你作主人吧!"让他主持了黑纛。

---

① 即高丽。参前文 21—22 页注⑥锁郎哈一词。

② 原文 Boloqai。罗布桑丹津《大黄金史》作 Bolonai(下册第145—146 页、第 177 页),称为锡古苏特巴图尔之子、乌纳博罗特之兄。疑即《明史》等书的孛罗乃王。

③ 原文 maɣasi,G 本作 maɣasir。

④ 原文 noyan Bolad - ung,即后文的乌纳博罗特王。

其后,也先太师即了可汗之位[①],率领蒙古、卫喇特二部之众,偷袭了水滨的三万女真,纳入自己的统治之下。也先太师说:“女真一座城筑于马胸似的山咀上,没有攻取的道理。”所以不曾攻取。又以被一座城的人民所窥见,而〈将他们〉斩尽杀绝,弃入湖中,因之血流似海,故名之曰“红湖”。

出征女真途中,永谢布的额森萨玛依,梦见擒了大明皇帝,报告给也先太师。也先太师说:“但愿如此,若是擒了,就赏给你吧!”

征服女真国刚刚凯旋,汉地的景泰皇帝[②]便统率军队,前来讨伐蒙古了。中途相遇,汉人筑起重围,无法接近。也先太师佯为退却,却另派出后哨,待汉人从战壕里出来,也先太师反击,汉军大溃,除三百人不曾离开阵地以外,余者均遭屠戮。生擒一人,问道:“你们何以不动?”那人回答:“我等系大明皇帝的臣子,岂可弃君逃跳?”当追问“哪个是你的皇帝”时,那人把掩藏地下的皇帝指了出来。于是从坑中拽出皇帝。砍不伤身体,环刀却一段

① 据《明英宗实录》,也先称可汗在景泰四年(即公元1453年),见卷二三二及卷二三四,此年八月甲午、十月戊戌两条;又《李朝端宗实录》卷十,甲戌年(即景泰五年,公元1454年)二月庚寅条。

② 景泰皇帝,实谓正统皇帝,即英宗朱祁镇。下同。

一段地落刃了；捆绑起来，抛入水中，则浮而不沉。既然无术加害，只好遵照梦的启示，将景泰皇帝给了额森萨玛依。

也先太师回师之际，下令不许把掳获大明皇帝的事声张出去，说道："谁宣扬了，就杀掉谁！"也先太师回到家里，母亲问他："你的收获怎么样?"回答："大胜利没有，只平安而已。"母亲说："你何必隐瞒？听说有个大的胜利，把大明景泰皇帝（应为明英宗朱祁镇）捉住了。""这话谁说的?"也先追问。"蒙古的永谢布的索儿逊说的。"母亲回答。也先太师以为"先约定不许外传，你何故说了"?为此，杀死索儿逊，并腰断其尸，挂在歪脖树上，抛弃了。

从此以后，卫喇特右翼的阿拉克特穆尔丞相，左翼的哈丹特穆尔二人要求说："也先太师，你既然作了可汗，就将'太师'之号赏赐我们吧！"也先太师说："自己的名号已给了儿子。"未予应允。他二人说："你不过仰仗着阿拉克特穆尔的勇敢，依赖着哈丹特穆尔的刚强与阿卜都剌彻辰的智谋，才取得了卫喇特、蒙古两国，作了可汗，难道单靠你的能力吗?"于是二人调兵遣将，进攻也先太师。也先太师兵败逃走，只携了妻儿与生活必需品和牲畜。后来，也先太师只身一人疲惫地走着，来到索儿逊之妻的房子里，饮过酸奶子，临行之际，索儿逊之妻看出破绽，说道："此人步履蹒跚，颇似仇人也先走路一般。"母亲这么一说,儿子才询问起:“他为什么这样行走呢?”母亲告诉说:“据悉,也先内部失和,这人或许就是,仔细地留神吧!”事后,再来的时候,被索儿逊之子布欢识破,捉将起来,杀死了也先①。布欢原有兄弟九人。

景泰皇帝被配嫁了一个称作摩罗丫头的妻子,而本人则被命名为摩和尔小厮,发付永谢布的额森萨玛依差使。一向没有疾疫与荒旱,自从景泰皇帝作了奴仆以后,

① 郑晓:《皇明北虏考》(《吾学篇》第六十九卷):“也先有平章哈剌者,欲继也先为太师,言于也先曰:‘主人衣新衣,幸以故衣赐臣也。’也先不许,而以其弟平章阿失帖木儿为太师。哈剌怒,欲叛也先。也先荒于酒色,又残忍,诸部不悦,稍解散。也先益忌哈剌,闻哈剌且叛,益怒。欲攻哈剌,恐不胜,乃召哈剌子饮酒,酒中饮之鸩。哈剌子呕吐,觉,出,不能行,啮指血染箭,令其仆持告哈剌。哈剌阳不知,益敬顺也先。也先以哈剌畏己,防稍解。哈剌伏众,伺也先出猎,袭也先,也先仓皇战,败走,从数十骑遁。又恐此数十骑通哈剌,半夜弃此数十骑,与二亲信走。道中饥窘,至一妇人所乞浆,妇人饮之酪,遂去。夫归,妇言状,夫疑其为也先。急追及之,果也先,杀之。诸部遂分散。”(严从简《殊域周咨录》卷一八《鞑靼录》全同郑书)《黄册》、《源流》等言,杀也先而肆诸库克汗山坡之树上。

公正、良善消失了。他睡觉以后，身体发光[①]。尝修下书信："我在这里。"匿于准备外卖的羊皮里，寄走了。汉人得到这个消息以后，致书说："据悉，尔等奴役了景泰皇帝，与尔等不相适应，须奉还我们！"于是由山阳之六千兀者人送回，得了"大都"。替永乐皇帝尽忠〈而受取〉三百"大都"，为景泰皇帝效劳〈而受取〉三百"大都"，这就是所谓山阳之六百"大都"。别有一说，蒙古送回景泰皇帝，系由山阴[②] 派了三百"大都"，只是因为蒙古内讧，延误了时间，未及取走，随后山阳的六千兀者国人，追取了山阴的三百"大都"。

再者，景泰皇帝在蒙古地方所聘名为摩罗丫头之妻生下一子[③]，被蒙古留下了，据说，阿苏特[④] 的塔勒必塔

---

① 尹直：《北征事迹》记随侍校尉袁彬之言："也先并达子每夜见上所御帐房上火起，隐隐若黄龙交腾其上。……"杨铭《正统临戎录》记伯颜帖木儿之妻挞剌阿哈的使女与铭的问答，说到正统所居的帐房上"有火光"，而挞剌阿哈则断定："是皇帝洪福光现。"又记，也先寇宣府、大同，而袁彬出至帐房以外，窥视，但见赤光罩定御帐。叶向高氏《皇明四夷考》及吕瑟《明朝小史》卷七"真命天子"条，又重复了两书的纪事。

② aru-bar，"由后"，此处可译"由山后"、"由山阴"、"由北方"。

③ 《世系谱》称此子之名为"大哥子"。

④ 原文作 Nasud，误；K 本同误；它本作 asud，其名来于阿速人。

布囊①,即其后裔②。

其后,玛哈古尔吉斯③ 可汗即了大位。鸡年(癸酉?)逝世。玛哈古尔吉斯可汗绝嗣。

---

① 原文 talbi Tabunung, K 本、U 本同, G 本作 tölbü Tabanang, P1 版作 talbai tabun ög,最接近旧态。正确的写法,应是 tabu nong 即"五王",其名,当从"五部"探马赤得来。旧卓索图盟喀喇沁三旗、土默特左旗的贵族称"塔布囊",而这四旗的所在地区,恰好是元代札剌儿、亦乞烈思、兀鲁兀、忙兀、弘吉剌五探马赤军,亦即五投下的主要封邑所在。

② 《世系谱》除此人外,尚有镶黄旗蒙古旗下阿达哈哈番斑珠尔塞楞等。又《笺证》引《东华录》康熙四十八年上谕:"正统间事,史书所载,不能明确;其在沙漠,曾生一子,今其裔孙,尚在旗下。"这是清圣祖得于前明阉人的口传,大概也见于他方面的文章。

③ 原文 magakürkis, G 本作 magakürki, U 本作 maɣokürki。又称蒙古勒克呼吉斯。俗说,即明人记载的马可古儿吉思,或讹为马儿苦儿吉思、麻儿可儿吉思、麦儿苦儿吉思、麻儿可儿。《黄册》等言:玛哈古尔吉斯乃岱总可汗小妃萨穆尔太后所出,年七岁,贮之皮袋,而由其母佩刀携之出征卫喇特,战于控圭、扎巴干之地,获胜而归,奉之为主,名乌珂克图可汗。年八岁,死于土默特部哈赤斤后裔多古朗台吉之手。罗布桑丹津《大黄金史》说 Magakürkis "在位八年,于鸡儿年去世"。同于本书而与《黄册》、《源流》即位的次年去世之说不符。案:正以其幼年即位,明人称之为"小王子",小王子之名始于此人(郑晓:《今言》卷二下)。此鸡年,姑为景泰四年癸酉(公元 1453 年),则玛哈古尔吉斯之死距岱总可汗之卒只有一年。

当岱总可汗遇难之际，彻卜登却以摩伦台吉系己之外孙而未加杀戮。后来，克木齐古特的塔噶梯儿太保、郭尔罗特的胡博其尔摩勒泰，从彻卜登那里，将摩伦可汗送至大国境内，付与来人，那人则送交了摩里海王[1]，并对翁牛特的摩里海王说："大国基业既已稳定，你登可汗之位吧！"摩里海王说："我的汗主非无子孙，于我自身及后嗣而言，皆非所宜。"故而未允。摩里海王遂请摩伦可汗骑上他的白脐甘草黄马，戴上他的金钢顶，以七岁龆龄，于

---

① 俗说，即明人记录中的毛里孩，或作卯里孩。考《明英宗实录》卷二五七，景泰六年八月己酉："泰宁卫都督佥事革干帖木儿所遣指挥脱脱不花奏：'虏酋卯里孩立脱脱不花王幼子为王，卯里孩升为太师。"景泰六年为乙亥(1455 年)，是此鸡年，或为景泰四年癸酉而公元 1453 年，与玛哈古尔吉斯的逝世为一年中的两件事。而下文摩里海王杀死摩伦可汗之狗年，或为景泰五年甲戌，即公元 1454 年。案：《明宪宗实录》卷四〇，成化三年三月己丑条，又称其人曰黄苓王(叶氏《四夷考》卷六同)。黄苓与明人记录数种蒙古语之书，称泰宁卫为"往流"或"罔留"(作"岗留"者误)者相当，黄苓＝罔流＝ong niγud。罔留、往流即翁牛特。另据后文那颜博罗特王杀摩里海王一段文字，确知摩里海王属别里古台后裔。《黄册》等亦曰翁牛特之摩里海王。又云：摩伦即位时，亦七岁。同书亦言，摩里海乃别里古台之后裔，则摩里海巴图台卫徵为别里古台十三世孙。

鸡年(癸酉?)即了大可汗之位①。

之后,鄂尔多斯的孟克、哈丹布哈② 二人进谗言:“摩里海王与萨玛台③ 哈屯设下毒计,准备害你。”这么一说,“那我们先下手吧!”摩伦可汗果然动用了兵马。他二人又去挑拨摩里海王,摩里海王原不相信,及至见到背后的兵尘,便也信以为真了。于是摩里海王召集军队,对天禀告道:“上苍长生天你昭鉴吧!其次福荫圣主你昭鉴吧!我尊崇你的子孙,而你的子孙反而对我起了歹意。”谢过上天,摩里海王领着三百士兵埋伏起来,命令他的号称“蒙古札鲁忽赤④ 之弟”为首的三位弟弟去应战,捉了摩伦可汗。狗年(甲戌?),可汗被弑于摩里海王之手。

当捉住博尔布克的伯颜乌尔默格尔而众“赛德”准备处死的时候,说道:“此是摩伦可汗的先锋官,在可汗跟前当先锋官的好人,难道不能胜任我们的先锋官吗?”故此未加杀害。他获释以后,用黄柄刀子在可汗尸体外侧,划地为坟,掩埋了。

---

① 摩伦可汗,当即明人记载中的脱古思,或脱思,也被称为小王子。

② 《黄册》谓是高丽人(即索朗古斯)。

③ 原文 Samatai,G 本 S 作 amati,U 本作 Samantai。

④ 原文 mongγol jarquči,G、K 二本作 mongγol jarγuci。札鲁忽赤,犹言“执法官”。

摩伦可汗的蒙古勒台① 哈屯痛哭道:“坏我可爱大统与离我普主可汗者,系孟克、哈丹布哈二人;毁我盛世基业与间我共主可汗者,乃孟克、哈丹布哈二人。”摩伦可汗绝嗣。

当岱总可汗与阿噶巴尔济济农被卫喇特、彻卜登双方夺去国统的时候,异母所生之弟名满都古里② 者,因远封在伊苏特山梁,而幸免于难。后来,该满都古里可汗于羊年(乙未?),即大位于哈萨哩答山梁。

满都古里可汗娶了两位哈屯,一位即满都海,另一位是伊克哈巴尔图钟金。满都海之父乃土默特之恩库特部

① 原文 mönggülti,G 本作 mönggültüi,它本作 mönggültei,从之。

② 《黄册》言“其叔——阿寨台吉的卫喇特哈屯所生的满都古里”。叔父乃满都古里,而非阿寨。考其世系,阿寨为摩伦的祖父。俗说,满都古里即明人记载中的满都鲁。其名首先见于《明史纪事本末》卷五八《议复河套》,纪事在成化四年。《明史·鞑靼传》记其第一次出现在成化七年。《明宪宗实录》卷一一六,成化九年五月庚子,称满都鲁太子。卷一四六,成化十一年十月己卯纪事,则明言其“僭立名号”。卷一五二,成化十二年四月丙子纪事,又明言其“自称可汗”。案:成化四年戊子(公元 1468 年);七年辛卯(公元 1471 年);九年癸巳(公元 1473 年);十一年乙未(公元 1475 年);十二年丙申(公元 1476 年);则此羊年或为成化十一年乙未。

的绰罗斯拜特穆尔丞相[①];伊克哈巴尔图钟金之父则卫喇特的伯格呼逊太师[②]。据传,可汗因苦于疟疾而未与伊克哈巴尔图钟金共枕。满都古里可汗鸡年(丁酉?)[③] 逝世;说者云,满都古里可汗的遗体埋葬在玛克温都儿。

科尔沁的巴图尔锡古苏特之子那颜博罗特王,当蒙古国统被卫喇特篡夺的时候,因封地在鄂嫩而免于难。后来,图报摩伦可汗之仇,骑了自己的银合马,兴动兵马,以讨伐摩里海王。但那颜博罗特王发兵之事,既被发觉,摩里海王先已逃窜了。于是那颜博罗特王说道:"也速该把阿秃儿乃吾父,我母诃额伦额克诞育了帖木真、合萨儿、合赤温、斡赤斤,我等系一母同胞,另由苏勒齐锦额克怀中降生了别克帖儿、别里古台二人。以圣主为首,率领我们的祖先哈萨儿害死了别克帖儿,以此嫌隙,这才杀死了摩伦可汗。吾汗虽无子嗣,但作为合撒儿后裔的我,终须干预。"于是从兀鲁回客额儿[④] 追来,杀死摩里海王的

① 原文此下衍 un ökin 即"之女"二字,据他本删。

② 俗说,其人即明人记载的屹加思兰太师,且明人亦言屹加思兰以女妻满都鲁(详 74 页注文)。或者说,《明宪宗实录》卷二六四,成化六年五月乙酉条的伯革赞太师,也是这个人。

③ 如彼即位之羊年为成化十一年乙未(公元 1475 年);则此逝世之鸡年或为成化十三年丁酉(公元 1477 年),在位仅二年。

④ 谓今乌拉根郭勒流域之广大平野。参前文兀鲁回河及兀鲁回温都儿注语。

诸弟、诸子计七人，夺回摩伦可汗被弑时抢走的镀金钢盔，砍掉了以蒙古札鲁忽赤为首的七人的头颅，遂以此而名其地曰“多罗噶顿拖罗该”[①]。摩里海王乘着他的甘草黄马，穿着脱毛的旱獭“褡护”，在控圭札巴干[②]用树枝搭帐蓬，以湿羊皮当干粮，困渴而死。此即所谓合撒儿子孙对可汗子孙的一次援救。

哈尔固楚克台吉的被卫喇特夺去的妣吉[③]分娩时，也先太师说：“如系女婴，便梳了她的发；若是男孩[④]，则梳了他的心。”传话给阿巴布尔吉、泰东等几个人。妣吉得知后，将孩子的阴茎扯向臀后，就像女孩子那样地把尿。那伙人果以为女婴，报告了也先太师。待那人回去后，妣吉隐藏起孩子，偷换了家里使唤的察哈尔呼鲁巴特部[⑤]之鄂台[⑥]老媪的孩子，裹在摇车中。那人再来时，解开一

① 原文 doluɣad-un toluɣai, P1 版同, G 本作 doluɣud-untoluɣai，译言，“七个头颅。”

② Künggüi jabaɣan，P1 版作 Künggüi jabaqan。指今蒙古国库奎、扎巴哈二地，或流入阿雅尔诺尔的坤桂、扎布汗两河流域。

③ 即阿勒坦妣吉。

④ 指巴颜孟克，下文称博勒呼济农，达延可汗之父。

⑤ 原文 qulubad，P1 版作 qulabad，G 本作 qulbad。

⑥ 原文 otai，G 本及《黄册》作 otoi。《世谱》作额退。《源流》作鄂推，均与 G 本同。

看，确系女婴，遂覆命也先太师："实是个女孩子。"

其后，卫喇特的乌格特依巴图尔埋怨自己的那颜："我家七世为先锋，如此效力，而恩赏不及。"他的"安答"阿里雅那哈出怂恿说："君如欲尊显，哈尔固楚克台吉的妣吉生下了有天命的男儿，你把他送回蒙古，六万户蒙古有官爵[①]〈给你〉的。"原来乌格特依巴图尔的姐姐，为塔塔儿的图吉巴图尔所娉娶，因此上，图吉巴图尔将孩子交了出来。当卫喇特的韦毛敦之子乌格特依太保[②]、弘吉剌的阿萨赉太保[③]、喀喇沁的孛来太师[④]、萨尔塔固勒的巴颜岱阿噶拉呼[⑤] 等四人，携带孩子赶路；当卫喇特的追兵

① 原文 jalγa，P1 版 jalaγa，本义为"帽缨"，引申为官爵、顶戴。《源流》译此词为"巨擘"。

② 即乌格特依巴图尔。

③ 原文 asalal，K、U 二本同，G 本作 islei，P1 版作 eselei。

④ 原文 bolui tayisi。俗说，其人即《明英宗实录》卷二六二之三景泰七年以后陆续出现的孛来，或太师孛来。而《明史·鞑靼传》诸书，则名之曰鞑靼部长；《明英宗实录》卷三三一，天顺五年八月己巳条，甚而称之为太师淮王孛来。案：本书后文又有克烈亦特之孛来，未知与此孛来太师为一人否？

⑤ 原文 aγalaqu，K 本同，G 本作 qalγaqu，U 本作 aqaluqu，P1 版作 anqalaqu。

尚未追及之时，阿巴布尔吉跳下粉口枣骝马，把马交给了阿里雅那哈出。卫喇特的众那颜招呼说："你把这孩子追上，带回来，便让你管理人民和马群。"等到阿里雅那哈出赶上，〈那四人〉反扔下孩子，走了。阿里雅那哈出用自己的弓梢将孩子的摇车车舷挑起，赶上来说：您们丢下孩子，还有什么必要前去？"说着，递过了孩子。又互相对射一番，且不拾落矢；当后面的同伙来到时，阿里雅那哈出述说〈前状〉，他们看见对射中落下的箭簇，信以为真，便回去了。那四个人带着孩子归来，置于乌梁海的[1] 呼图克图少师[2] 处，然后返还。待至成龄，乌梁海的呼图克图少师将女儿名锡吉尔[3] 者，奉与博勒呼济农[4]。此后巴

---

① 从K本等补。

② 《黄册》等称乌尔固特之鄂罗齐少师。俗说即明人记录之阿罗出少师。

③ 原文Sikir，U本同，它本作Siker。

④ 即巴颜蒙克前文所说哈尔固楚克台吉的遗腹子而也先将予残害者。

颜孟克博勒呼济农可汗,于猪年(已亥?)继承了大统①。

① 《明宪宗实录》卷一九〇,成化十五年五月庚午言其原委,曰:"……癿加思兰乃与众商议,欲立孛罗忽太子为可汗,而以己女妻之,因立己为太师。孛罗忽不敢当,让其叔满都鲁。癿加思兰乃以女妻满都鲁而立为可汗,己为太师,有众数万。由是调度进止,惟其所命。居数年,满都鲁部下大头目脱罗干等不忿,与亦思马因谋杀之,遂立亦思马因为太师。亦思马因者,其父毛那海曾为太师,故众心归之也。"考成化十五年己亥(公元1479年)或相当于本书的猪年。同《实录》卷九一成化七年五月甲子日,又称彼曰孛罗忽太子,卷九三,七月丙子日,则作孛罗忽;而壬午日,则曰虏首孛罗忽;卷一九〇,成化十五年五月庚午作孛罗急;卷八四,成化六年十月丙午,卷八五,成化六年十一月甲午及《皇明经世文编》卷六一所收《余肃敏公文集》中《处置边务等事奏议》作孛忽,当有脱文。据《实录》,孛罗忽与满都鲁为侄与叔:本书原文,满都古里称博勒忽为degüü——弟,洪和赉又称满都古里为博勒忽之aqa——兄。此处的aqa、degüü用以指长辈与晚辈,非兄弟关系。按蒙古记载,满都古里与博勒呼,实系叔祖与侄孙的关系。《登檀必究》卷二三《辑胡名说》附录之北虏各支宗派之住独石口外三间房叉汉家达子宗派:"初代哈剌哈处那言,生二代哈利巴那见(言?),生三代卜儿户吉囊,生四代达言罕……"卜儿户吉囊,即此巴颜孟克博勒呼济农;而答言罕,即本书后文的达延可汗。哈利巴那见(言?),应是"哈利古出克"或"哈利因那言"之误,即本书之哈尔固楚克台吉。

当满都古里可汗、博勒呼济农二人统辖六万户之际，洪和赉进谗言[1]于满都古里可汗，说："君弟博勒呼济农欲夺君之伊克哈巴尔图钟金。"满都古里可汗不信此言，是以敕令："为了与弟博勒呼济农对质洪和赉言语的真伪"，将要派遣使者。洪和赉既进谗言于可汗，复对博勒呼济农说："君之汗兄谓君与彼身相若，对君起下歹意。"又说："其谓吾言之不信，将往君处遣使查询了，那时就会明白的。"满都古里可汗为了对质，果然派了两位使臣，济农见到使臣，相信了原来的谗言，错误地认为："心怀恶念，必是真情了。"济农对可汗的两位使臣不曾好言相对。那两位使臣回到可汗处，禀报说："你的济农弟弟没给什么好话听！"可汗心想："由是可见，对我抱有敌意，是真的了。我身体不好，我没有子嗣，死了以后，哈屯众嫂、普土众民理应归他，可从现在起便起他意，却是不好的。"为此

① 《黄册》：进谗言者，乃后文的伊斯满太师（见81页）。

十分恼怒。可汗刚要会盟,济农知道了,去到姐姐博郭罗勒① 公主那里,公主背着伯格呼逊,派二子诺谟库知院②、巴噶拜③ 到伯格呼逊那里诈探口气,遂询问伯格呼

① 原文 buɣurul,G 本同,K 本作 buɣural,U 本作 buqurul,《世谱》称博罗克亲公主,适威勒忒伯格尔僧。即本书之伯格呼逊。《源流》称博罗克沁公主下嫁卫郭特之伯格呼森。伯格呼森,俗说,即明人所称之毗加思兰。《明宪宗实录》成化十五年五月庚午纪事,名之曰野乜克力首领毗加思兰。初在土鲁番地面,天顺间(1457—1464 年),移近哈密城外巴儿思渴(即今巴里坤)地方住劄;成化初,乃迅速壮大,率众东进,入据黄河河套。此人,本书称维吾特(oiɣud)人,而《源流》作鄂尼郭特(oniɣud);古蒙古文"i"、"ni"同字,oniɣud 乃 oiɣud 的异书。又,本书的伊斯满太师,称作卫喇特的维吾特,或只曰卫喇特伊斯满太师。蒙古文史书中,又说伯格呼森是卫喇特人,或者说该人属于永谢布。考所谓野乜克力,又写作乜克力,"野"以言其生犷粗悍而已;剌失都丁《史集·部族志》灭里乞志,言灭里乞又自称曰 Bekrin,而女真人呼 Bekrin 则或为 mekz,这无疑便是《五代史·附录》胡峤《陷虏记》中的韈劫子;这也应该便是上述的乜克力,或者称作"野"乜克力。此言毗加思兰的族源,而维吾特或鄂尼郭特即维吾尔一称的复数词,盖以灭里乞之后裔而混入维吾尔人众中;之所以又称他为卫喇特人或永谢布人,则以其久已羼入卫喇特部,或者已经作了蒙古六万户中之永谢布首领的原故。

② 原文 nemekü čuyang,G 本作 nemeküčug。čuyang 即"知院"的音讹,作čüg 者有误。

③ 原文 baɣabai,G 本作 baɣbai,U 本作 baɣbar。

逊太师道："假如你内弟前来，我必须叫他依靠太师。"伯格呼逊太师说："假如内弟来啊，我将食其肉而饮其血！"说话间，头发也竖起来了，鼻尖也翘起来了，愤愤地坐在那里。伯格呼逊太师一次狩猎，诺谟库知院、巴噶拜二人托故未行。后当打发济农走时，伯格呼逊在行围中发现了，派人质问公主："带脚绊的银合马在哪儿？"公主传令："跟你的亲族记仇[①]吗？同你爱怜的姻戚为敌吗？带脚绊的银合马跳回自己的地面了。"伯格呼逊从围上罢猎归来，公主唤出两个孩子，降旨道："我自身先殁，不及见了，往后，你们的子孙身系枷锁，却叫活着的人看个够！"

博勒呼济农住在呼他罕图[②]的名为德勒苏台[③]的地方，锡吉尔太后诞生了达延[④]可汗。将达延可汗寄养

---

① 原文：ÖS，"仇"也。P1 版作 uγ，非是。

② 原文 γutaγan-tu，P1 版作 qutaqan-tu，G 本作 qutuqan-tu，K 本作 qutuγan-tu，U 本作 qutaqa-tu。

③ 原文 dersütei，译言生长息鸡草的地方；它本作 seresütei。

④ 原文 dayan，P1 版 dayun，近真，即"大元"的译音，明人记录译答言罕、达言罕、歹颜哈、歹颜罕等。《万历武功录·俺答列传》上卷，翁万达言："弘治中，小王子番书犹能袭残元故号。"小王子谓此达延可汗，这是明人所说的第三位"小王子"；所谓"残元故号"，就指的是以"大元可汗"为称号。

给巴勒噶沁[1] 的名为巴该[2] 的人。其后,卫喇特的伊斯满[3] 太师来侵,掳去锡吉尔太后,遂为伊斯满太师纳娶。

博勒呼济农在博尔布格之地,与布鲁岱二人一同逃亡;来到永谢布的部民中,济农自己留在野甸子上,派布鲁岱去探听消息,被布鲁岱的姐姐遇上了,留下自己的弟弟,不肯放行。济农口渴难耐,来到一人家喝酸奶子时,一个成年女子坐下端详着王[4] 骑的白银合马、穿的银鼠[5] 里蟒袍和金腰带等物。济农走后,那女子见水边有些人,便去述说有如此这般的人走过。永谢布五部落的

① 原文 balaγcin,G、μ 二本同,P1 版作 balqaγcin,K 本作 balaγacin。

② 原文 baγai,G、U 二本作 baqai。

③ 原文 ismal,G 本作 ismayil,K 本作 ismal,U 本作 smal。俗说,其人即明人记载之亦思马因太师,但《实录》成化十五年五月庚午条谓亦思马因乃毗加思兰之族弟,又为毛那海太师之子。参前注。蒙古文献同样说他是鄂伊郭特(亦即维吾尔)之人。

④ 原文 Wang,P1 版作 ung,即“王”;G 本作 jinong,U 本作 j-onong;即“济农”,指博勒呼。后二本似是。

⑤ 原文 Keremün,K、U 二本同,G 本作 Kermün,P1 版作 Kermen,即银鼠。

克哩叶[1]、察汗二人及特穆尔、孟克、哈喇巴岱[2] 等追来，问济农："你是什么人?"回说："过路的。""把金带交出来!"没有给。永谢布的那些人[3] 用缰绳将巴颜孟克博勒呼济农勒死了。逝世于虎年〔壬寅〕[4]。这便是所谓永谢布的一桩罪过。

为了虐待达延可汗之事，唐古特的多兰格尔[5] 之七子特穆尔哈达克等对巴该说："把这孩子送给好人吧，要么交给我。"如此乞求而未得。后来，该特穆尔哈达克兄弟七人，骑上自己的好驿马，抢回来了。

达延可汗身患痞积，特穆尔哈达克之妻[6] 为此用九

---

① 原文 Keriye，U 本作 Kiriye。《黄册》称克哩叶豁吉格尔，而无其余众人等。又言：达延可汗的顾实哈屯乃卫喇特部克哩叶豁吉格尔之女，参下文关于达延可汗十一子的叙述。

② 原文 batai，U 本作 bitai。

③ 原文 qatun，误，从 K 本改 hedün，即"几个人"、"数人"，"那些人"。

④ 何乔远《王享记》(《名山藏》本)卷四《北狄记》称："……而是时(成化十九年癸卯)满都鲁已衰弱，不知所终，其人寇者，复称小王子，或称把秃猛可王，即故小王子后也。"此复称"小王子"之把秃猛可王，即达延可汗。前注已详。其父博勒呼逝世之虎年，或即成化十八年壬寅(公元 1482 年)。

⑤ 原文 dolangeri-in。当是 dolan-ger-un 之口语形式，犹言"七房之"。

⑥ 《源流》说，其妻名赛海。

匹初产驼羔的母驼之乳医治，磨穿了三只银碗，治疗结果，萍藻般的七块疮疤脱落了，方告痊愈。这就是传说中的达延可汗一次灾难。

那以后，唐古特的特穆尔哈达克交付达延可汗于赛音哈屯之手。

满都海赛音哈屯思念往昔诸汗之仇，率兵出征。牛年(辛丑?)① 先发了步卒，经过三宿，又派了骑兵。赛音满都海哈屯披挂整齐，拢起散发，让赛音达延可汗乘坐车辆，出征了。以克什克腾的阿来通为向导，进攻四万卫喇特之际，赛音哈屯的帽子挂在颈子上，卫喇特人看见，"哈屯的帽子没了，给你"。说着，把自己的帽子送给哈屯。哈屯接过后，挥舞② 着继续进军了，降服了四万卫喇特。厮杀于塔斯博尔图③，战斗在德格都纳④，征收了无数的财货，而使之元气大伤，以六万户之众兼并了卫喇特一国。

那以后，科尔沁的那颜博罗特王对赛音哈屯说："我

---

① 此牛年或为成化十七年辛丑(公元1481年)。

② 原文 qoriγlaju——"制止""谴责"，似误，而《大黄金史》作 quruilaju——"挥舞"，于理为顺，据改。

③ 原文 tas burtu，P1 版作 tas bürtü。

④ 原文 tegetüne，G 本作 tegetun。

点燃你的灶火，指示你以牧场吧！”赛音哈屯降旨：“吾汗之遗产，尔哈撒儿的子孙能继承吗？你哈萨儿的遗产，我们能继承吗？有推不开的门扉，有跨不过的门槛。吾汗的后裔尚在，不能去你那里。”后以此言询问阿拉噶齐古特[①]的萨岱多古兰：“该王的话对吗？”萨岱多古兰说：“是对的。”又将方才说的话询问郭尔罗特的们都乌尔鲁克札罕阿哈[②]，札罕阿哈说：“若跟了哈萨儿的后人，则堕入歧途，脱离众百姓，毁坏了哈屯的名节；若从了可汗的子孙，则平展白道，统辖察哈尔[③]万户，远扬了哈屯的声誉。”赛音哈屯准了札罕阿哈的言语，说：“萨岱多古兰的话错了”，而用热茶从头上浇下来。“以为我可汗之裔幼小吗？以为普土众民无主吗？以为哈屯之身的我孀居吗？以为

---

① 原文 alaɣčiɣud，U 本作 alaɣčuɣud。《源流》称郭尔罗斯之萨岱。此名出于汉唐以来的驳马（ala～alaɣ，其再生复数形式即 Alaɣciɣut），见乌兰：《满都海哈屯与达延汗——〈蒙古源流〉节译并注释》（《内蒙古大学学报》哲学社会科学专刊——学术论文集 9—10 页）。

② 原文J̌iqan aqa，G 本同，U 本作J̌aqan aqa。《源流》言：札哈阿哈是桑该乌尔鲁克之妻。们都乌尔鲁克见前后文。

③ 原文čaqar，G、K 本同，P1 版čaɣar。此词可译“近畿”。察哈尔，六万户之一而为汗庭的直属辖区，故但言此一万户即以代表可汗的政权所系。参后文托郭齐少师斥责锡吉尔太后“你的国家察哈尔不好吗”一句。

哈撒儿叔辈的后嗣繁盛吗?”赛音满都海哈屯如是地颁了训令,给达延可汗穿上三层厚底高靴,在阿勒噶齐古特的蒙可[①] 的花斑坛子里注了酒,命家臣莽汉[②] 伊噜古致祭于索多哈屯,并宣誓说:

在青马毛色难以辨认的地方,
荣列为可汗之裔,
当叔公哈撒儿的后嗣欲迎娶时,
来到可汗的宫阙之前,
侍立[③] 在花马毛色不易区别的地方,
以为您的子孙幼小,
当旁支叔公欲纳聘时
我舍命来到金殿之前。
惧心才逝,羞容乍消,
若以您那宽阔的门楣为狭窄,
若以您那高大的门槛为细小,
若委身于那颜博罗特王的话,
则愿您伸出套杆,广施缘法,将我擒拿;

---

① 原文 üngeg 言“狐狸”,误。G 本作 möngke,乃人名,据改。阿勒噶齐古特,详前。

② 原文 mangqan,G 本 menggin、K 本 mangga,P1 版 menggen。

③ 原文 brilen,媳妇对公婆的尊敬貌,媳妇一词的不及物动词型,意译“侍立”。

若那颜博罗特王欺您的子孙愚弱，而强行聘娶的话，
则愿您将那颜博罗特王捕捉。
成身异域而诞生王子，
若王子已殁，而妇人我身主去就，
则甘愿受那支解的惩罚；
我的大武圣主[①] 育下王子，
若王子已故，而妇人我自寻媒妁，
在您也失哈屯[②] 的面前，
则甘愿受那死亡之罪。

以此言语，宣誓于也失哈屯跟前，并向也失哈屯祈祷子嗣，说道："假若同意我这一番话，愿也失哈屯母亲使我在里襟下面生下七子，在外襟下面生下一女；若果同意我这一番话，并能生下七子，则七子必以'博罗特'命名。"如是祈祷之后，回去了，而那颜博罗特王听了哈屯的这番话，也便打消了自己原先的主张。

达延可汗七岁时，曾坠入呼鲁胡儿[③] 河中，据传，被

① 大武圣主犹如成吉思汗之有"圣武皇帝"的称号。

② 原文 esi-qatun，与《大黄金史》、《黄册》、《源流》、《阿勒坦汗传》等一致。eši——"根柄""起始""源"。也失哈屯，是对忽必烈生母唆鲁和帖尼的尊称。

③ 原文 quluqur，G、K 二本作 quluγur，名称从康熙《皇舆全鉴图》译出，又名秃河，在西乌珠穆沁旗东侧。

唐古特名叫安扎① 特穆尔的人泳水搭救了。

此后,巴图蒙克达延可汗七岁② 上,满都海赛音哈屯委身于他,同猪年(己亥),即了汗位。因为那次求子之福力,满都海赛音哈屯生了七男一女:图鲁博罗特与乌鲁斯博罗特二人系孪生,阿尔苏博罗特与巴尔苏博罗特二人也是孪生。后来赛音哈屯孕育斡齐尔③博罗特与阿勒楚④ 博罗特二人到九个月的时候,卫喇特〈突然〉来袭,那时,赛音哈屯坠马,由巴尔虎⑤ 部的赛音赛汗拦住米尔罕⑥ 好黄马,由巴勒噶沁⑦ 的巴颜布库与阿速忒的巴图

① 原文 anja,K 本作 amin,余本作 ayin。

② P1 版作"十七岁",实误。案:据明人记载,满都鲁死后第一次出现小王子,亦即达延可汗,是在成化十七年辛丑(公元 1481 年)。则此猪年,或为成化十五年己亥(公元 1479 年)。依蒙古文《俺答汗传》推算,达延可汗的即位年为成化十六年庚子(公元 1480 年),相差只一年。

③ 原文:očar,误,G、U 二本作 Wčir,P1 版作 očir(下文此版同误 očar)。

④ 原文 alču,K、U 二本同,G 本、P1 版作 alju(下文同)。

⑤ 原文 baraɣun,误,K 本作 baraqad,亦误;从余本改 baraɣud。

⑥ 原文 mirqan,P1 版 miraqan,G 本 miregsen,U 本 miraɣan。

⑦ 原文 bilɣačin,误,U 本 balɣačin,余本作 balaɣčin。

博罗特布库二人搀扶哈屯上马,脱难了。一个月后,生下了斡齐尔博罗特与阿勒楚博罗特一对双生子。后来又生了阿尔布呼喇①。七子皆以"博罗特"命名。乌梁海的呼图克图少师的孙女萨穆尔太后② 另生了格哷森札与格哷博罗特二人。另外③,顾实哈屯④ 生了格哷迪与青台吉⑤ 二人。这便是达延可汗的十一位儿子。

后来移营察罕格哷迪地方驻牧,由额尔克固特而派出的哨探⑥ 发现汉军在出动,报告可汗;又从额尔克固特派了库登⑦、保布斯二人作哨探,他们看见兵从库克和坦⑧ 经过,库登、保布斯二人急忙回到可汗处,一个从屋

---

① 原文 buqura,G 本 buɣura,余本 buqura。

② 《黄册》等称乌尔固特之鄂罗齐少师之女吉密思肯哈屯。

③ 原文:作 Önüge("狐狸"),误,它本作 nögüge("另外"),据改。

④ 《黄册》、《阿萨拉格齐史》均言:顾实哈屯之父为卫喇特人克哩叶豁吉格尔。而本书及其他蒙文史书所说参与杀害博勒呼济农的五个人系出永谢布,其中一人名叫克哩叶。此卫喇特人克哩叶豁吉格尔与前文的永谢布人克哩叶非一人。

⑤ tayiči("台吉")一词从 U 本补,即乌八萨察青台吉。

⑥ 原文 erkegüd,G 本作 eregüd,U 本作 erkud(下文又作 erkegüd),P1 版作 erkigüd,也是地名。

⑦ 原文 Küdeng,G、U 本作 küdüng。

⑧ 此库克和坦仍指的是前文的大宁城,即今宁城县的大明城。

后唤醒,一个解来拴着的马,请可汗、哈屯二位骑上,由麻札[①]塔拉中跳掉了,而察罕章哈屯则是从墙的豁口处逃出的。该察罕章妣吉,人称百岁太后。

后来游牧于克鲁伦,达延可汗出兵远征蒙郭勒津,宿营于图尔根[②]河渡口时,被蒙郭勒津发觉了,于是举兵来犯,相遇在图尔根河岸。既而蒙郭勒津的达拉特部的巴图尔诺库尔凯[③]朝左右吹着觱篥冲来,惊散了可汗的队伍。如此一惊,可汗所乘巴林的白脐甘草黄马陷入图尔根的泥泞之中,盔顶扎地,起不来。别速忒的脱欢喊道:"线脸骏甘草黄马陷在泥里了。"招呼别速忒的察罕玛古齐赉也"下来"。二人一齐下马,拔出可汗的盔顶,扶了上马。别速忒的托欢、玛克齐赉二人匡济可汗而不为郭尔罗特的潜伪效力,正谓此事。

达延可汗出马,挫败了蒙郭勒津之军。达延可汗驻扎在图尔根之源,以待后队的到来。

达延可汗用克什克腾的那颜岱[④]老人的锅煮了肉,〈老人〉却把肉泼在地上,将锅取走了。归途[⑤]中使用了

---

① 原文 manja,余本作 mayin。麻札塔拉即麻札平原。

② 原文 türgen。即今流入奎屯河之图尔根河。

③ 原文 nökürkei,G 本作 engkürkei,U 本作 nökürekei。

④ 原文 noyan-tai,G 本作 ünen-tei。

⑤ 原文 ɣarju,G 本作 qariju,据改。

后续军队的锅①。

此后,加兵于卫喇特之维吾特的伊斯满②,派遣以郭尔罗特的托郭齐少师,浩齐特的额森土格勒、察罕阿玛、楚宾巴图尔③、明噶图,阿尔鲁特④ 的摩伦,克什克腾的巴尔齐阿噶拉呼⑤、拉布克⑥,锡格沁塔塔儿⑦ 的塔儿衮哈喇⑧、萨喇巴图拉特,喀木齐固特的呼哩巴雅斯呼⑨、郭尔罗特的巴巴海乌尔鲁克,塔喇沁⑩ 的巴噶素海⑪、贺尔

---

① 原文误 toγa;U 本作 toγuγa,据改。

② 原文 samal,K 本同,U 本、P1 版作 ismal,G 本作 ismayil。维固特——uyiγud,即畏兀〈儿〉一词的复数。其人,本书他处又作卫喇特的伊斯满太师,明人称亦思马因,或亦思马因太师,参前注释。

③ 原文čübün-baγatur,U 本作čibun-batur。

④ 原文 arlud,G 本作 arlad,U 本作 narlad,显误。

⑤ 原缺,G、K 二本作 aqalaqu,P1 版作 aγlaqu,U 本作 naγaqu。

⑥ 原缺,据他本作 labuγ 补。

⑦ 原缺,P1 版 sigecin tatar,G、U 二本但言 tatar。

⑧ 原缺,它本有 qara 一词,据补。

⑨ 原文 bayasqu,G 本作 bayaqu,K 本作 bayasu。

⑩ 原文 taračin,U 本作 tarayačin,似是,K 本缺。

⑪ 原文 baγasuqai,G 本作 baqasuγai,P1 版作 baγasuγai,U 本作 basuqai,K 本缺。后文作塔塔噶勒沁巴噶素海。

哈卜塔该[1],博尔布格的孟克、博勒库杜齐根、别乞[2] 鄂格德依,阿哈[3] 特穆尔的锡古斯、明噶图,萨尔呼特的额森台等为首的众"赛德",率兵出征了。到达之际[4],伊斯满家中名为阿拉克的管家妇女,听到军队的嚣杂声音,对伊斯满说:"莫不是在地动?发生什么事情了?"顺手解下枣骝骏马,给伊斯满太师骑上。伊斯满太师乘马查看虚实,遇上郭尔罗特的托郭齐少师,托郭齐少师认出伊斯满太师,射死了。随后托郭齐少师纳了伊斯满太师的名为郭拉泰的大夫人[5],铠甲则归于浩齐特的巴图尔、明噶图所有。

请锡吉尔太后上马,〈太后〉泣涕不允,托郭齐少师怒斥道:"你的丈夫济农不好吗?你的儿子可汗不好吗?你的国家察哈尔不好吗?你却为何替他人哭泣?"按着环刀,拖上马,驮了回来,并将锡吉尔太后所生的巴布岱、巴尔海[6] 二子也带回来了。达延可汗谒见自己的母亲锡吉

---

① 原文 qabtaɣui,G 本同,余本作 qabtaqai。

② 原文 beki,G 本 bibi,误。

③ 原文 aqa,G 本 esen。

④ 此句据 G 本补。

⑤ 原文 aqa,K 本误 eke,详前文 12 页注①。《世谱》言是伊斯满太师之妻,据译。

⑥ 原文 baraqi,G、U 二本同,K 本作 baraqai,P1 版作 barani。

尔太后时，托郭齐少师说："我杀死了你的敌人，降服了你的仇人。"后来，据说，锡吉尔太后死在锡喇木伦的色尔墨格尔①。

当维吾特的② 伯格呼逊太师烹煮宴会食品的时候，倒下带油的青羊汤，准备晾一晾再喝；蒙郭勒津的图布新之子赛音图鲁格根口渴了，向伯格呼逊索汤，伯格呼逊将晾好的汤另放进一个碗中，然后给他热汤喝。因不知是热汤，喝进去烫了嘴。图鲁格根心想：若咽下这热汤，会烧坏我的心；若把它吐了，又觉得羞耻。因此，含在嘴里，让它慢慢地凉下来，结果烫掉了上颔皮。图鲁格根说："此根至死不忘，定有报复之日。"记下这桩冤仇，走开了，希图他日寻找机会，进行报复。

此后，达延③ 可汗统帅察哈尔、土默特两部，为了加

① 原文 sira-mören（它本或 morin）-u seremeger（G、U 二本 Sermeger，K 本 sirmeger）。此锡喇木伦，未知是今之西拉木伦河否？

② 原文在 uyiγud-un（即"维吾特的"）后面有 oyirad-un（K 本作 oyirud-un），即（"卫喇特的"），G、U 二本无。如非衍文，则表明伯格呼逊太师原为维吾儿人而此时则并属于卫喇特。

③ 原文 tere（"那个"），K 本同，U 本作 dayun，余本作 dayan，据改。

兵于伯格哷逊而会盟，派蒙郭勒津的章吉[①]特穆尔阿噶拉呼作哨探。章吉特穆尔阿噶拉呼闭起一只眼睛，进入伯格哷逊家中，当问道“你怎么了”时，回说：“咳，衰朽之躯平平安安地遇上了祸患，健健康康地染上了疾病。”伯格哷逊太师斟酒在银杯中，递了过去，特穆尔阿噶拉呼坐下来喝酒：“留作我饮酒的纪念吧！”说着，揣起银杯，走了。章吉特穆尔出去后，伯格哷逊太师道：“章吉特穆尔东一句西一句地扯了些什么？”卜卦一看，征兆在黑牛角尖上，于是说道：“我的卦主凶。”这才集合了队伍。及至发现对方军队的兵尘以后，说道：“怎么了？”问儿子诺谟库知院[②]，诺谟库知院说：“或许是你那马群的灰土。”待到达延可汗袭来，伯格哷逊逃走了。当追兵已近，只得脱下自己戴的头盔，给马夫戴上，蒙混过去。土默特的图布新之子赛音图鲁格根[③]，奇塔忒之子[④]乌努固齐、牙惠胡尔

① 原文Janggi，清人俗译“章京”，即“将军”的谐音，参李德启编辑《阿济格略明事件之满文木牌》第7页。

② 原文 nemekü čuyang，K 本作 nemkü čuyang，G 本作 nemeküč-ug。čuyang＝知院。下文以Cuyang为二子中的一人的名字，显误，见前文80页。

③ 前文称蒙郭勒津的图布新之子赛音图鲁格根，则蒙郭勒津属土默特可知。

④ 言汉人之子。

噶齐二人,以为戴头盔的人是伯格呼逊,赶上去,包围了,原来不是伯格呼逊,而是马夫。问道:“你的那颜在哪里?”指示说:“在前头行走。”追赶上去,捉住伯格呼逊,杀死在克勒其尔[①] 盆地。传说,那被杀死的地方,〈后来〉长了盐。伯格呼逊之子诺谟库知院悲痛地说:“盘剥己之所生,掘断己之所亲,啮咬己之所出。你的黑头,倒下了。”

伊巴赉之弟盗窃过乌梁海的巴颜脱脱的未被鞍鞯的黑鬃黄马和儿马,据说尚未断狱。以后,赶着马群前来,伊巴赉之弟追上,相互厮打而被杀。于是加重了罪过。为了审理那桩案子,由右翼三万户[②] 派了蒙郭勒津的乌勒哲依之子翁古尔海和鄂尔多斯的哈里古沁鄂塔嘎齐沙比二人为使臣,来请行将奉祀白室、进行祈祷的达延可汗“治理国政”。达延可汗不曾亲往,而是授命儿子乌鲁斯

① 原文 kilčir,G、K 二本同,U 本作 kilcer,P1 版作 Kiljir。

② 即鄂尔多斯、土默特、永谢布三万户。《黄册》形容右翼三万户:鄂尔多斯万户为鹰隼之羽翼,为车驾之护从,为刚毅之明哲,为填膺之壮怀,于威仪之主上,其如山岳之白室的竭诚拱卫者;十二土默特万户为羁马之桩,为狙击之俘,为蹑踪之食,为阿尔泰汗山,为十二通衢之守护,为山巅之鄂博,为平地之丰碑;永谢布与喀喇沁及阿速特总计一万户,为至圣之机缘的初次效命者,为马湩之佳酿,为乳酪之曲蘖,乃是庞大的永谢布。据本书后文,喀喇沁七部中,永谢布最大。鄂尔多斯八部是右翼三万户的主体。土墨特共为十二部。

拜琥[①] 阿巴海,带着郭尔罗特的巴巴海乌尔鲁克前往。留下一位使臣翁古尔海,另一使臣鄂塔嘎齐沙比则回到会盟处。于是阿巴海去至白室。而与阿巴海同行的伙伴,旧日曾欠下维吾特人一匹马的债务,为了讨要那笔欠钱,发生口角,并厮打起来。阿巴海说:"你们为什么殴打我的伙伴?"说完,一怒而砍了那个人。维吾特的伊巴赉太师、鄂尔多斯的勒古锡阿噶拉呼[②] 二人来到,看见了,怒斥道:"是来治理我们国政的,还是来治理我们头颅的?对滥施刑罚的人,还分辨什么彼此!"言毕,兴兵来犯。此时,巴图尔库哷逊[③] 请阿巴海骑上骏红沙马逃跑,可是众家臣却说:"我们替你拼命吧!"于是将阿巴海藏在白室中,拼杀起来,众家臣被击败,夺走了阿巴海。蒙郭勒津

---

① 原文 bayiqu,G 本作 bariqu。即乌鲁斯博罗特。

② 原文 aɣlaqu, G、K 二本作 aqalaqu。(G 本下文又作 aɣalaqu)。

③《源流》,以为弘吉剌部人,又简称库哩逊。

之浩锡[①]塔布囊的多古兰[②]公主闻讯赶来，已事先被害了。公主命令全蒙郭勒津的人尽皆为之服丧。

可汗得知阿巴海被害的消息，聚兵前来，"豁免众大臣，杀掉翁古尔海吧！"当这样启奏时，可汗令那人坐在后边，降旨说："你们杀了我儿阿巴海，〈可是我儿〉杀了你们谁呢？"指天祷告："洒下的残血，僵卧的尸骸，望上天仍然鉴察吧！其次诸事，愿主圣你鉴察吧！"巴尔斯博罗特济农[③]正住在姐姐多古兰公主那里，对那次祸难的发生，正在狐疑；右翼万户闻得达延可汗出兵，卫喇特的伊巴赉太师、鄂尔多斯的勒古锡阿噶拉呼、土默特的赛音浩锡[④]、巴巴海[⑤]少师等众人商议："海青豢养在掌[⑥]，同样冲击它

① 原文 qošoi，G 本同，余本作 qosoi（下文唯 K、U 二本作 qosoi）。下文或称土默特的赛音浩锡。《源流》译蒙郭勒津察库特之科赛塔布囊，又译土默特蒙郭勒津察古特之和实塔布囊，或译郭锡塔布囊及郭赛塔布囊。《世谱》作蒙古车库忒部之和硕他卜囊。其人，俗说即明人记录的火筛。

② 原文 doγulang，G、K 二本同，余本作 doqulang。《源流》称伊锡克公主，或额锡格公主，其蒙文原文为 qaqai egeči，据《华夷译语》、《卢龙塞略·译语》，此为"姑姑"之称，而《源流》清译本竟误将 qaqai 当作人名——"噶海"。《世谱》亦作厄式格公主 。

③ 其人，即明人记载中的阿著，或称阿不亥阿著不孙。

④ 亦即上文蒙郭勒津之浩锡塔布囊。

⑤ 原文 babaqai，G、U 二本作 bambaqai。

⑥ 原文 ger-tür，即"家里"，从余本作 γar-tur，即"手里"。

的主人,这于什么人有利呢?”是以蒙郭勒津[①]准备下毒手。为此,济农的姐姐多古兰公主,决定打发巴尔斯博罗特济农回去。使鄂尔多斯库伯古特的[②]特穆尔太师,博尔布格[③]的额勒济格[④]乌尔鲁克,达拉特的阿拉噶其,星呼尔的脱脱拜琥、陶布噶杜齐颜,巴拉噶沁的额森乌尔鲁克,郭尔罗特的陶布呼等七人护送,途中绝粮,拾沙葱以喂养摇车中的小儿,因此诨号“库火勒”,他又被称为墨尔根哈喇济农[⑤]。

因为自己的儿子阿巴海被害而达延可汗发兵了。右

① 此处蒙郭勒津,乃指赛音浩锡——火筛所出之部落。当时,巴尔斯博罗特寄居在浩锡和多古兰公主家里,尚未作济农。

② 又称其人为弘吉剌氏,详前注。

③ 原文 burbuγ,K、G 二本同,余本作 burbus。

④ 原文 elǰige,U 本作 elčige,G 本作 elǰigen。此言驴。

⑤ 原文ǰinong,U 本作Ĵonong。《俺答汗传》:黄狗年,(嘉靖十七年戊戌,公元 1538 年)四征兀良哈获胜,由于奇异的墨尔根哈剌(mergen qara)成为兀鲁思的象征,因此封号墨尔根济农(mergen ǰinong)。仍谓巴尔斯博罗特而言,或曰巴尔斯博罗特济农,又曰赛音阿拉克,再曰巴尔斯博罗特赛音阿拉克,明人则译写作赛那浪罕(《登坛必究》)、谌阿郎(《明世宗实录》卷二五一,嘉靖二十年七月丁酉纪事)、赛那郎(诸葛元声:《两朝平攘录》)、赛那剌(叶氏《四夷考》、萧大亨《夷俗记》、《名山藏》等书)。

翼万户闻知,出师迎敌,相遇于达兰特哩衮①。阿拉噶齐古特的察罕札噶林、乌珠穆沁的额勒通格巴克什二人发现征兆,报与可汗:"伊巴赉系火命,火上浇水,必克。"于是燃起火来,银碗注了水,倾入火中,而翁牛特的图鲁格帖星象家② 则谓:"若有孛儿只斤家族方正的红衣人、平民出身的黑衣人、虎年降生③ 的方正人,出阵应战,方能平定。"有科尔沁的鄂尔多固海④ 那颜率领乘坐白色黑鬃黄马的儿子布尔海⑤ 前来,掌时间的五部⑥ 的赛音察吉

① 原文 dalan terigün,此言"七十头";G 本 terigün 作 törügün;《世谱》作达兰图鲁地。

② 原文 Singsiči,U 本作 Singsi,当译自汉语"星象"。

③ 原文 jiluɣa-tei,G 本作 jil-tei,据改。

④ 原文 ordaquqai,G、K 二本作 ordaɣuqai,U 本作 ordaɣčaqai。下文又称鄂尔多固海王。

⑤ 原文 burqai,K、U 二本作 buraqai。《源流》曰布尔海巴图尔台吉。

⑥ 原文 tabun,据下文,系指科尔沁五部而言。明人称蒙古另有所谓"塔奔"一部,乃指内五部喀尔喀,与此不相类。请参阅下页科尔沁五部及五部喀尔喀(五鄂托克喀尔喀)二词。

察①、掌众人的茂明安的敖鲁木②、通巴林语的塔塔噶勒沁之③ 巴噶苏海④、晓多种语言的克哩叶特⑤ 的斡勒图、善辞令的阿勒达沁的赛依玛干,一齐说道:“时辰未到,可待至正午。”布尔布克的伯颜乌尔默格尔,隐藏了达延可汗的纛,诡立了乌梁海的纛。鄂尔多固海那颜之子布尔海、五部的察吉察、赛依马干之子巴尔通,此三人已战死;而布尔海王、巴噶逊塔布囊、察吉察诺们,此三人据说见于卦象。

右翼万户来到以后,摆下了弓形推车阵,为此,达延可汗询问黑军首领卫喇特的实古锡:“你懂这种阵法吗?”实古锡说:“此乃弓形推车阵,宜用牤牛角来破。”于是以六十一条牤牛布下了牛角阵。右翼万户误认可汗之纛,而去增援乌梁海之纛,结果自相攻击。鄂尔多固海王及

① 原文及G、U二本均无Sayin一字,čakiča U本作čegče。下文又称其人曰赛音察吉察巴图尔、察吉察巴图尔、察吉察。《源流》作札固特之赛音彻格济,与U本近。

② 原文ulum,G本ulus,《源流》作克什克腾之巴图尔乌鲁木,G本误。

③ 原文tatar、aljin,G本无,U本作tataɣalčin。参见前文。

④ 原文baɣasuqai,G本缺。《源流》作五鄂托克喀尔喀之巴噶逊塔布囊。

⑤ 原文Keyirüd,误,余本作Kireyid。其名源于古之克烈部。

其子布尔海、乌梁海的巴雅海巴图尔、科尔沁五部的赛音察吉察巴图尔，与五部喀尔喀那颜[①] 有姻戚关系的[②] 巴喀逊塔布囊五人为先锋，乌梁海遁走了。土默特之军来追，此时，才将可汗的黑纛举在明处，狙击了土默特。右翼万户大部分军队误可汗的黑纛为自己的旗纛，进来以后，被歼灭了。伊巴赉太师冲出重围，逃走[③]。达延可汗夺取了右翼三万户之政，置于自己的统治下。

察吉察巴图尔还要上阵，摘下自己的头盔，光着头皮杀去。上阵之际，察吉察说："这样的政局，不是天天能际遇的。"前去陷阵。那次交锋，察吉察的头被砍破了，察吉察落马，仍然爬着抬起头，将对方的脚连同铁镫一齐砍断。到拴马的地方问："正鹄在谁手里？"马夫说："在我们手里。""察吉察得其所矣。"说着死去。

其后，达延可汗对参加右翼三万户之战的人皆授予"达尔罕"，封察吉察的子孙为没有"那颜"的自由人；封卫喇特的实古锡与阿噶拉噶齐二人的子孙为七世不纳贡赋

---

① 原文 noyad，K 本 noyan，作单数词，与《源流》同，从之。《源流》或称札噜特之巴噶逊塔布囊，可见札噜特在五部喀尔喀之中。

② 原文 uruɣ，谓"姻戚"关系。

③ 此句之前有如此一句：Tere alaldugui-ača ɣarču irebei，意为"脱出那次厮杀"。

的人,将赛音满都海哈屯所养的独生女儿,嫁予了巴噶逊塔布囊。

其后,右翼三万户发生内讧,杀死鄂尔多斯的阿噶拉呼、勒古锡[①]、伊巴赉三人,而勒古锡则系由额尔克固特[②]的克勒该所捕杀。克勒该将〈杀死〉勒古锡的事禀告达延可汗说:"我降服了你的敌人,我杀死了你的仇家。"为此,达延可汗后来加封了克勒该。以后,蒙郭勒津的科赛塔布囊、特穆尔根二人也归附了。

科尔沁的鄂尔多固海王欲分取右翼三万户之众,说:"仇恨既已报得,将敌人分拨在各门上使唤吧!让仇人聚在一处,必将危及后世的子孙。以七部喀喇沁中最大的永谢布,归入我们七部科尔沁吧!八部鄂尔多斯是主体,归入八部察哈尔吧!以十二土默特,归入十二喀尔喀吧!"达延可汗未从王的这一建议,而是使自己的儿子巴尔斯博罗特济农坐镇右翼三万户。鄂尔多固海王说:"苦死后代子孙了。"说着,鞭打了自己的马头。基于那一行径,鄂尔多斯的台拉塔尔不让科尔沁的鄂尔多固海王留宿,据说,将台拉塔尔处死了。先前洪和赉曾进谗言,据说,割掉他的嘴巴,杀了。这话,众人都听说过的。

---

① 前文以阿噶拉呼勒古锡为一人。

② 原文 erkegüd, G、U 二本同, K 本作 erküd、P1 版作 erkigüd。

达延可汗四十四岁逝世[①]。

达延可汗的长子图噜博罗特[②],未及亲政,无后而殁。

其弟乌鲁斯博罗特亦未及即汗位而死于伊巴赉太师之手。

后因博迪[③] 阿拉克汗[④] 年幼,由叔父巴尔斯博罗特继承了大汗之位。

---

① 《俺答汗传》言达延可汗红牛年(即正德十二年丁丑,公元1517年)四十四岁逝世。贡布扎布(γombujab)《恒河之流》(γanγa-in urusqal,莫斯科,1960年版)中,巴颜蒙克博勒呼济农卒于 γal noqai jil(1466年丙戌,成化二年)。巴图蒙克达延可汗生于 temür moγai jil(1461年辛巳,天顺五年);即位于其父博勒呼济农逝世后的次年 γaqai Jil(1467年丁亥,成化三年);在位三十八年,卒于 modon quluγuna Jil(1504年甲子,弘治十七年)。

② 它本图噜博罗特名下有 qan,即“汗”字。其人,即明人所称之阿尔伦。

③ 原文 badi,误,他本 bodi,不误。

④ 原文 alaγ,从 G 本 alaγ qan 补译“汗”字。其人,明人记载称卜着罕,或曰孛只罕,或曰卜赤,或曰亦克汗卜赤,《明世宗实录》卷三二二,嘉靖二十六年四月己酉事,称保只王子。为图噜博罗特长子。

其后,博迪阿拉克率领左翼三万户[1]参谒八白室,对巴尔斯博罗特济农说:“你乘我幼小之际,非礼地窃据了可汗之位,而今你若肯朝拜于我,便予以宽恕。”这样严辞斥责的时候,巴尔斯博罗特济农说:“谕令我朝拜,我就朝拜吧!”博迪阿拉克汗说:“若这样说,你就对了。”遂拜过八室,即了可汗的大位。

其后,博迪阿拉克可汗[2]回归途中,科尔沁万户的巴图尔摩罗齐[3]乘坐怀驹的黑鬃黄骒马来奏:“从右翼万户的边境打回去吧!”对此,博迪阿拉克可汗没有答应。据传,摩罗齐巴图尔气愤地说:“既然骑了怀驹的骒马,岂可徒手而归?”

锡古苏特之子博罗海王欲报岱总可汗之仇,以有博郭罗勒图彻卜登之子摩罗齐、阿勒库台、阿鲁哩三人建立

---

① 一般蒙古文历史书,以察哈尔、喀尔喀、乌梁海为左翼三万户。《黄册》形容此三万户为:察哈尔万户是利剑的锋刃,是盔甲的边侧;喀尔喀万户居杭爱汗山,如同归来的哨兵与生命的后盾;乌梁海万户以野驴、野兽为食物,以短耳之旱獭果腹,为强梁之魁首,为井渠之开凿者。本书前文,鄂尔多固海王欲强干弱枝一段言语,显然以七部科尔沁、八部察哈尔、十二部喀尔喀当此左翼三万户,与他书皆异。

② 原缺 qaγan 一词,从它本补。

③ 原文 moloči,G 本作 moločai,参前文。彻卜登,亦参前文。彻卜登之子摩罗齐与巴图尔摩罗齐,自是两人。

藩篱拒守,未遂而去;其后,又修筑藩篱于围墙中,也没有攻陷;其后,欲越呼里野之林不果,而欲渡额尔古纳[①] 前来之时,相遇于鄂嫩的莎哈察干[②] 图大岛上。在必塔哩[③] 大山咀上,摆下了大战场。额赛布哩之子额布彻依巴图尔[④] 言道:“即使灰色的大地震动了,灰色[⑤] 的额布彻依我,决不动摇!”遂下得马来,被射中眼睛,倒下去;当有人要解剖他的腹部的时候,因马拴在腰带上,受惊了。额布彻依忽地站起来,将那人连身带马,一箭射穿。图鲁根之子们都达尔罕前来接应,豲皮骏马的腿被射断,但那马靠三条腿一跃而越过了大树,鄂尔多图海之子乌延呼巴图尔将自己的兔鹘马授予们都达尔罕乘骑,才被救了

---

① 原文 urgüne,不误,G 本作 urgürgene,U 本作 urgene,皆误。此指额尔古纳河及其周围之森林地带。

② 原文 Saqačaɣan,P1 版 Saqačqan,G 本作 Siqačan,K 本作 Saɣajaɣan。U 本作 Saračaran。鄂嫩,此指鄂嫩河流域。

③ 原文 bitari,G 本 batari,U 本 batar。

④ baɣatur 原缺,从它本补。

⑤ 原文 boroluɣsan,P 版作 borolaɣsan。脸呈灰色,表示其人之武力出众而意志坚强。

出来。科尔沁部塔塔葛勒沁① 的拜图②、克哩叶特的孛来③,两人系郎舅关系;巴林部④ 的土古里、火火里,两人系从兄弟关系。他们四人作先锋,依次阵亡了。那次战斗,仍未攻克。后来,们都达尔罕率军出发了,在哈剌因⑤呼鲁观⑥ 怪石嶙峋的地方,设下障碍,摆下战场,改由索朗古斯之喀喇沁太夫人的后人萨哈塔之子赛音塔玛噶图,阿勒达沁的赛音呼呼台二人做先锋。珠古岱⑦ 巴图尔因谓其兄库库勒台巴图尔说:"我二人出阵吧!""二十个人前来,或许被打败;两个人,还敌不过吗？你不要动,我出去!"说着,搭上箭,向塔玛噶图射去;当赛音呼呼台近前搏击的时候,塔玛噶图站起来,砍断库库勒台的脚踵⑧,杀了。那次战斗,依旧不曾攻克,仅取其九百头马群

---

① 原文 tataɣala jin,K 本同,U 本、P1 版 tataɣul čin,G 本 tatalaɣčin,误。参前文塔塔噶勒沁巴噶苏海其人。

② 原文 bayitu,U 本 bayiu。

③ 原文 bolai,G 本作 bolqai。

④ 原文 barang-ud-un,G 本作 baɣaring-ud-un,U 本作 baɣarangɣud-ud-un,参译如此。

⑤ 原文 qara-yin,G、K、U 三本同,余本作 rara-yin

⑥ 原文 qoroqan,G 本作 qoruqan,即"小河","溪流",上下二词合译为"黑色的小溪"。

⑦ 原文Jögötei,G、U 二本作 nöküd-tei,K 本作jegütei。

⑧ 原文 borogi,U 本作 borbai,G 本作 borbi,据译。

而去。们都达尔罕出马,乘其疲惫,才将他们挤到额尔古纳① 河上。布尔海之子阿尔萨呼布伊玛王杀死了阿鲁哩巴图尔②;将阿勒楚呼台③ 系于马群当中,行走之时,阿勒楚呼台说道:“遗憾的是,阿勒楚呼台已老,阿勒齐固特分散之患,在此了。”后来,用斧子打杀了阿勒楚呼台。把摩罗齐拴在马上前来时,到达萨尔吉那噶狭窄处,由们都王④ 献俘于博迪阿拉克可汗,杀死了。从此,们都王受到封赏。哈撒儿的子孙替可汗的子孙做了一桩好事,便是指此说的。

其后,博迪阿拉克可汗羊年(丁未?)七月十日殁于珠

---

① 原文 ugügrene,K 本作 urgüene,U 本作 urgürgene,皆误,参前文。

② 前文但称阿鲁哩。

③ 即前文的阿勒库台。阿勒齐固特,则系彼此出生的氏族。

④ 即前文的们都达尔罕。哈撒儿系后人。

塔兰[1] 温都儿。

其后猪年(辛亥),达赉逊库登可汗[2]即了大位。该可汗理政时期,邦家清泰,亲族和睦,致六大国[3] 于升平。年三十八岁,蛇年(丁巳)逝世。

当该可汗御极之际,巴尔斯博罗特济农之子格根俺答可汗,追念我等国主圣父辛勤经营并主宰的五色四夷

① 原文Jutalang,U 本作Jutulung。据《明世宗实录》卷三二二,嘉靖二十六年四月乙酉纪事,谓是年二月,遣夷使李天爵赍番文至云:“俺答言:其先祖父俱进贡,今虏大神言,羊年利于取和。俺答会集保只王子,吉囊台吉,把都台吉四大头目商议求贡……”保只王子,为此博迪阿拉克可汗;吉囊台吉,应是衮必里克之子诺延达喇济农;把都台吉,即巴雅斯哈勒昆都楞汗,明人习惯称呼的所谓老把都。此羊年,即嘉靖二十六年丁未(公元 1547 年)。博迪卒的羊年,或者也是这一年,并由此推算,下文达赉逊库登可汗即位的猪年,应为嘉靖三十年辛亥(公元 1551 年)。《笺证》引王国维校语:达赉逊生年为甲申,即嘉靖三年(公元 1524 年);此书又言其猪年(即嘉靖三十年辛亥,公元 1551 年)即位,更言其三十八岁蛇年逝世,则为嘉靖三十六年丁巳(公元 1557 年)。

② 此明人记录上的打来宋汗,或曰打来孙。系博迪阿拉克可汗长子。(《俺答汗传》言:黄狗年即嘉靖十七年戊戌,公元 1539 年,博迪可汗四征乌梁海胜利之际,已受有“库登可汗”——Küdeng qaγan 之号。是“库登”一称,固不仅限于达赉孙一人)

③ 六大国,即左右六万户。

大国，窝阔台可汗[①]、贵由可汗、蒙哥可汗治世获得的可贵的宗教，忽必烈薛禅建立的太平大国、宝贵的宗教和经典、坚实筑造的宫阙和城池失于天命之不佑。后来图报额勒伯克可汗、阿岱可汗、岱总可汗之仇，与计杀阿噶巴尔沁济农之恨，宣布往昔之诸般仇恨，行兵于汉地及卫喇特二者。赛音俺答可汗艰苦经略，平定了唐古特土伯特东[②] 境的阿母多[③] 国与撒里畏兀儿[④] 国，俘虏了阿里克桑噶尔沁吉博[⑤]、老崩楚尔彻、依斯塔哈楞色楞台[⑥] 等三勇士，取其贡赋而还。攻打卫喇特，杀死了扎拉满图噜，降服了以依客根阿哈为首的部分人民。攻打汉地，袭击城池之际，汉地的大明皇帝惧怕而缴纳贡赋和租税，并上俺答可汗以"顺义"[⑦] 王的称号 。

---

① 原文只作 qan，G、U 二本作 qaγan，据改。

② 原文 inatu，即"这边"。兹按地理方位，改译作"东"。

③ 原文 ambowa，K 本同，P1 版作 amdoya，G 本作 amdo，U 本作 mdowa，指今青海。

④ 原文 siruyiγur，G 本 siryiγul，U 本 Sirayiγur(?)。案：《元史·速不台传》作撒里畏吾(重出之《雪不台传》作唆里畏吾)，今称裕固族，古又名黄头回鹘。

⑤ 原文 Kkib，G 本 gebe，K 本 skib，P1 版 skeb，U 本caskiba。

⑥ 原文 Sereng-ter，K、U 二本同，G 本 Seren-tei，P1 版 sereng-tei，据译。

⑦ 原文 süi，G 本 süg，皆"顺义"二字之误读。

其后,扎萨克图图们可汗[①] 即了大位。崇奉珍宝的宗教与经典。行兵于往昔宿敌的汉国。在汉地冲锋陷阵当中,立下劳绩的那难吉依[②],受到了封赏。

该可汗在位之际,仍此俺答可汗,欲延续妥懽帖木儿可汗之世失去的国祚,中断的宗教,派达云恰[③] 前去敦请观世音菩萨化身之达木沁瞻巴[④] 索德那木札木苏[⑤] 呼图克图达赖喇嘛、曼殊室利呼图克图、金刚手化身之查木图依尔察依隆呼图克图,这三位呼图克图为首的众贤明高僧莅临,以金银珍宝建造了额尔克图召、释迦牟尼佛的金身。承继了断绝的宗教,治平了毁灭的国家,一若往昔

---

① 此明人记录之土蛮汗,或但曰土蛮。蒙古文书作图们台吉,为达赉逊库登可汗长子。

② 原文 nanangiyi,P1 版 nananggir-i,U 本 alanggi-yi,G 本 anggir-i。

③ 此明人所称的恰台吉。《俺答汗传》多言及此人,又言该传记的写成,得力于斡冉唐里克达云恰,即巧于辞令的达云护卫(《俺答汗传》后经无名氏修补,约成书于万历三十六至四十年,即1608—1612 年之间)。

④ 原文Čanba,K 本 mjanba,U 本 mčiba。

⑤ 原文 sodnmjamso,K 本 sodbam rjamso,P1 版 suwadnam rjamso,U 本 bsuwab nams rgia mčinua kemekü。明人译锁南坚错,即第三辈达赖喇嘛。

薛禅可汗之显扬于五色四夷大国。札萨克图可汗猪年(己亥)[1] 生。

其后,布颜彻辰可汗[2] 即了大位。

显扬了珍宝的宗教与法典,护持了当初岱总可汗失掉的金印,愈益兴盛了太平之政,使普土大国得以安定。当彻辰可汗时,格根俺答可汗有子僧格特穆尔都古楞可汗[3]。其子苏密尔墨尔根台吉处诞生了索德那木[4] 札木苏达赖喇嘛的化身,名为蕴丹札木苏[5],达赖喇嘛的化身既降生于达延可汗的黄金氏族,而今才将宗喀巴的宗教在蒙古之国显扬得如太阳一般。

---

① 即万历二十七年己亥(公元1599年)。

② 此明人记录之不燕台吉,或曰不言台住,图们之长子。

③ 此明人记录之黄台吉,又曰辛爱(即僧格)者。

④ 原文 sodnam,K 本作 sodbanam,余本作 suyatnaγ,误。

⑤ 原文 yöntün jamso, K 本 yöntün 作 yuwantan, 余本作 yuyantan rjamso。俗或译“坚错”,即第四辈达赖喇嘛。

布颜彻辰可汗四十九岁,兔年(癸卯)[①] 逝世[②]。

其子满古思[③] 墨尔根台吉未及继位而殁。其子林丹[④] 呼图克图可汗,龙年(申辰)十三岁,即了大位。

达赖喇嘛巡礼蒙克[⑤] 地方之后,迈达哩胡图克图诺们汗禀承达赖喇嘛的谕旨,驻锡于蒙古之地,坐在达赖喇嘛的黄幄之中,进而阐扬宗喀巴的宗教于六大国。

其后,曼殊室利呼图克图行幸蒙古之地,再将〈宗教〉传布得如日之升。

依据蒙古诸汗行迹,命名《诸汗源流黄金史纲》之书终了。

---

① 此兔年,即万历三十一年癸卯(公元 1603 年)。

② 《神庙留中奉疏汇要》第 9 册第 3 页,兵部卷一,万历三十四年《兵科给事中宋一韩等一本边报频仍情形可虑恳乞圣明严饬当事臣工先事经画以清疆场事》:“自酉、戌两殒大帅,辽左尚可言哉? 所幸天厌夷种,土蛮物故,稍又息肩,独凌丹憨新立……”酉,即万历二十五年(公元 1597 年)丁酉;戌,即万历二十六年(公元 1598 年)戊戌。土蛮,详前注;凌丹憨,明人又恶意地译作虎墩兔,即林丹呼图克图可汗。明人记述,不及布颜彻辰可汗一代。依此疏推算则布颜之卒于兔年,为万历三十一年癸卯(公元 1603 年)(参《笺证》张尔田校语);而林丹之立于龙年,为万历三十二年甲辰(公元 1604 年)。

③ 原文 mangquγ,P1 版 mangqus,G、K 二本作 mangγus,据改。

④ 原文 Ligdan,余本作 Lindan。明人译陵丹等名。

⑤ 原文 möngke,疑误。

附录一：

译名对照

Ababurki	阿巴布尔吉
Adai qaɣan	阿岱汗
Agbarčin ǰinog	阿噶巴尔济济农
Aɣabolad	阿嘎博罗特
Aɣlaqu	阿固拉呼
Alaɣ	阿拉克
Alaɣči	阿拉噶其
Alaɣčiɣud	阿喇噶察特
Alaɣ tem ür	阿拉克特穆尔
Alaɣ tem ür čingsang	阿拉克特穆尔丞相
Al altan	阿勒阿勒坦
Alaitung	阿来通
Al buqura	阿尔布呼喇
Alču bolod	阿勒楚博罗特
Alčuqutai	阿勒楚呼台

Aldačin	阿勒达沁
Al qosiγun	阿勒和锡衮
Alik sangγarčin jib	阿哩克·桑噶尔沁·吉博
Aliya naqaču	阿里雅那哈出
A ltai	阿尔泰
A ltai qan	阿尔泰山
Altai qatun	阿勒台哈屯
Altan kürdü-tü qaγan	金转轮王
Altan qaγan	金王
Altan qorqoltai	阿勒坦郭尔古勒台
Aluri	阿鲁哩
Aluri baγatur	阿鲁哩巴图尔
Alung γooa	阿阑豁阿
Ananda	庆喜
Anangqir	那难吉依
Anja temür	安札特穆尔
Aoqan	敖汉
Aqa temür	阿哈特穆尔
Ariγun idege-tü qaγan	净饭王
Ariγ usun	阿里黑兀孙
Arqasun qurči	阿尔合孙虎儿赤
Arsaqu	阿尔萨呼

Arsalan oγoči-tu qaγan	狮子颊王
Arsu bolod	阿尔苏博罗特
Aruγa-tai tayisi	阿鲁台太师
Asalai tayipu	阿萨赉太傅
Asučibau jayaγa-tu qaγan	阿速吉八札牙笃汗
Asud	阿苏特
Ayitulqa arbai sandali-tu qaγan	爱图尔哈阿尔拜三搭里图王
Ayuur balbad buyan-tu qaγan	爱育黎拔力八达普颜笃汗

Babaqai örlög	巴巴海乌尔鲁克
Babutai	巴布岱
Baγabai	巴噶拜
Baγai	巴该
Baγarin(Baran)	巴林
Baγasuqai	巴噶苏海
Baγator nökürkei	巴图尔诺库尔凯
Baγatud	巴噶图特
Baγatur kürisün	巴图尔库呼逊
Baγbolad	巴克博罗特
Baitu	拜图
Balaγčin	巴拉噶沁

Balbu	巴勒布
Baraɣun	巴尔虎部
Baras qotan	巴尔斯和坦
Barči	巴尔齐
Barqučin ɣooa	巴儿忽真豁阿
Barsu bolod	巴尔苏博罗特
Bartam baɣatur	巴儿坛把阿秃儿
Bartung	巴尔通
Batai	巴岱
Batai čaɣan	巴塔赤罕
Batu bolod böke	巴图博罗特布库
Batula čingsang	巴图拉丞相
Batu möngke dayan qaɣan	巴图蒙克达延可汗
Bayan böke	巴延布库
Bayan möngke bolqu jinong qaɣan	巴延蒙克博勒呼济农可汗
Bayan sartaɣar	伯颜萨儿塔固尔
Bayantai aɣalaqu	巴延岱阿格拉呼
Bayan tuɣtu	巴颜脱脱
Bayan örmeger	巴颜乌尔默格尔
Bayaqai baɣatur	巴雅海巴图尔
Bayisangɣor doɣsin	伯升豁儿多黑申

Bayitala	拜答剌
Belgetei	别里古台
Belge(ne)tei	别勒古〔纳〕台
Belkü dučigen	博勒库杜齐根
Beki ögedei	别乞鄂格德依
Besüd	别速特
Besüd	巴苏特
Bigersen tayisi	伯格哷逊太师
Bigter	别克帖儿
Bikir baγatur	八奇儿巴阿秃儿
Bilig-tü	必里克图
Bilig-tü qaγan	必力克图汗
Bilγačin	巴勒噶沁
Biri bolqula böke	播里博勒忽剌孛克
Bitari	必塔哩
Bodi alaγ qaγan	博迪阿拉克可汗
Bodončir	孛端察儿
Bolbala	布勒巴拉
Bolqu jinong	博勒呼济农
Boludai	布鲁岱
Bolui tayisi	孛来太傅
Boluqai	博罗海

Borčigidai mergen	孛儿只吉歹篾儿干
Bor jigin	博尔吉锦
Boroču	博罗出
Boro noqai yin jüg	孛罗那孩之坡
Borqan	佛陀
Boroɣčin ɣooa	孛罗黑臣豁阿
Boɣol mačin	孛斡勒莫钦
Boyan Sečin qaɣan	布颜彻辰可汗
Böke Belgetei	孛克别里古台
Börte	孛儿帖
Börte činoa	孛儿帖赤那
Börtekeljin	孛儿帖格勒津
Börtekeljin čičin qatun	孛儿帖格勒津薛禅哈屯
Bubus	保布斯
Buima Wang	布伊玛王
Bulai	孛来
Buqa	不花
Buqa temür čing sang	不花帖木儿丞相
Buquči salči	不合赤撒勒只
Buqu qatagis	不忽合答吉
Buqun	布欢
Burbaɣ	博尔布格

Burqai	布尔海
Burqan Baγsi	佛陀
Burqan qaltuna	不峏罕山
Burqanu qalduna	不峏罕哈里敦
Burqatu qan	不峏罕山
Buγa čaγan qaγan	布噶〔斯〕察罕山
Buγurul gungči	博郭罗勒公主
Buγurul-tu čibden	博郭罗勒图彻卜登
Buyan-tu qaγan	善帝
Bürge ergi	不儿克额儿吉
Büriyed	不里牙惕
Čaqar	察哈尔
Čaqaγajing qatun	察罕章哈屯
Čaγan	察罕
Čaγan ama	察罕阿玛
Čaγan garudi	察罕格哷迪
Čaqan idege-tü qaγan	白饭王
Čaγan jaγarin	察罕札噶林
Čaγan kerem	长城

Čaγan maγu čirai	察罕玛古齐赉
Čaγan tümen	察罕图们
Časutuyin bel	雪山之中
Čebden	彻卜登
Čičig-tü naγur	齐齐克图泊
Čiker	齐克尔
Čilaγun	赤老温
Čiledü	赤列都
Čilgir böke	赤勒格儿孛阔
Čimbur	沉白
Čigčir	扯克扯儿
Čing jangbu	清江府
Čingquwa	成化
Čingquua qaγan	成化皇帝
Čoqorqu	赤忽儿
Čorosbai temür čingsang	绰罗斯拜特穆尔丞相
Čorγo usun	超儿忽水
Čuyang	朝阳

Čübün baγatur	楚宾巴图尔
Daladtai	达拉特
Dalai sübin altan sandali-tu qaγan	大赉苏宾阿尔滩三搭里国王
Dalan terigün	达兰特里衮
Dalbaγ qaγan	德勒伯克汗
Daraisun küdeng qaγan	达赉逊库登可汗
Daritai ončoqon	答里台斡惕赤斤
Darqan darqad	达尔罕　达尔哈惕
Dayan kia	达云护卫
Dayan qaγan	达延可汗
Dayidu	大都
Dayiming qaγan	大明皇帝
Dei sečin	德薛禅
Diwadad	天授
Dobu mergen	朵奔篾儿干
Doluγad-un toluγai	多罗噶顿拖罗该
Dordong	多儿通
Doγulang gunji	多古兰公主
Dörben tiib	四瞻部洲
Dörmegei balγasun	灵州城

Duyirang kiritü	推朗噶噜迪
Düli	托利
Dün soqur	都蛙锁豁儿
Ebüčei baɣatur	额布彻依巴图尔
Eke qatun	额克哈屯
Elbeg nigülesügči qaɣan	额勒伯克尼埒苏克齐汗
Eljige örlog	额勒济格乌尔鲁克
Eltüngge baɣsi	额勒通格巴克什
Enedkeg	印度
Engküd	恩库特
Erkegüt	额尔克固特
Erkigüd	额尔格固特
Erkin doluɣan kümün sandali-tu qaɣan	七贵人椅子王
Erqetü joo	额尔和图召
Esebüri	额赛布哩
Eseküi	额色库
Esen örlög	额森乌尔鲁克
Esen samai	额森萨玛依
Esen tayisi	也先太师
Esentei	额森台

Esen tükel	额森土格勒
γoo a maral	豁埃马阑勒
Gangga mören	恒河
Garudi	格呼迪
Gegen altan qaγan	格根俺答可汗
Gegen senčin	贤哲
Gerge qaγan	甘蔗王
Qrakčin taibüčin	哈剌格沁太夫人
Qara-in Qroγan	哈剌因呼鲁观
Ququli	火火里
Qabiči külüg	合必赤曲鲁克
Qabul qaγan	合不勒汗
Qabu-tü qasar	哈布图哈撒儿
Qaci külüg	合赤曲鲁克
Qačuqu	哈赤温
Qaduraγči qara bodung	啮龁哈喇布通
Qaliγučin utaγači šabi	哈里古沁鄂塔嘎齐沙比
Qangγai qaγan	杭爱汗(山)
Qara	哈剌

Qaračing	合剌章
Qaračin tayibučin	喀喇沁太夫人
Qara jöng	合剌章
Qaraγuna qan	额嘞而古涅山
Qarqučuγ dügüreng temür qung tayiji	哈尔古楚克都古楞特穆尔洪台吉
Qarquγ(qarquna)	哈尔忽克(哈尔忽纳)
Qaraγan	围猎
Qaγurčaγ tayiji	哈尔固楚克台吉
Qaγučid	浩齐特
Qašaqarita yin jon	哈萨哈哩塔山染
Qasar	哈撒儿
Qatagid	合塔斤
Qatan buqa	哈丹布哈
Qatan temür	哈丹特穆尔
Qataγan	合答安
Qatun γoul	哈屯郭勒
Qayisang külüg qaγan	海山曲律汗
Qonggirad	翁吉剌惕
Qonggirud qatun	弘吉剌哈屯
Qongqulai	洪和赉
Qorčin	科尔沁

Qorčin tabun	科尔沁五部
Qorčin-u toɣtaqui	科尔沁托克唐阿
Qori bayasqu	呼哩巴雅斯呼
Qorlad	郭尔罗特
Qour qabtaqai	贺尔哈卜塔该
Qoyina	辉特
Qubčir molantai	胡博其尔摩勒泰
Qubilai	忽必烈
Qubilai sečin qaɣan	忽必烈薛禅可汗
Qulan	忽兰
Qulan qatun	忽兰哈屯
Qulubad	呼拉巴特
Quluqur	呼鲁胡尔河
Qutuɣ-tu qan	呼图克图山
Qungquua qaɣan	洪武皇帝
Qungsi	洪熙
Quričal mergen	豁里察儿篾儿干
Qurultai mergen	豁里剌儿台篾儿干
Qušuiči tabunang	科赛塔布囊
Qutuɣ-tu qaɣan	呼图克图汗
Qutuɣ-tu sigüsi	呼图克图锡古锡
Qutuɣ-tu-yin qulusun	呼图克图音胡鲁孙

Quwangči	弘治
Quuqai dayuu	浩海大尉
Quyilinči baɣatur	珪林齐巴图尔
Qüwangči qaɣan	弘治皇帝
Ibaquu	伊巴乎
Ibarai	伊巴来
Ilaju bayan	依拉珠伯颜
Ili	伊利
inaɣ čaɣan	伊纳克察罕
Ing čing	应昌
Ing čing pu	应昌府
Ismal tayisi	伊斯满太师
Istaɣarang sereng	依斯塔哈楞色楞
J̌ad-un ɣa ǰar	浙忒地方
J̌alaqai qatun	札拉海哈屯
J̌alayir-un ɣooa	札剌儿部的国王
J̌alman türü	扎拉满图噜
J̌anggi temür aqalaqu	章吉特穆尔阿哈拉呼

J̌angjaγni sečin omitai	张家尼薛禅欧密台
J̌annön qaγan	建文皇帝
J̌asaγtu tümen qaγan	札萨克图图们可汗
J̌asin tayibu	札森太保
J̌egün mu ji	东省
J̌es kürdü-tü qaγan	铜转轮王
J̌ingde	正德
J̌ingtai qaγan	景泰皇帝
J̌ing tüng	正统
J̌iqan aqa	札哈阿哈
J̌isur qatun	也遂哈屯
J̌isud	伊苏特
J̌iting qaγan	嘉靖皇帝
J̌ol	啜勒
J̌oriγ-tu qaγan	卓里克图汗
J̌otei	搠坛
J̌otei eke	搠坛额克

J̌utalang ündür	珠塔兰温都儿
J̌üge	朱哥
J̌ügütei baɣatur	珠古岱巴图尔
J̌ürčid	女真
J̌ürčid ebügen	女真老人
J̌üü nere tü kobegün	有子名朱
J̌üü qungquua qaɣan	朱洪武皇帝
Kelgei	克勒该
Kemčiɣud	喀木齐固特
Kemjigüd	克木齐古特
Kentei qan	肯特山
Kereit	克烈亦特
Kerem	长城
Keriye	克哩叶
Keriyid	克烈
Kerülen	客鲁涟河
Kerülen ködege arulan	怯绿涟阔迭兀阿剌勒
Kerülen mören	客鲁涟河源
Kerülen-ü nutuɣ	客鲁涟鄂托克

Kesigten	克什克腾
Keyibüng	开平
Kilčir ün tököm	克勒其尔狭地
Kii jarbu sibaɣun Sandali-tu qaɣan	恰札尔布西巴衮三搭里图王
Kira bolod	格呼博罗特
Kira sanja	格呼森札
Kiri	野狐岭
Kirsa qotan	希尔萨和坦
Kitad	汉地　奇塔忒(人名)
Kitad ulus	汉地　汉国
Kiyud yasu	乞颜
Komsim bodisatwa	观世音菩萨
Komsim bodisatwa-in qubilɣan Damčin čanba Sodnam jamsu qutuktu dalai lama	观世音菩萨化身之达木沁瞻巴索德那木札木苏胡图克图达赖喇嘛
Ködege arulan	曲雕阿兰
Köke qota	库克和托
Köke qotan	库克和坦
Körbeljin ɣooa qatun	古尔伯勒津郭斡哈屯
Kusala	忻萨罗
Küdeng	库登

Küjügün Sandali-tu qaγan	库谆三搭里图王
Küjüng	顾俊
Kükültei baγatur	库库勒台巴图尔
Külüg boγqorči	曲鲁克孛斡儿出
Külüg qaγan	贵由可汗
Kümel	“库米勒”
Künggüi ǰabaγan	控圭札巴干
Kün sübin morin sandali-tu qaγan	衮苏宾默林三搭里国王
Kürbeljin γooa	古尔伯勒津郭斡
Küri külüg qal bolur Sandali-tu qaγan	库里库鲁克噶尔波罗尔三搭里国王
Küsi qaγan	香草王
Küsi qatun	顾实哈屯
Labur	拉布呼
Laqa	拉哈
Laqu bayan	那忽伯颜
Legüsi aγlaqu	勒古锡阿噶拉古
Likdan qutuqtu	林丹呼图克图
Lobasi	罗巴锡
Lobum čurča	老崩楚尔彻

Lungčin qaγan	隆庆皇帝
Luubang qaγan	六盘山
Magada	摩揭陀
Manduqai	满都海
Manduqai sayin qatun	满都海赛音哈屯
Manduγuli	满都古里
Mangqan iruγu	莽汉伊鲁古
Mangquq mergen tayi ji	满古思(黑)墨尔根台吉
Manja tala	麻札塔拉
Mansuširi qotuktu	曼殊室利呼图克图
Maqakürkis	玛哈古尔吉斯可汗
Maqa samadi	大三末多
Maqa samadi qaγan	大三末多王
Maqa töten	篾年土敦
Maγasi	玛哈西
Maγu mingγan	毛明安
Maγu ündür	玛古温都儿
Masi ü jesküleng-tü	近妙
Mayidari qtuqtu nomun qaγan	迈达哩胡图克图诺们汗
Mendü darqan	们都达尔罕
Mendü örlög	们都乌尔鲁克

Menggelig	蒙力哥
Mergen qara jinong	墨尔根哈剌济农
Metü örlög	们都乌尔鲁克
Mingγan-i γar	明安哈剌
Mingγatu	明噶图
Mingγatu arlud	明噶图阿尔鲁特
Miraqan	米尔罕
Moltaγcin-u sübe	古北口
Moluči	摩罗齐
Mongγol ayimaγtan	蒙古部落
Mongγol jarquči	忙豁勒札鲁忽赤
Mongγol ǰin	蒙郭勒津
Mongγol ǰin-Möngke	蒙郭勒津蒙克
Moolan	摩伦
Morin-u ebǐigün	默里努额伯齐衮
Muluči	摩罗齐
Mulu yaγatu	摩罗雅嘎图
Muna-yin kögebür	穆纳草滩
Muna-yin qosiγu	穆纳山咀
Muquli	木华黎
Muquliqai wang	摩里海王
Muqur sigüse	摩和尔－锡古赛

Mönggülei tayiǰi	蒙郭赍台吉
Mönggülti qatun	蒙古勒台哈屯
Mönggülun γooa	蒙郭勒伦－郭斡
Mönggün kürdü-tü qaγan	银转轮王
Möngke	孟克
Möngke qaγan	蒙哥
Nebtere sečin	阿不都拉彻辰 （讷布忒勒彻辰）
Naiman čaγan ger	八百宝
Nama-yi köke	顶生
Nanto sira qančaqu čing tayi ǰu	安都锡剌罕楚固青台吉
Naqaču	那哈出
Narin qaγan	那林汗
Nasud	阿苏特
Nasun-a tegülder ilaγuγči	具寿胜
Nasun-a tegülder yeke nere-tü	具寿大名
Nekei temür	诺该特穆尔
Nemekü	诺漠库
Nemekü čuyang	诺漠库知院
Noyan bolad wang	那颜博罗特王
Noyan boluγad ong	那颜博罗特王

Oboi qojig ir	奥布依呼济吉尔
Očar bolod	斡齐尔博罗特
Očoqu	斡赤斤
Oi modun	韦一毛敦
Olai-yin γoul	兀剌河
Olan-a ergügdegsen qaγan	众敬王
Olqonud	斡勒忽纳兀惕
Olqui mergen	鄂勒灰墨尔根
Olqu-yin γoul	兀鲁回河
Oltu	斡勒图
Ongniγud	翁牛特
Ong qaγan	王罕
Ongγurqai	翁古尔海
Onon	鄂嫩
Onon deligün boldaγ	斡难迭里温孛勒答黑
Onon mören	斡难河
Oran čingkŭi	斡冉镇国
Orčin-u čiker	鄂尔沁的齐克尔地方
Ordaquqai noyan	鄂尔多固海那颜
Ordos	鄂尔多斯
Oγjim buγurul	阿兀站孛罗温勒

Oro sigüsi	鄂鲁锡固斯
Otai emegen	鄂岱老媪
Oyaradai qaγan	卫雅喇台汗
Oyirad	卫喇特
Oyirad un uyiγud	卫喇特的维吾特
Ögedei baγatur	乌格特依巴图尔
Ögedei qaγan	窝阔台可汗
Ögedei tayipu	乌格特依太傅
Ögelen eke	诃额仑额克
Öljei-tü γooa bigiici	鄂勒哲依图郭斡妣吉
Öljei-tü qaγan	完泽笃汗
Ölge	山阳
Ölge-yin jiγuγan mingγan üci-yed	山阳的六千兀者人
Örbei γooa	谔呼伯豁阿
Örlog noyan	乌鲁克那颜
Örmüge-tü	横相乙儿
Raquli	罗睺罗
Rasiyan idege－tü qaγan	甘露饭王
Rinčinbalairčamal qaγan	懿璘质班汗

Šaqačaγan	莎哈察干
Saimaγan	赛依马干
Sain ququtai	赛音呼呼台
Sain tamaγatu	赛音塔玛噶图
Šalčiγud	撒勒只兀惕
Sali qalčaqu	〔撒里〕合儿出
Sali qalcaqu	撒里合察兀
Samur tayiqu	撒穆尔太后
Šangdu	上都
Sangqultai	桑胡勒台
Sara batulad	萨喇巴图拉特
Saraqud	萨尔呼特
Sarba nere-tü qaγan	沙尔巴王
Sarqinam-un tükum	萨尔吉那噶狭地
Sartaγul	萨尔塔固勒
Sartaγul nutoγ	萨尔塔固勒努图克
Saγata	萨哈塔
Satai doqulang	萨岱土古兰
Satula eketi	萨都拉额格岱
Sayilamučin	萨勒穆沁
Sayimučin	赛穆沁
Sayin čaqiča	赛音察吉察

Sayin kilüketei baγatur	赛音吉鲁格台把阿秃儿
Sayin qatun	赛音哈屯
Sayin samučin	赛音萨穆津
Sayin sayiqan	赛音赛汗
Sayin töröl-tü qaγan	善生王
Sayin üjegči qaγan	善见王
Sayin üjesküleng-tü	其妙
Següse	实固锡
Šeküni qaγan	舍固尼
Semsiki	汪吉宿灭秃里
Sem soči	搡锁赤
Sende qaγan	宣德皇帝
Senge temür dügüreng qaγan	僧格特穆尔都古楞可汗
Senggür qoroqan	桑沽儿小河
Sentegčin sečin	桑得格沁彻辰
Seγmeger	色尔墨格尔
Sibaγuči	锡巴罟持
Sidibala gegegen qaγan	硕德八剌格坚汗
Sidurγu	失都儿忽汗
Sigečin	锡格沁
Sigüse	锡古斯
Sigüsütei baγatur ong	锡古苏特巴图尔王

Sigüsütei noyan	锡古苏特那颜
Sikamuni	释迦牟尼
Sikir	锡吉尔
Sikir naγur	习吉泊
Sikir tayiqu	锡吉尔太后
Singqur	星呼尔
Sira mören	锡喇木伦
Sira tala	锡拉塔拉
Situ sečin qaγan	速图薛禅可汗
Sodnam jamsu dlai lama	索德那木札木苏达赖喇嘛
Solongγa ulus	高丽国
Solongγud	高丽
Soltong qaγan	苏丹汗
Sorson	索尔逊
Sulčigin eke	苏勒齐锦额克
Sübegetei baγatur	速不台拔都 (速不台把阿秃儿)
Sümer mergen tayiji	苏密尔墨尔根台吉
Sünid	雪你惕
Tabun čakrawarti qaγan	五转轮王
Talbin bariγči qaγan	捨捉王

Talbiɣči qaɣan	舍帝
Talbi tabun ung	塔勒必塔布囊
Temu ǰin(tamača)	塔马察
Tangɣud	西夏
Tangsuɣ idege-tü qaɣan	斛饭王
Taqatir tayibu	塔噶梯儿太傅
Taračin	塔喇沁
Taračin-u qalčiqai	塔喇沁的哈勒察该.
Tarqun qara	塔儿衮哈喇
Tas burtu	塔斯博尔图
Tatar ulus	塔塔儿乌鲁斯
Tataɣaljin	塔塔噶勒津
Tayasun qaɣan	泰昌皇帝
Tayičuɣud	泰亦赤兀惕
Tayitung	泰东
Tedkün asaraɣči qaɣan	静斋
Tegetüne	德格都纳
Tegüs sayin	具妙
Tegüs üjesküleng-tü qaɣan	严妙
Temüjin	帖木真
Temür	特穆尔
Temür kürdü-tü qaɣan	铁转轮王

Temür qadar	特穆尔哈达克
Temür ulqu	特穆尔鄂勒呼
Tenggilig qorqun	统格黎小河
Tenggis dalai	腾吉思海
Teyičüng qaγan	岱总可汗
Tianšun	天顺
Tinči qaγan	天启皇帝
Tiyensün qaγan	天顺皇帝
Toguγan kümeči	托欢呼木齐
Tongmoγ	图木克
Tongsur	通速儿
Toki baγatur	图克巴图尔
Toqači sigüsi	托郭齐实古锡
Toqon	托欢
Toquqan qaγan	托欢汗
Toquqan tayisi	托欢太师
Torqan sira	锁儿罕失刺
Torγal ǰin bayan	脱罗豁勒真伯颜
Toγtangγa baγatur	托克唐阿巴图尔
Toγtaqui	托克唐阿
Toγtaγa	脱脱
Toγu baγatur	脱忽巴图尔

Totaɣa čingsang	脱脱丞相
Töbed	土番
Töbsin	图布新
Töb temür ǰayaɣa-tu qaɣan	图帖睦尔札牙笃汗
Törü bolod	图噜博罗特
Tubuqu	陶布呼
Tubuɣ döčiyen	陶布噶杜齐颜
Tumbinai sečin	屯必乃薛禅
Tümed	秃马惕
Tumulaqu baɣatur	图穆勒呼巴图尔
Tuɣtu bayiqu	脱脱拜琥
Tügüli	土古里
Tülügeqen	图鲁根
Tülüi	拖雷
Türgen	图尔根河
Ulqui yin keriye	兀鲁灰平川
Ului temür qaɣan	额勒特穆尔汗
Ulus bolod	乌鲁斯博罗特
Unui aqa	鄂诺依阿哈
Unun	鄂嫩
Uqaɣan-tu qaɣan	乌哈噶图汗

Uriyangqan	乌梁汉
Usqal qaγan	乌斯哈勒汗
Usun-u γurban tümen jürčid	水滨三万女真人
Uyiγud	维吾特
Üčiyed	兀者
Ügeči qašaγa	乌格齐哈什哈
Ügülün	厄鲁特
Üǰesküleng gerel-tü qaγan	光妙
Üǰesküleng-tü nandi	妙难陀
Üǰesküleng-tü qaγan	妙帝
Üǰin eke	兀真额克
Üǰümüǰin	乌珠穆沁
Ülü türiddügči	无天
Ünegen mören	乌讷根江
Ünügüči	乌努固齐
Ütekü qulan	铫铁锌忽兰
Wačirbanai-in qobilγan Čimtu irčairung qutuktu	金刚手化身之查木图依尔察依隆呼图克图
Wang jun qaγan	完颜皇帝

Wanli qaγan	万历皇帝
Yabuγa	雅布噶
Yaqui qurγaγči	牙惠胡尔噶齐
Yeke bayiqal	大贝加尔
Yekeken aqa	依客根阿哈
Yeke küsi qaγan	大香草王
Yeke nidün	也客你郭
Yeke ötög	大鄂托克
Yeke qabar-tu jönggen	伊克哈巴尔图钟金
Yisügei baγatur	也速该把阿秃儿
Yisün temür qaγan	也孙铁木儿汗
Yünglo qaγan	永乐皇帝
Yündün jamsu	蕴丹札木苏
Yüngsiyebü	永谢布
Züwangkaba	宗喀巴

附录二

ᠬᠠᠳ ᠤᠨ ᠦᠨᠳᠦᠰᠦᠨ ᠦ ᠬᠤᠷᠢᠶᠠᠩᠭᠤᠢ ᠠᠯᠲᠠᠨ ᠲᠣᠪᠴᠢ

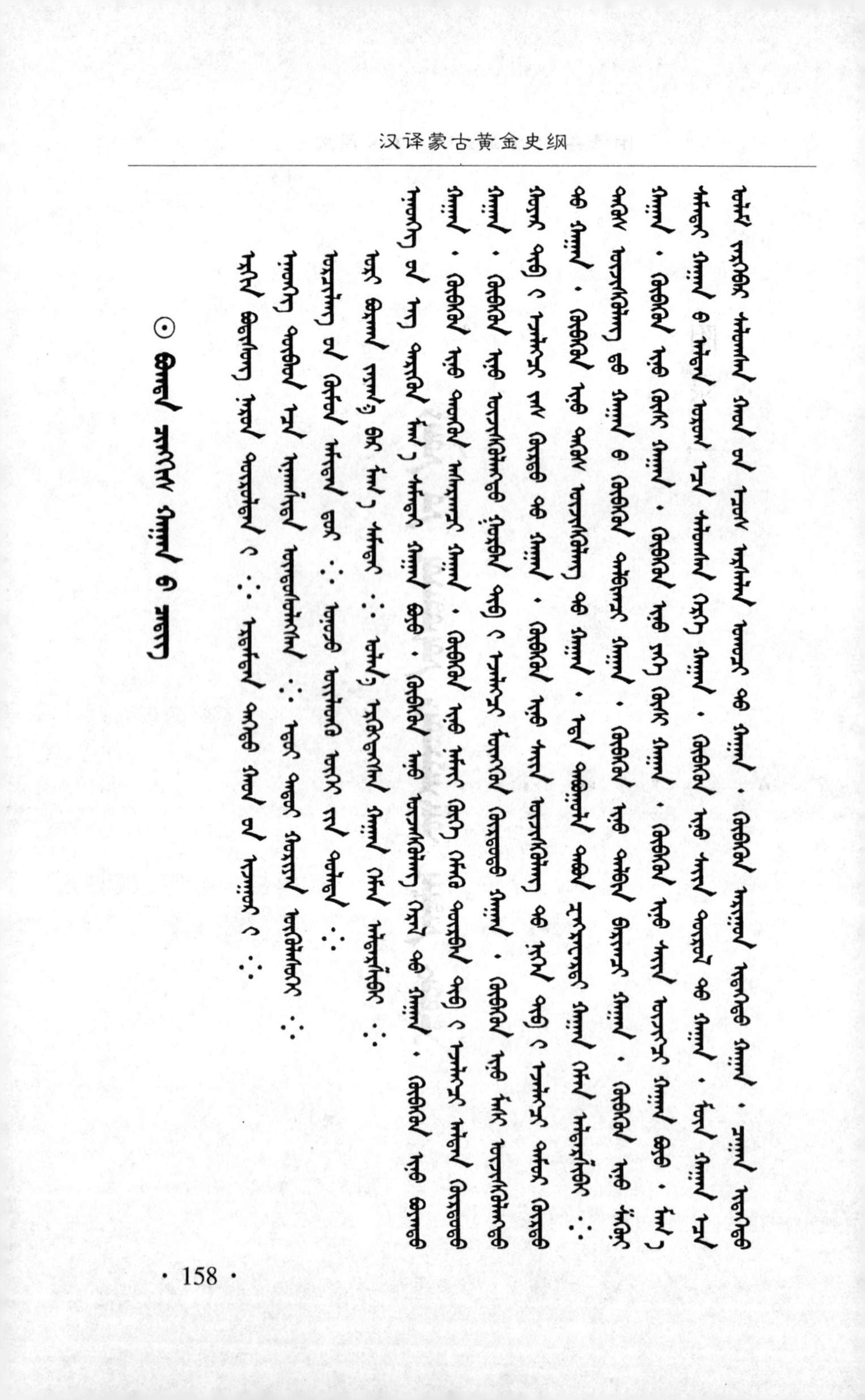

[illegible]

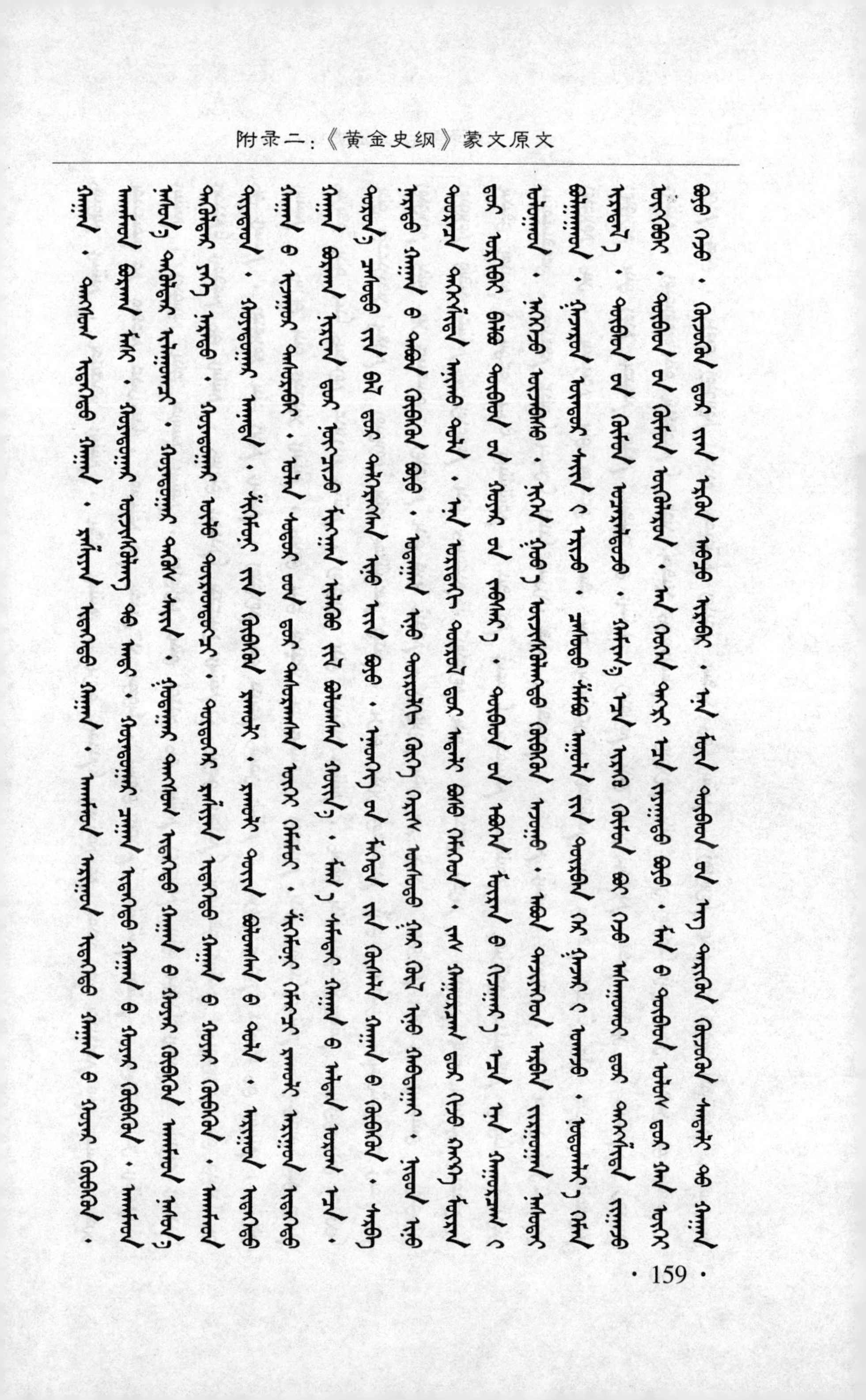

[illegible]

ᠥᠭᠡᠳᠡᠢ ᠬᠠᠭᠠᠨ · ᠭᠦᠶᠦᠭ ᠬᠠᠭᠠᠨ · ᠮᠥᠩᠬᠡ ᠬᠠᠭᠠᠨ · ᠬᠤᠪᠢᠯᠠᠢ ᠰᠡᠴᠡᠨ ᠬᠠᠭᠠᠨ ᠤ ᠬᠥᠪᠡᠭᠦᠨ ᠥᠯᠵᠡᠢᠲᠦ ᠬᠠᠭᠠᠨ · ᠬᠦᠯᠦᠭ ᠬᠠᠭᠠᠨ · ᠪᠤᠶᠠᠨᠲᠤ ᠬᠠᠭᠠᠨ · ᠭᠡᠭᠡᠭᠡᠨ ᠬᠠᠭᠠᠨ · ᠬᠤᠲᠤᠭᠲᠤ ᠬᠠᠭᠠᠨ · ᠵᠠᠶᠠᠭᠠᠲᠤ ᠬᠠᠭᠠᠨ · ᠢᠷᠢᠨᠴᠢᠨᠪᠠᠯ ᠬᠠᠭᠠᠨ · ᠲᠣᠭᠣᠨ ᠲᠡᠮᠦᠷ ᠤᠬᠠᠭᠠᠲᠤ ᠬᠠᠭᠠᠨ ᠪᠣᠯᠤᠨ ·

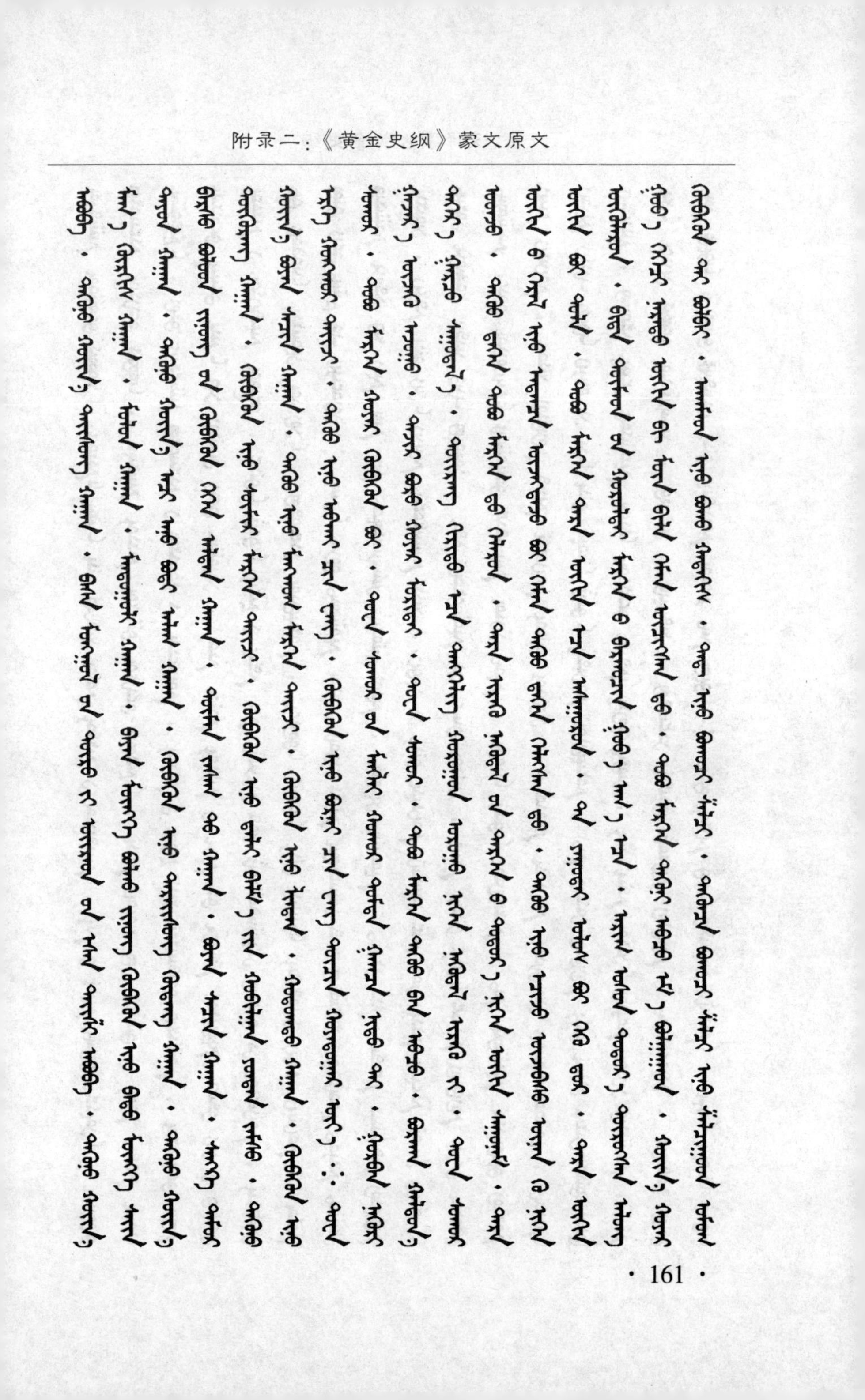

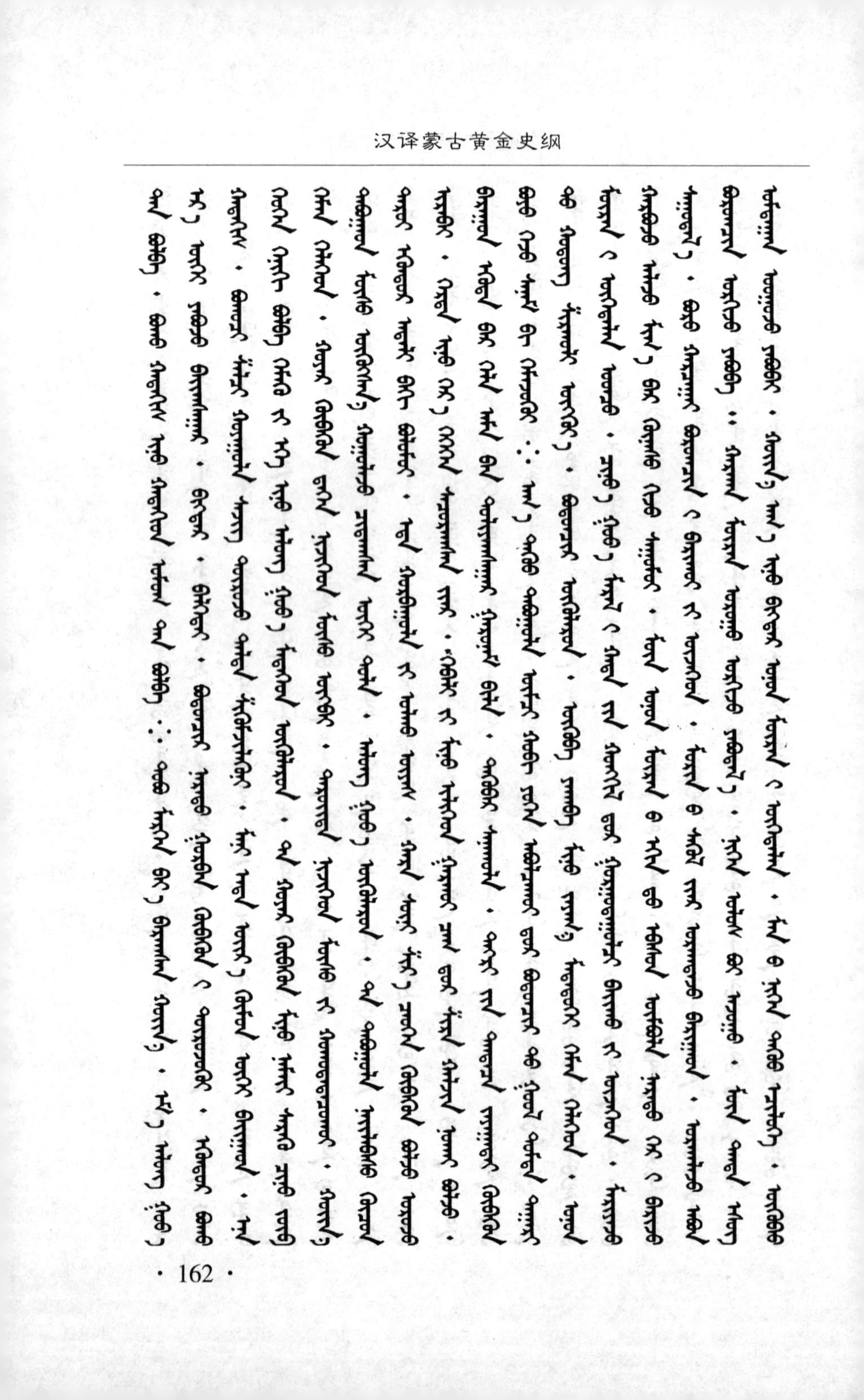

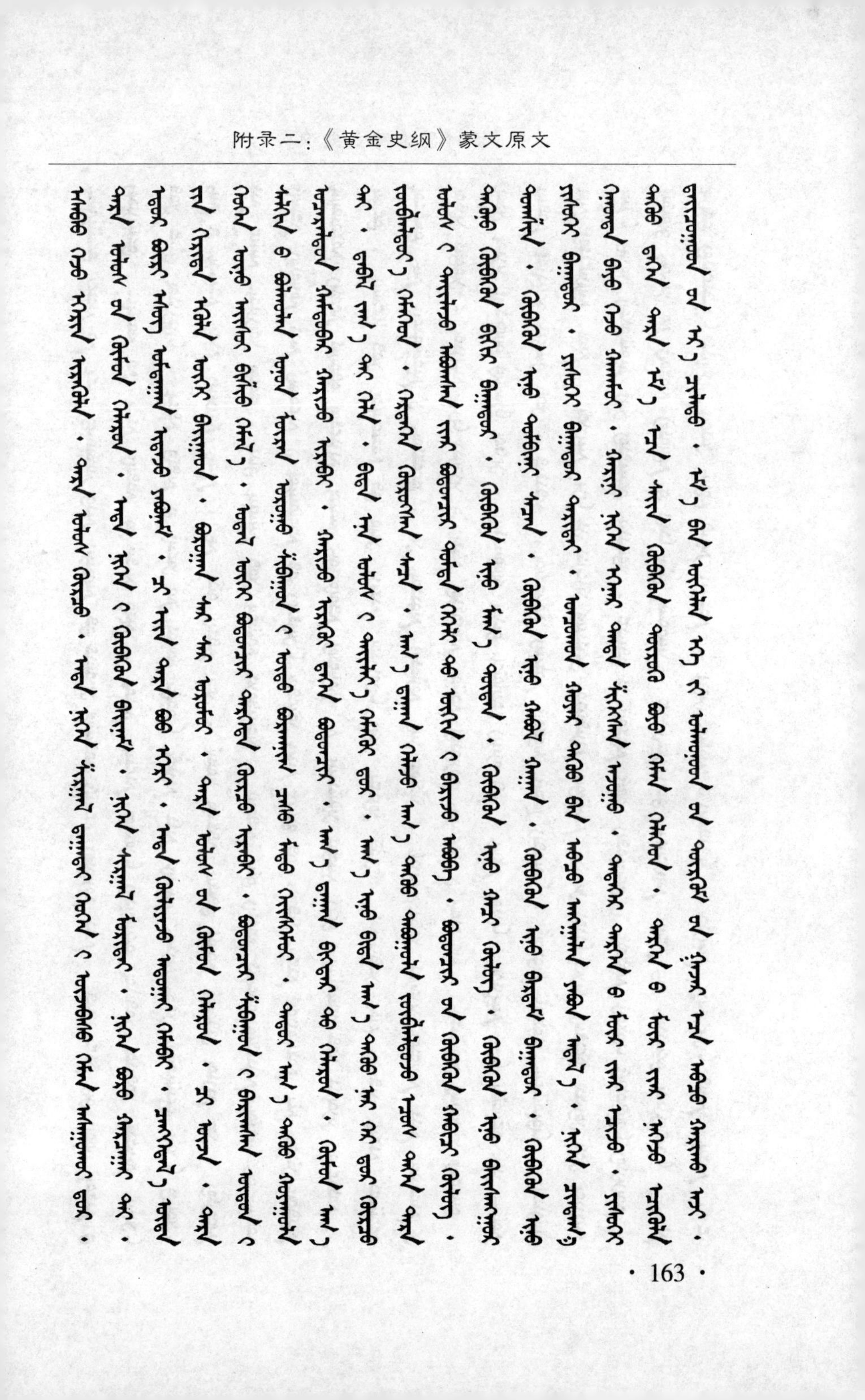

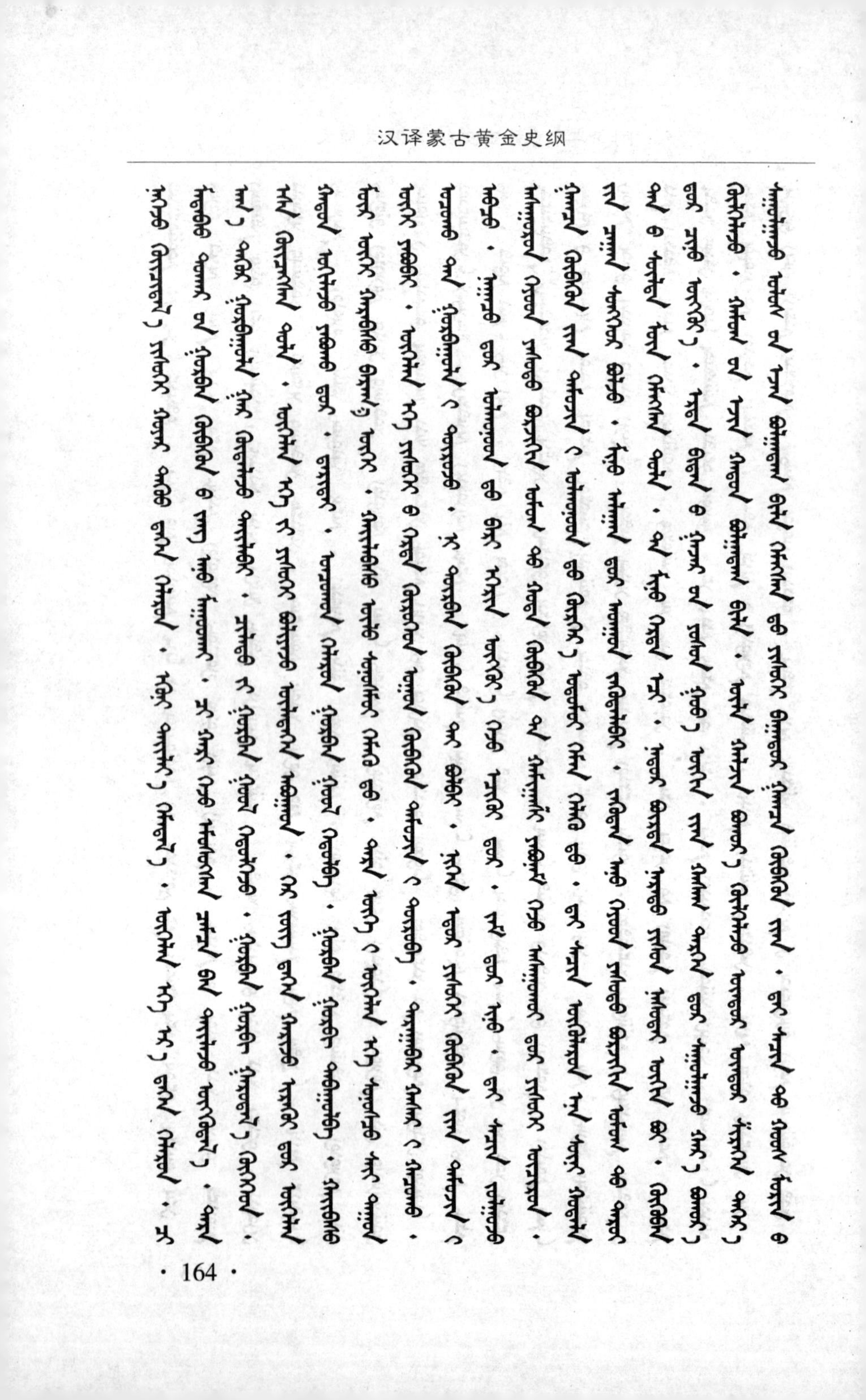

[illegible]

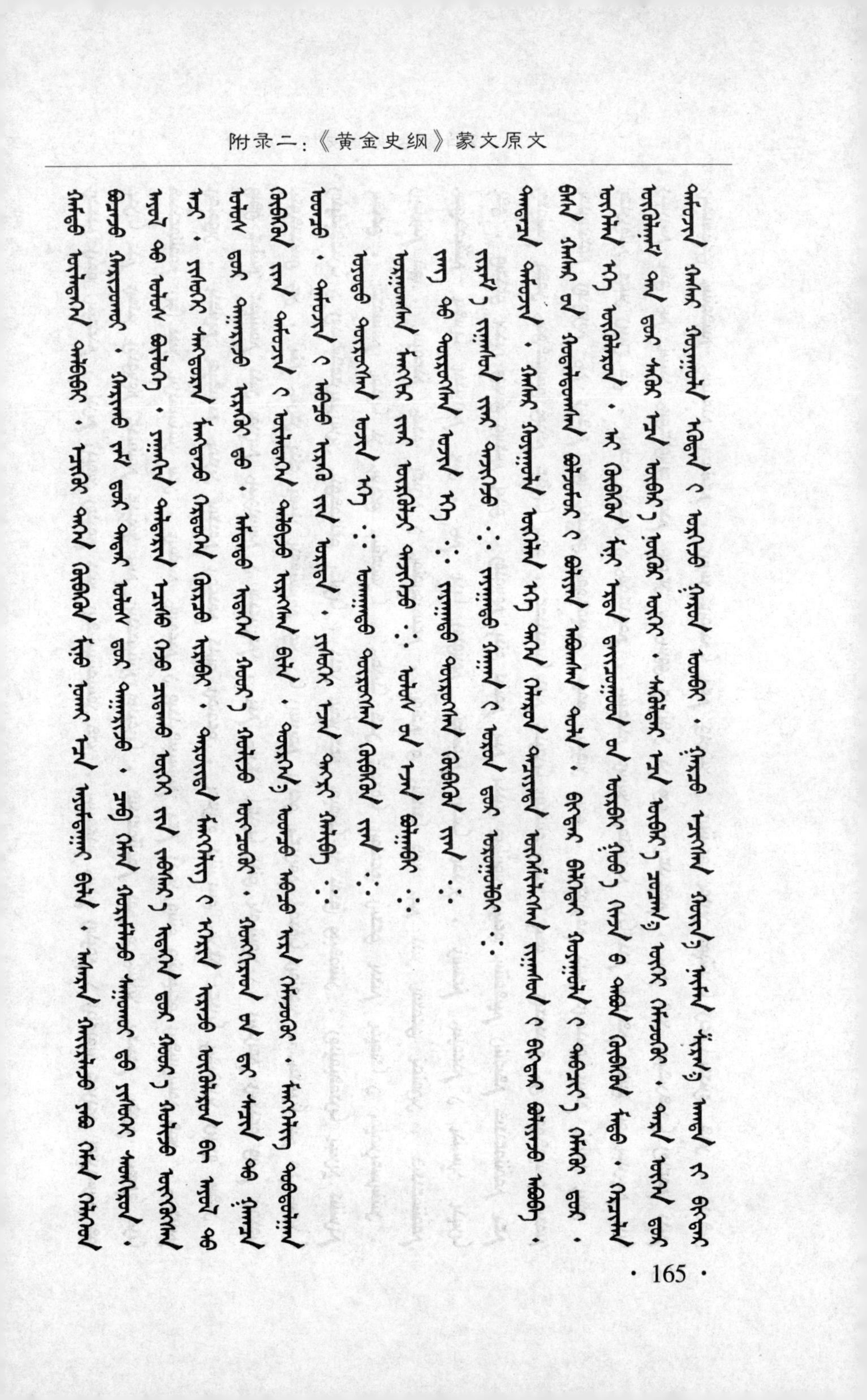

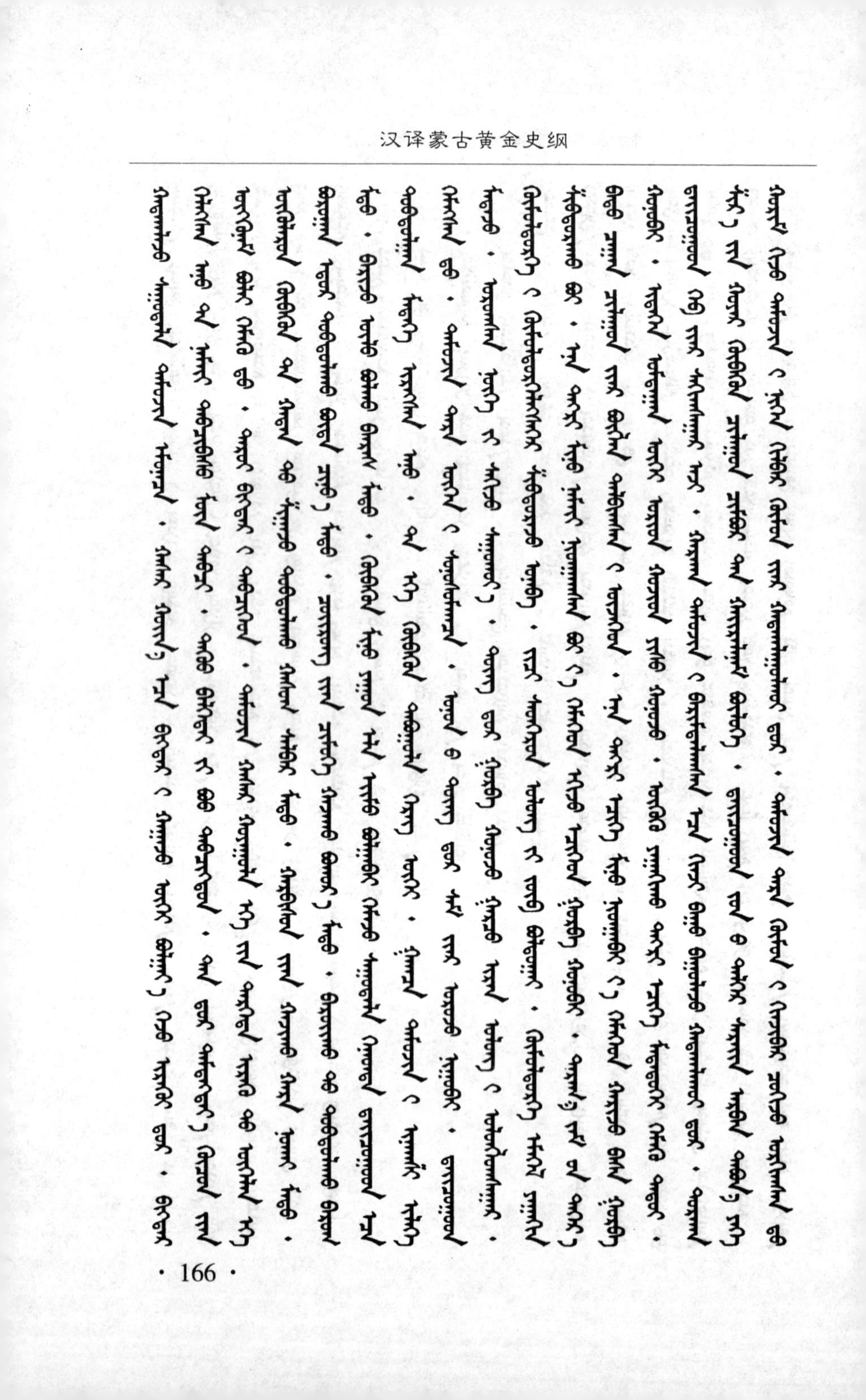

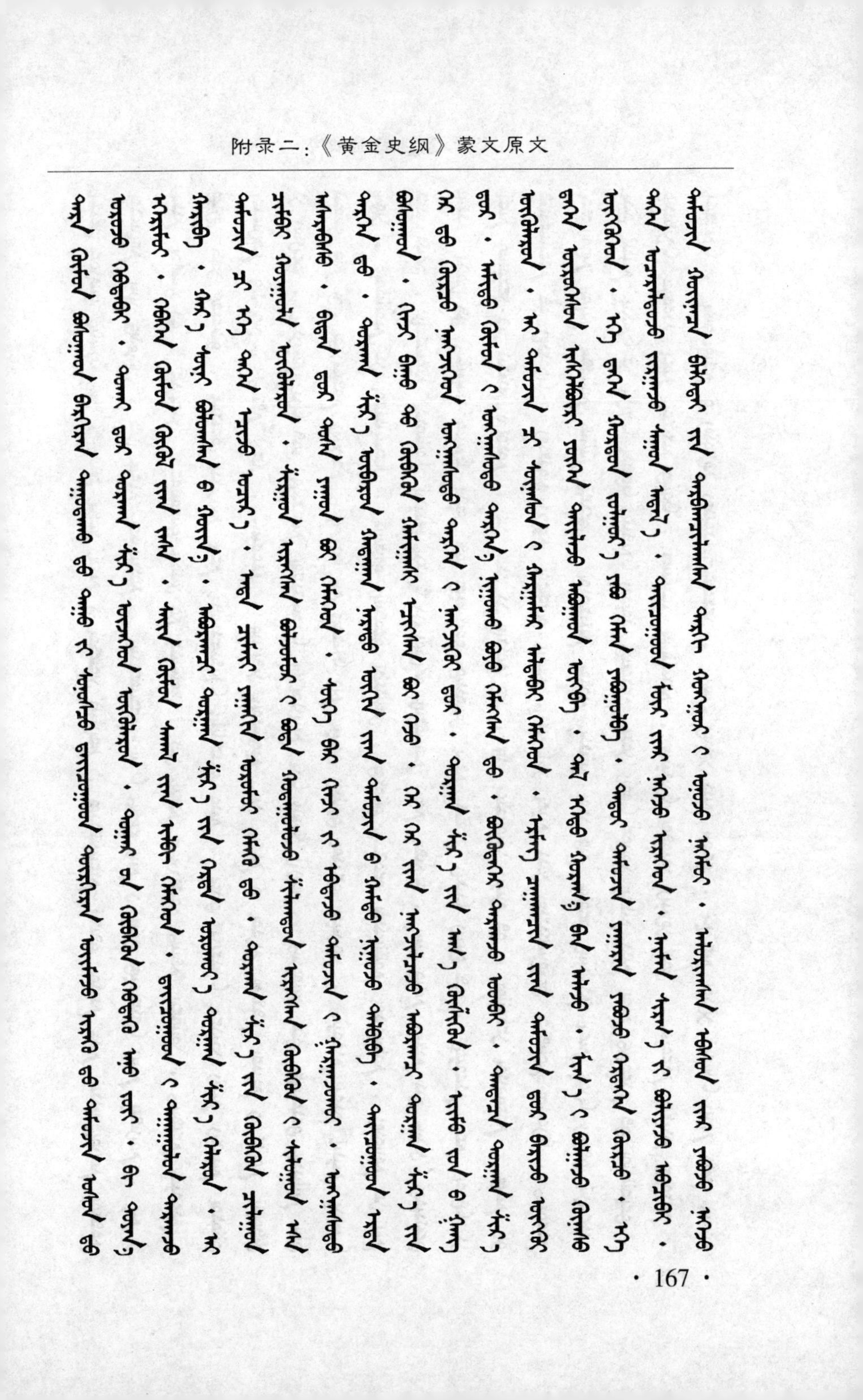

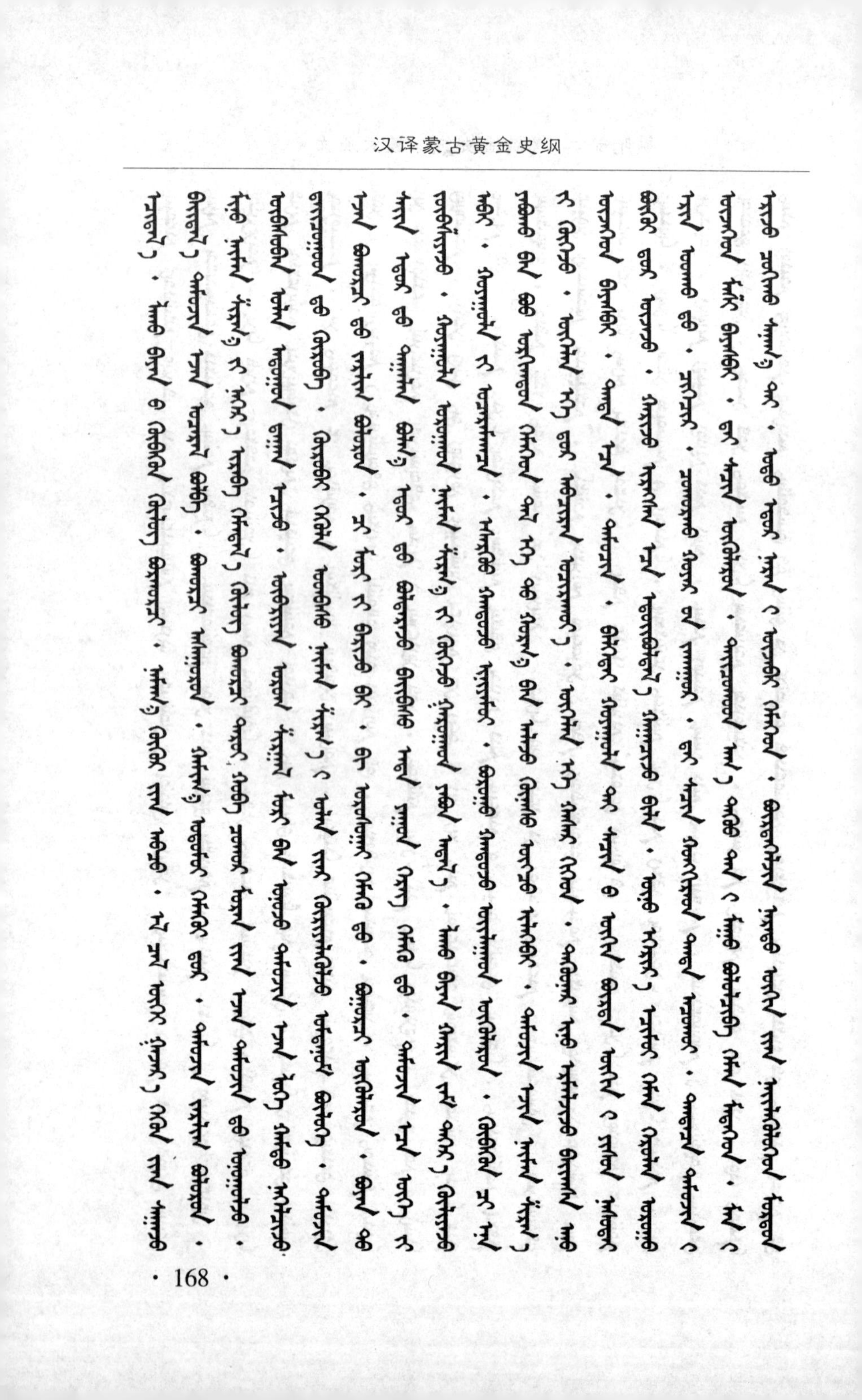

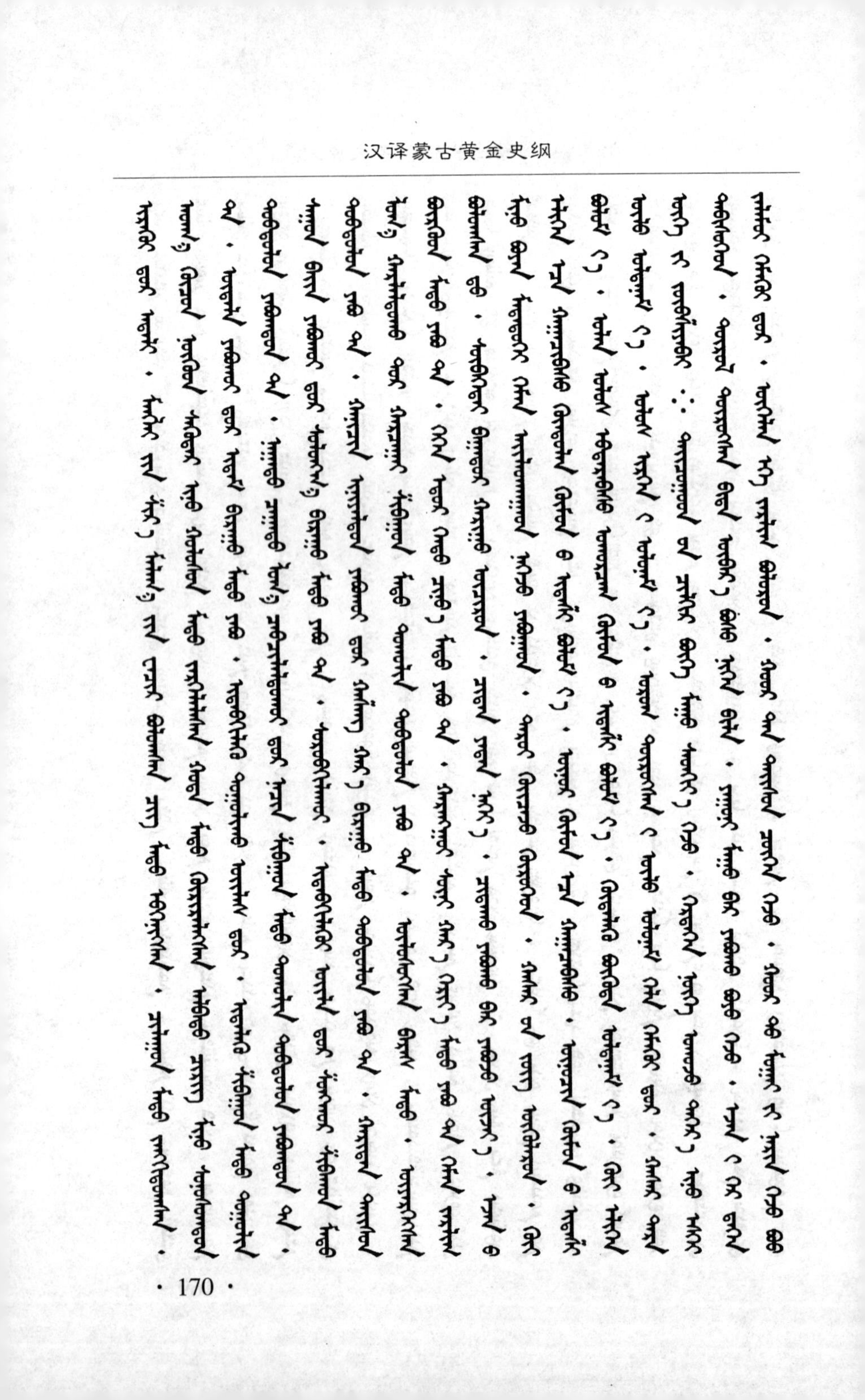

[illegible]

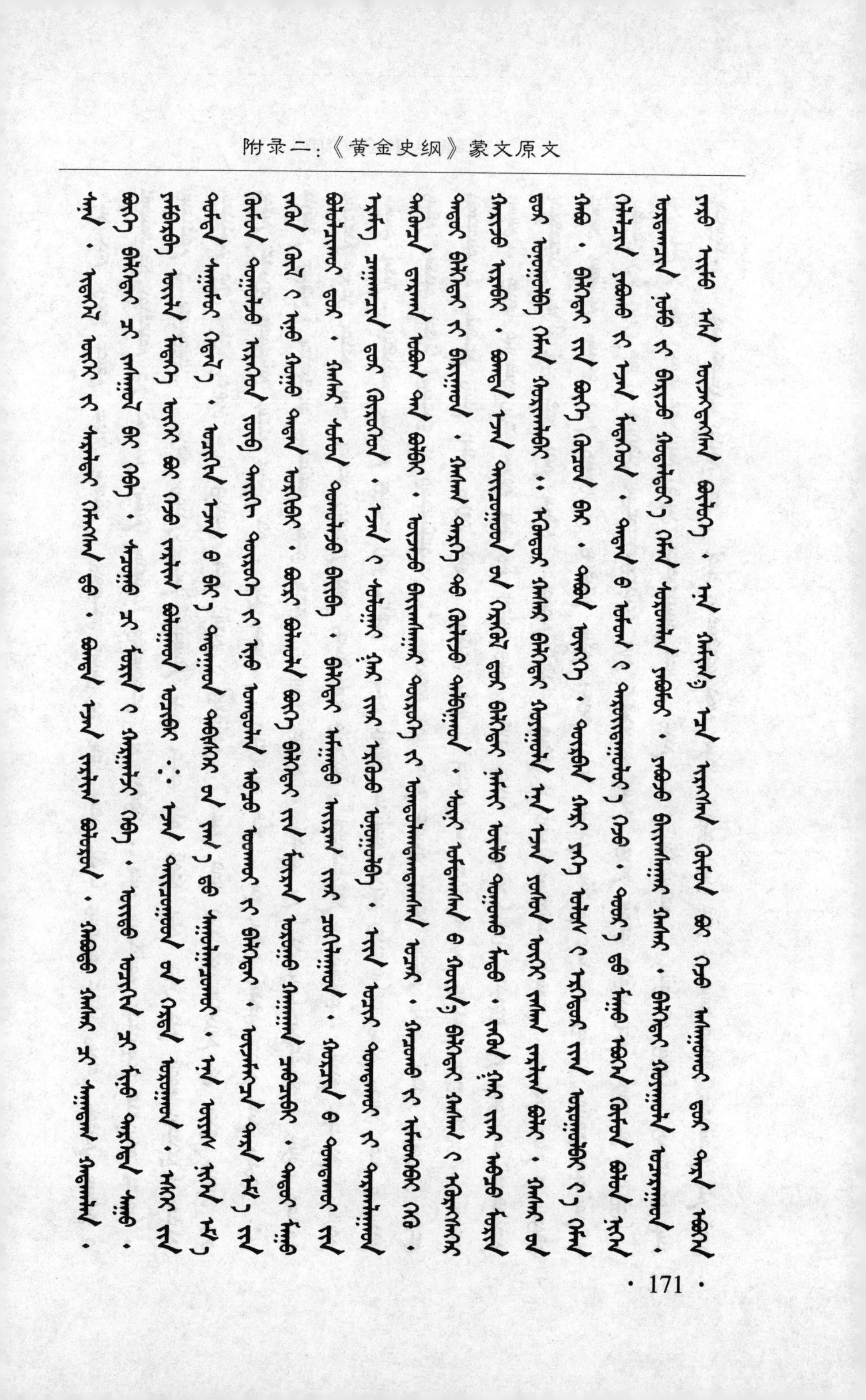

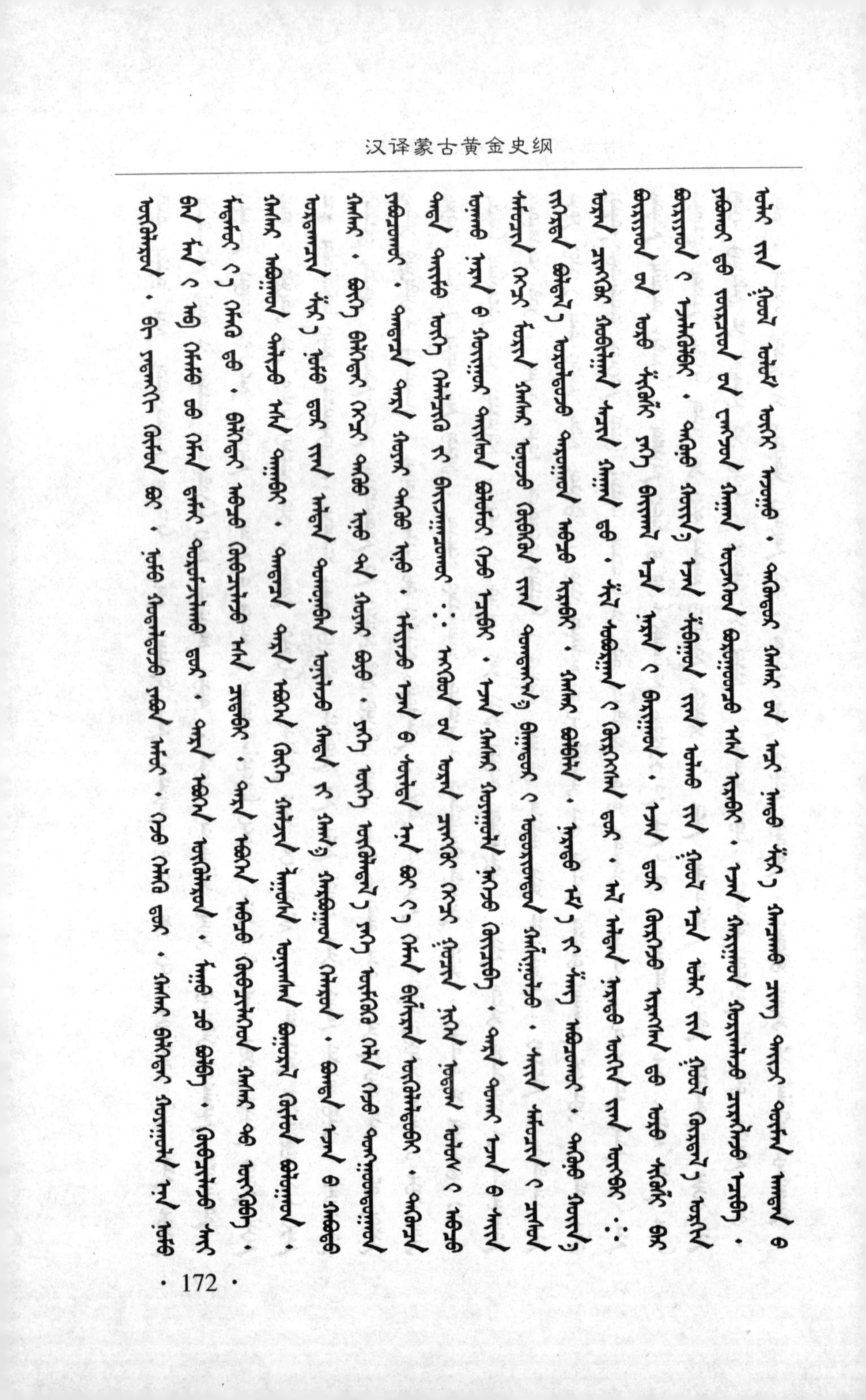

[illegible]

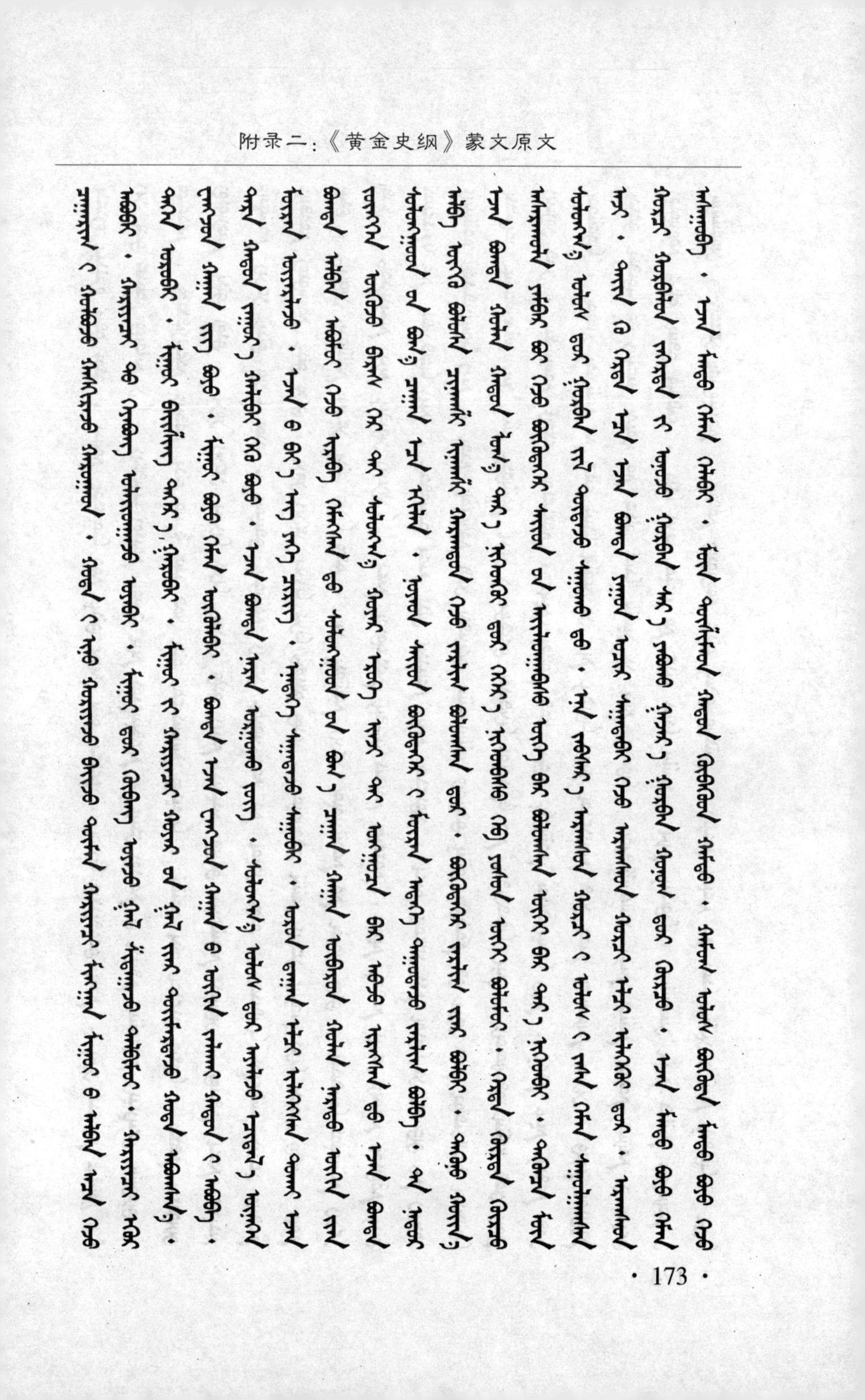

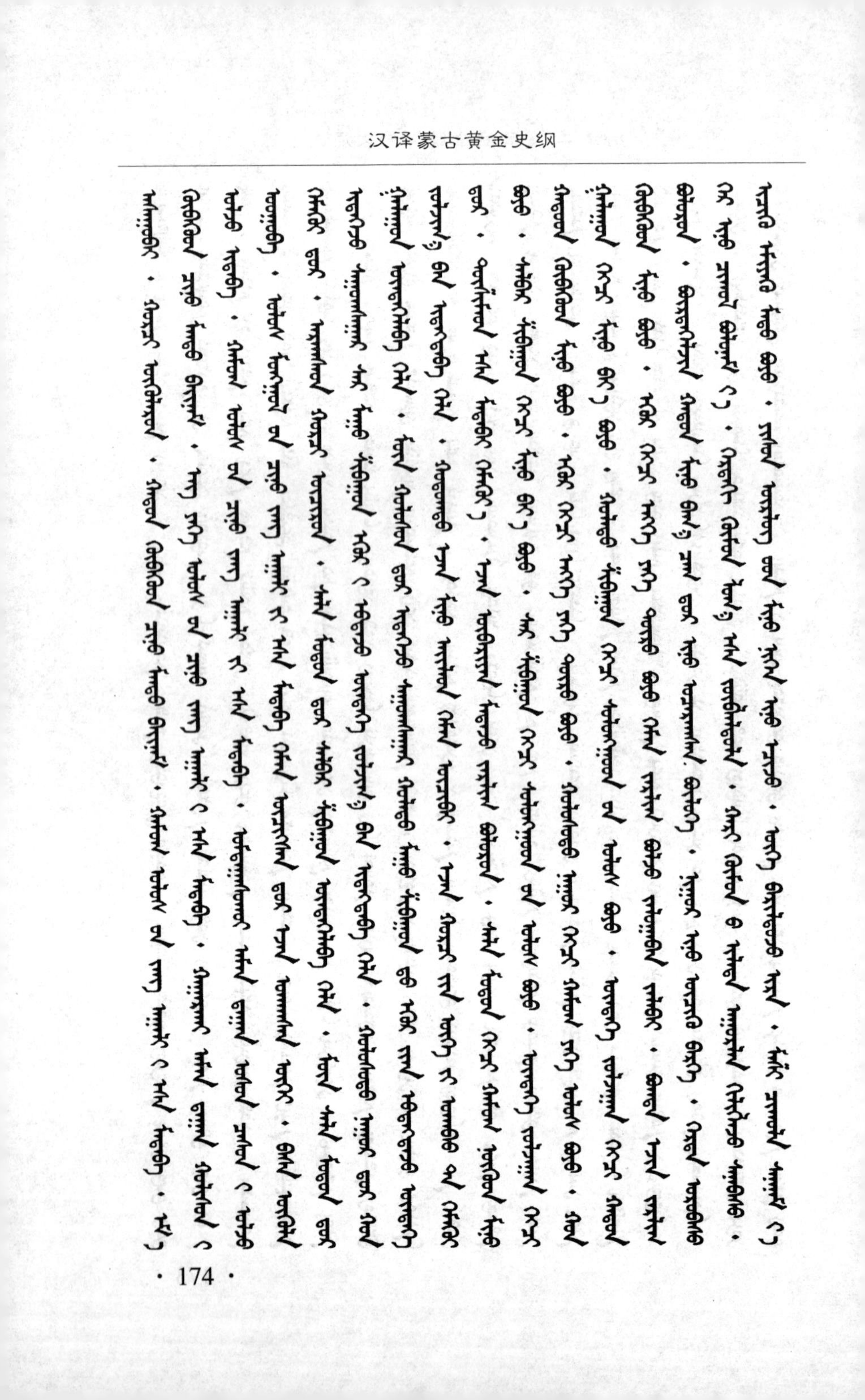

[illegible]

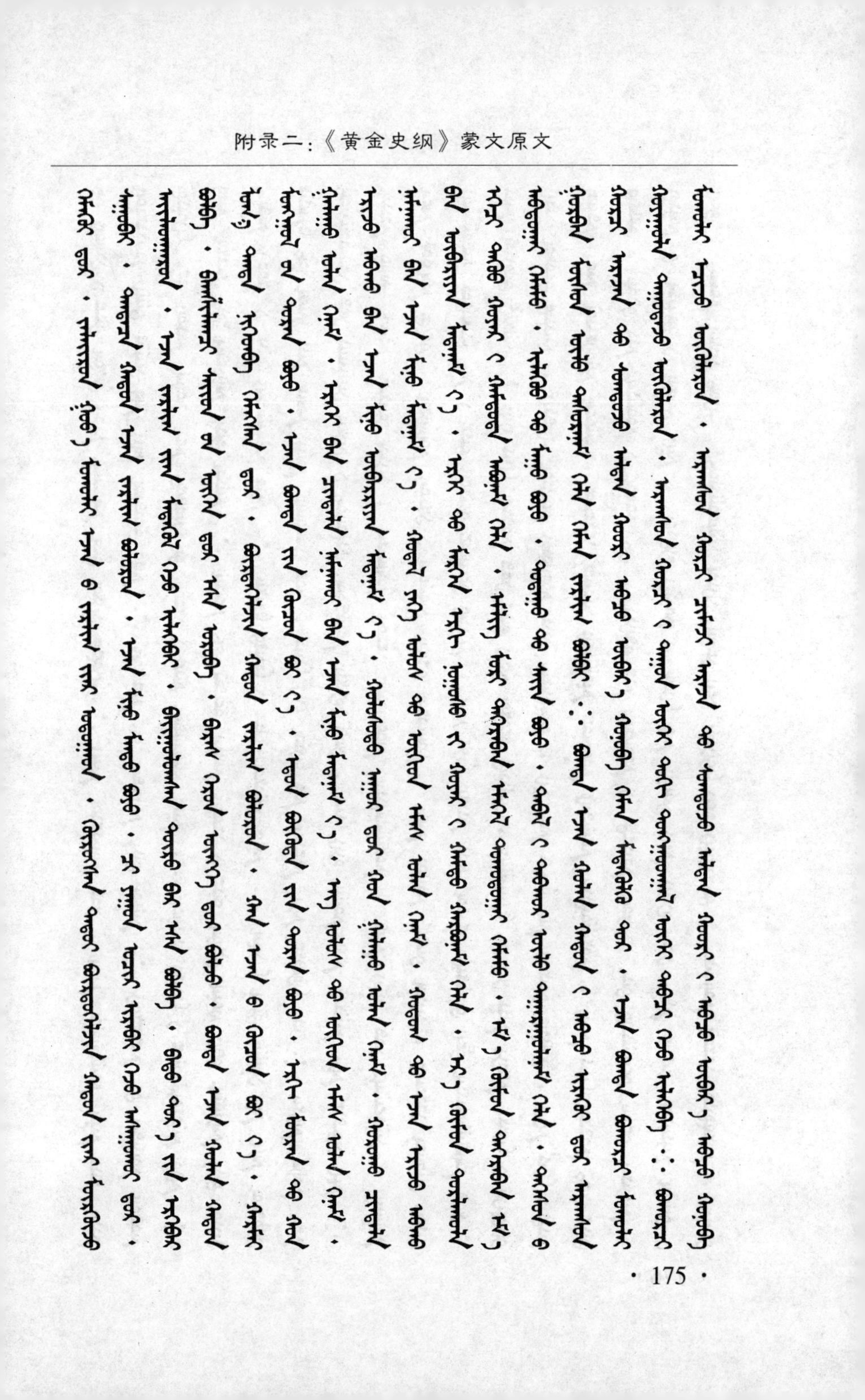

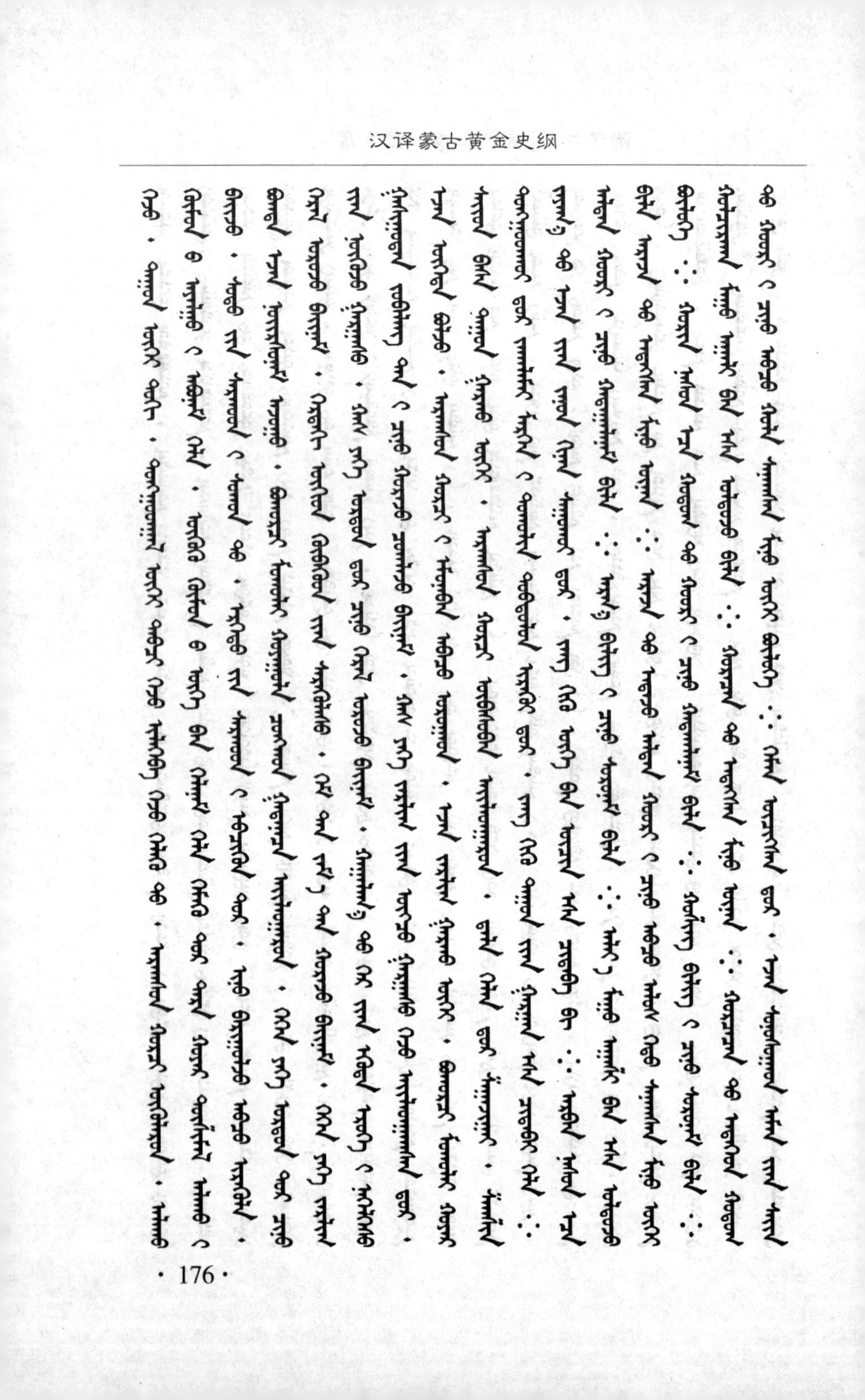

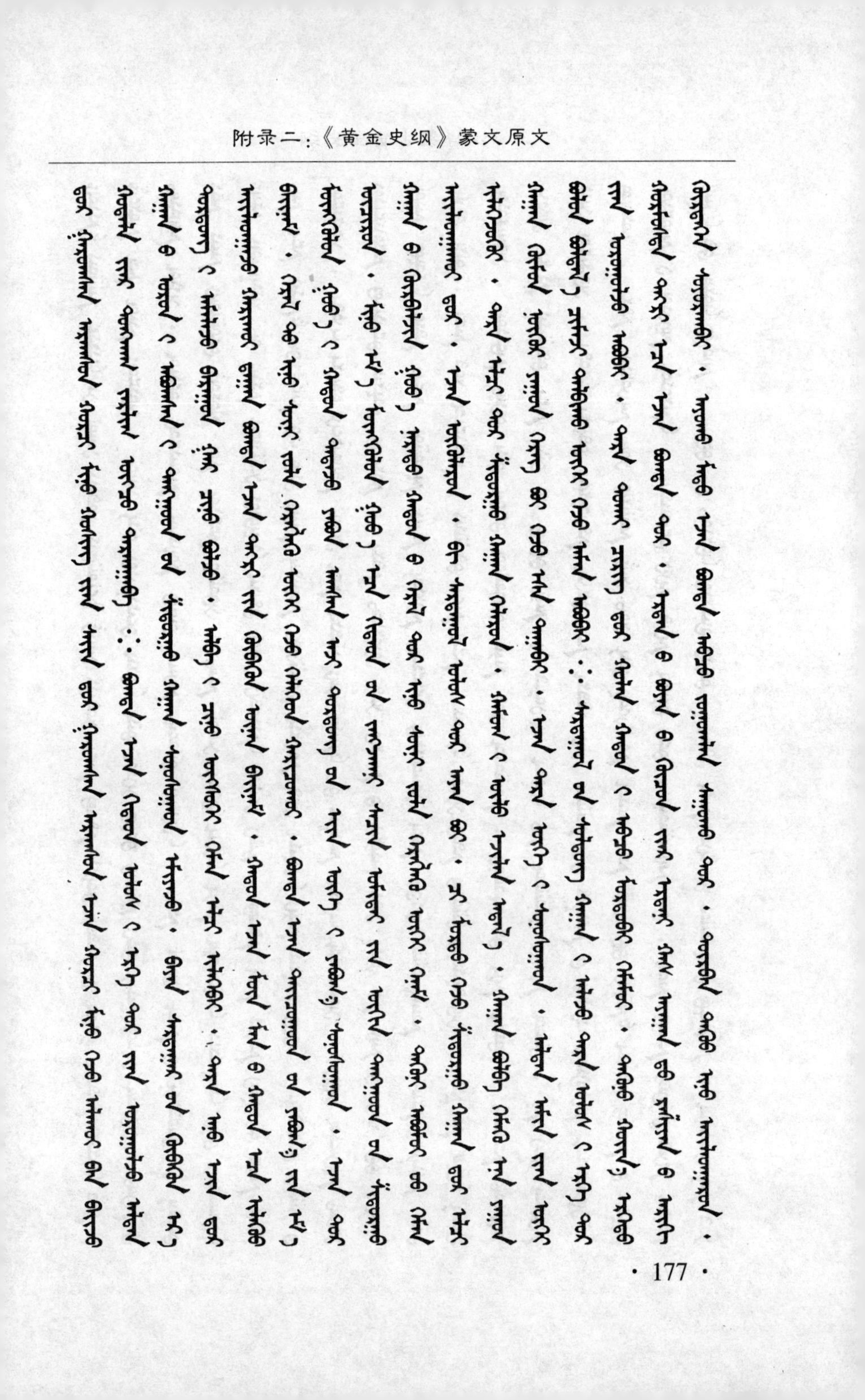

[illegible]

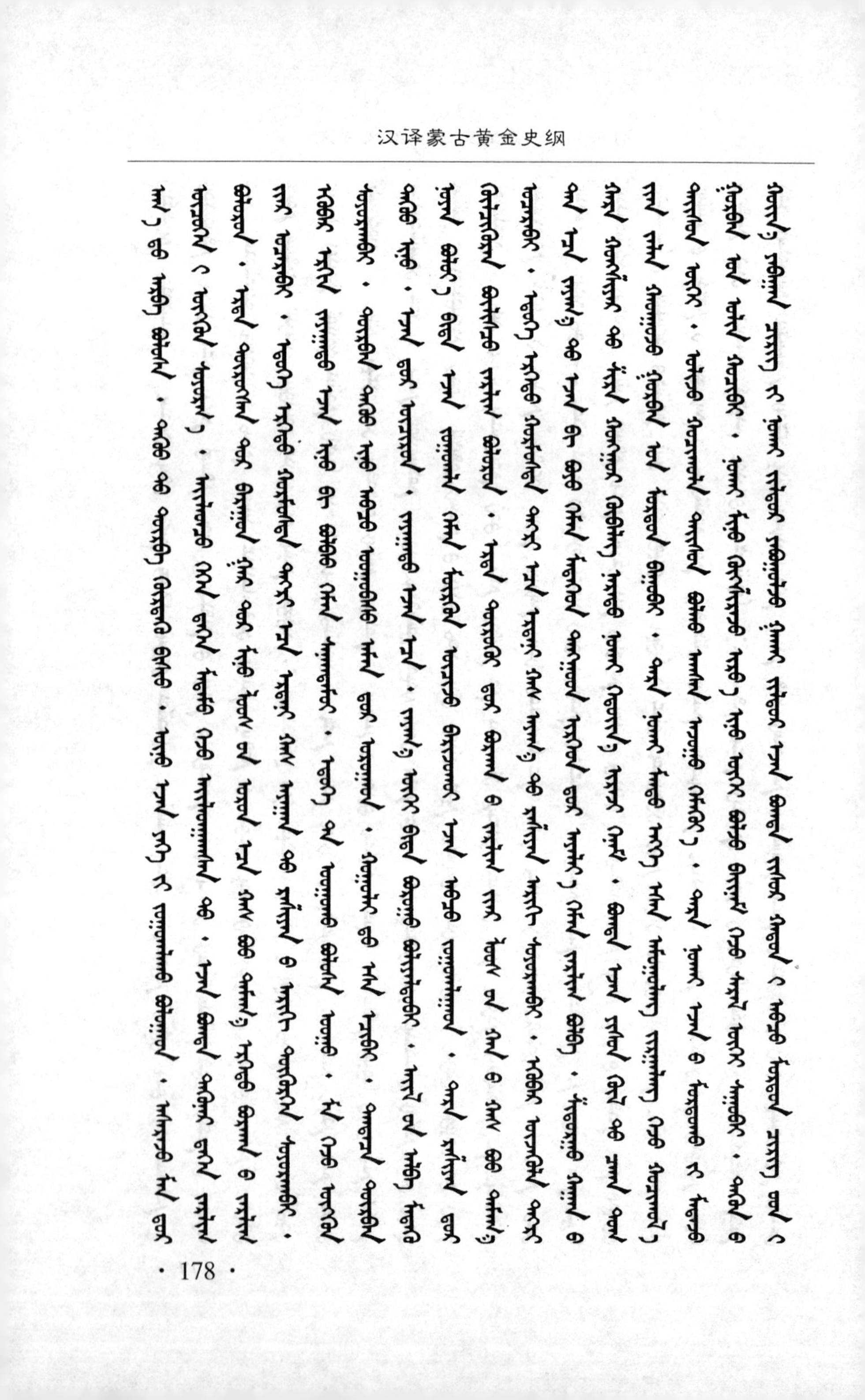

[illegible]

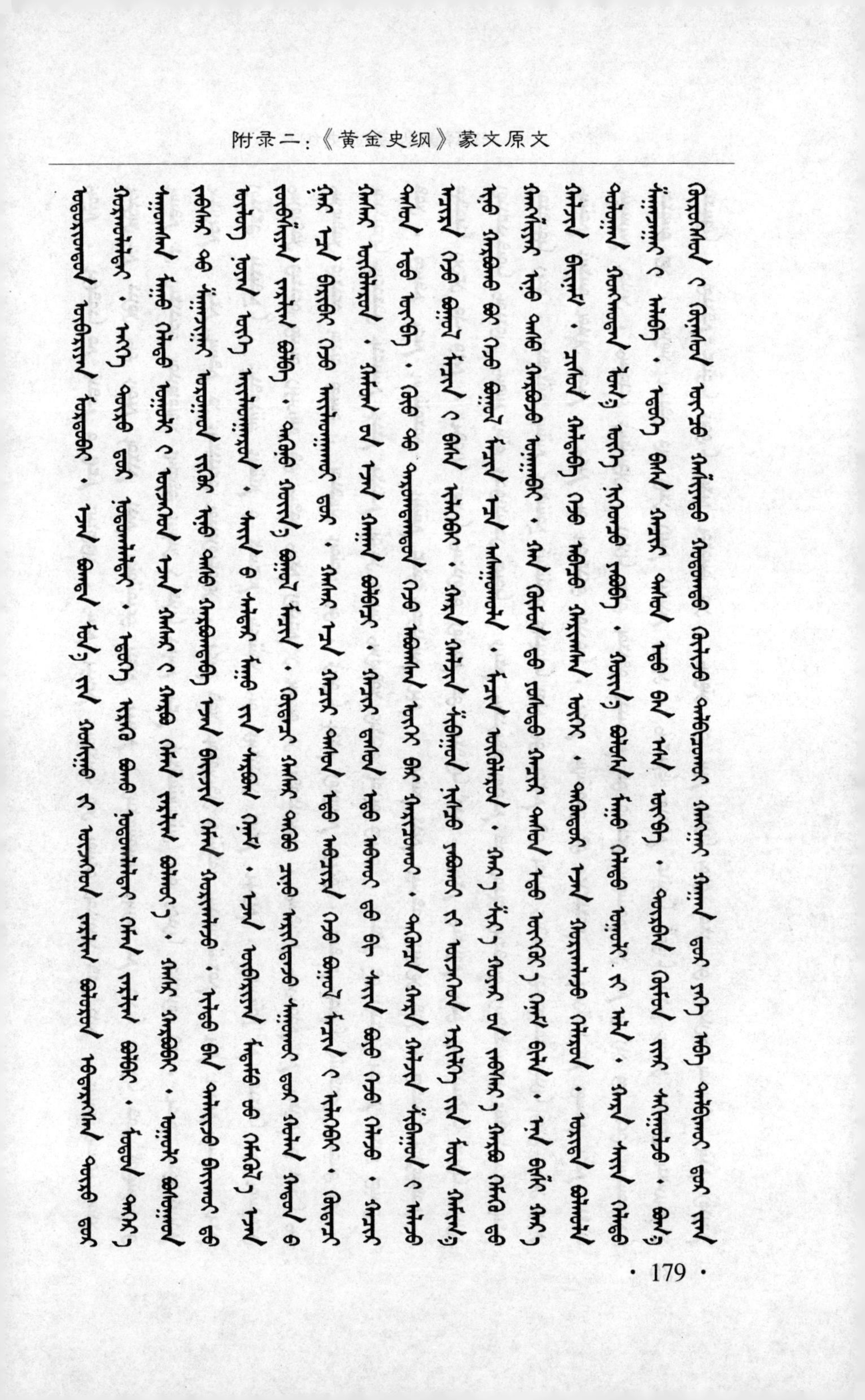

[illegible]

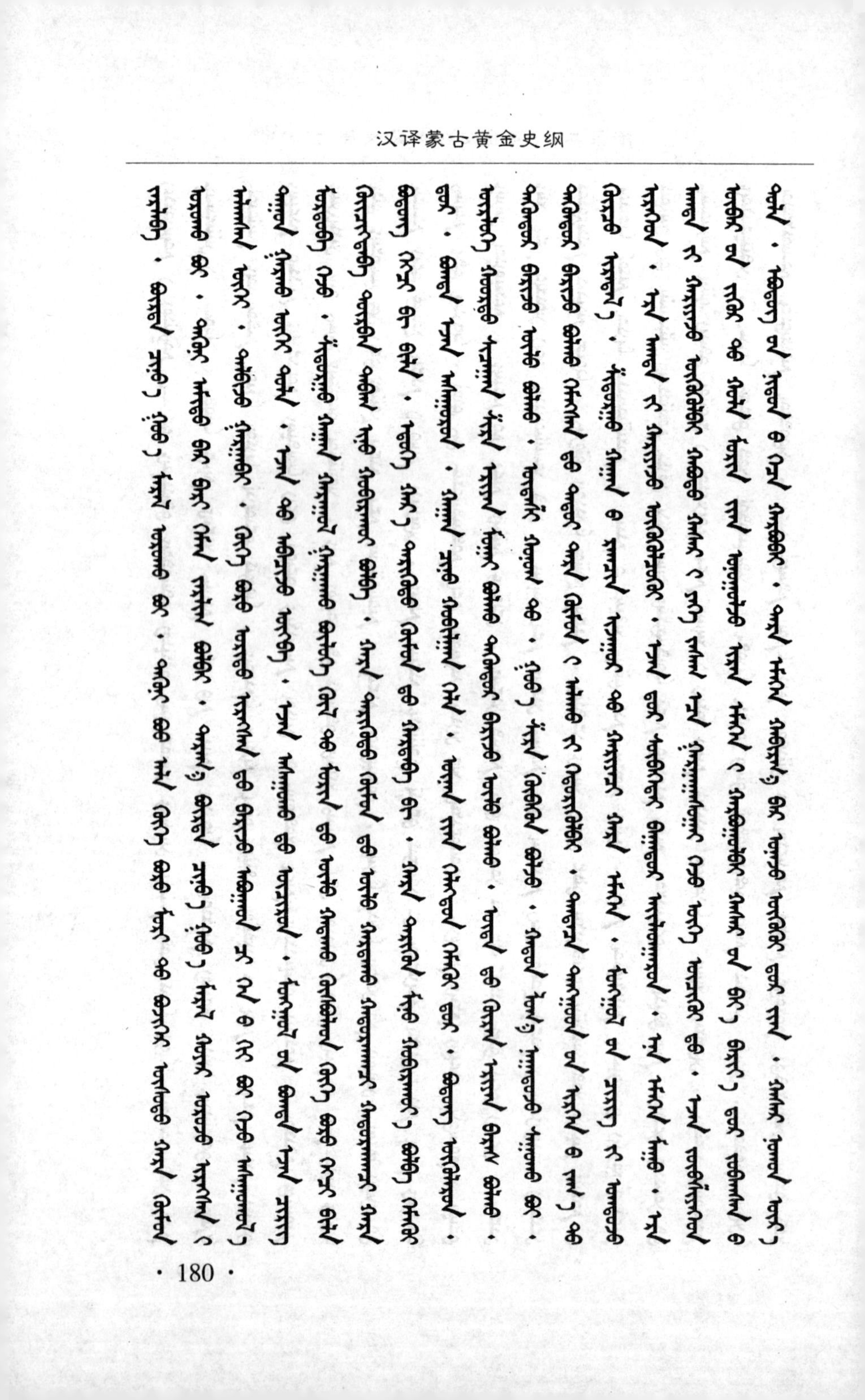

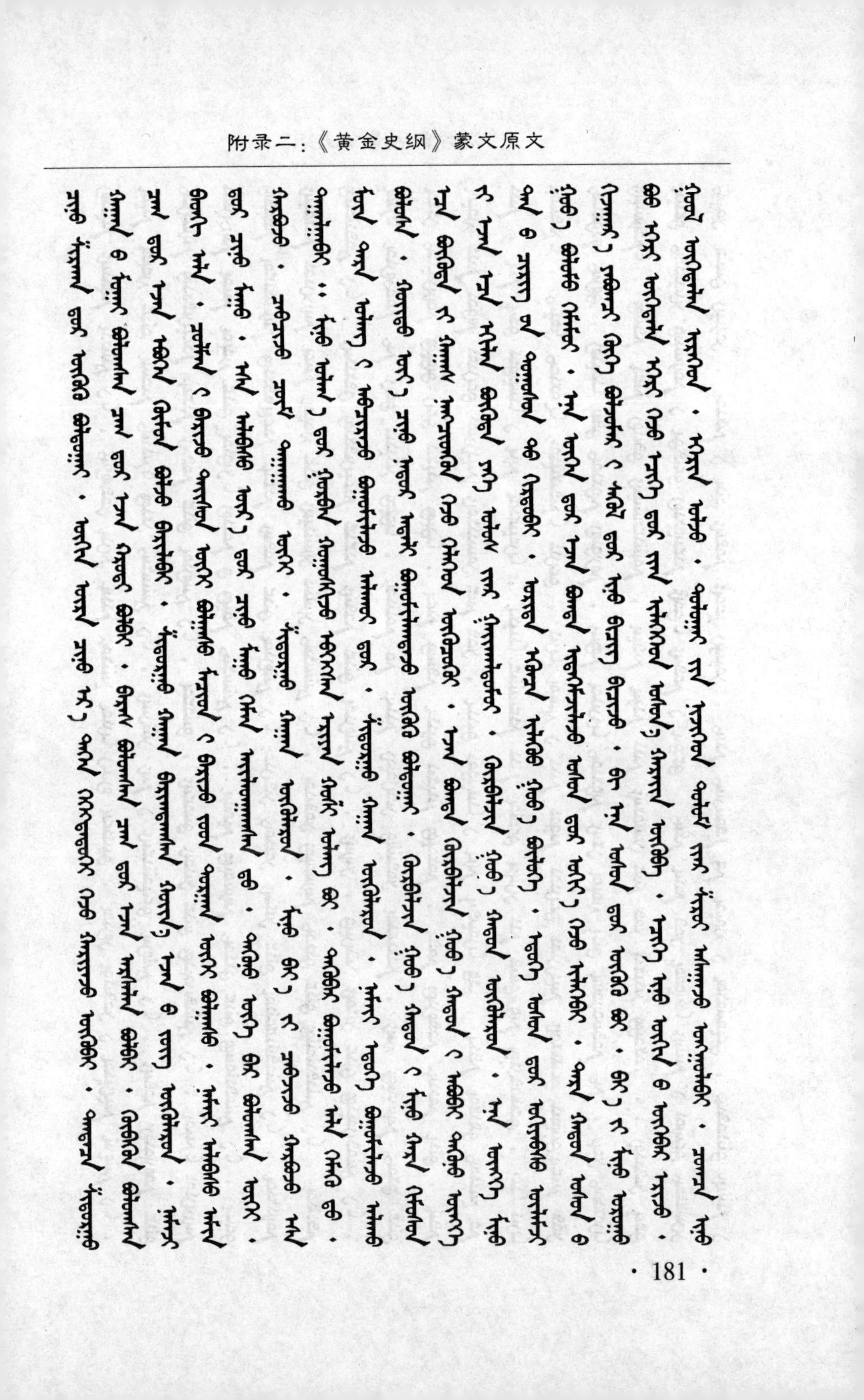

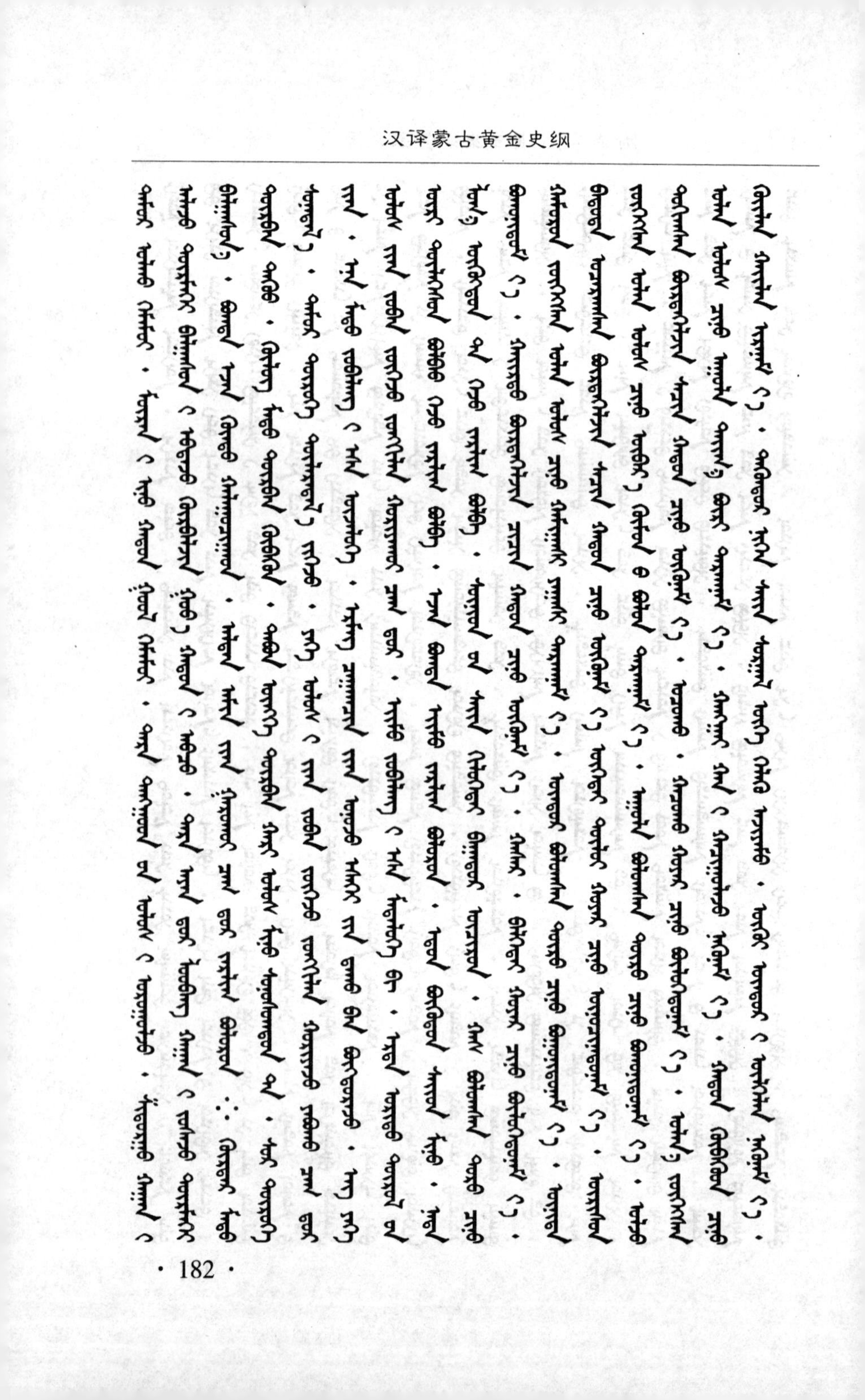

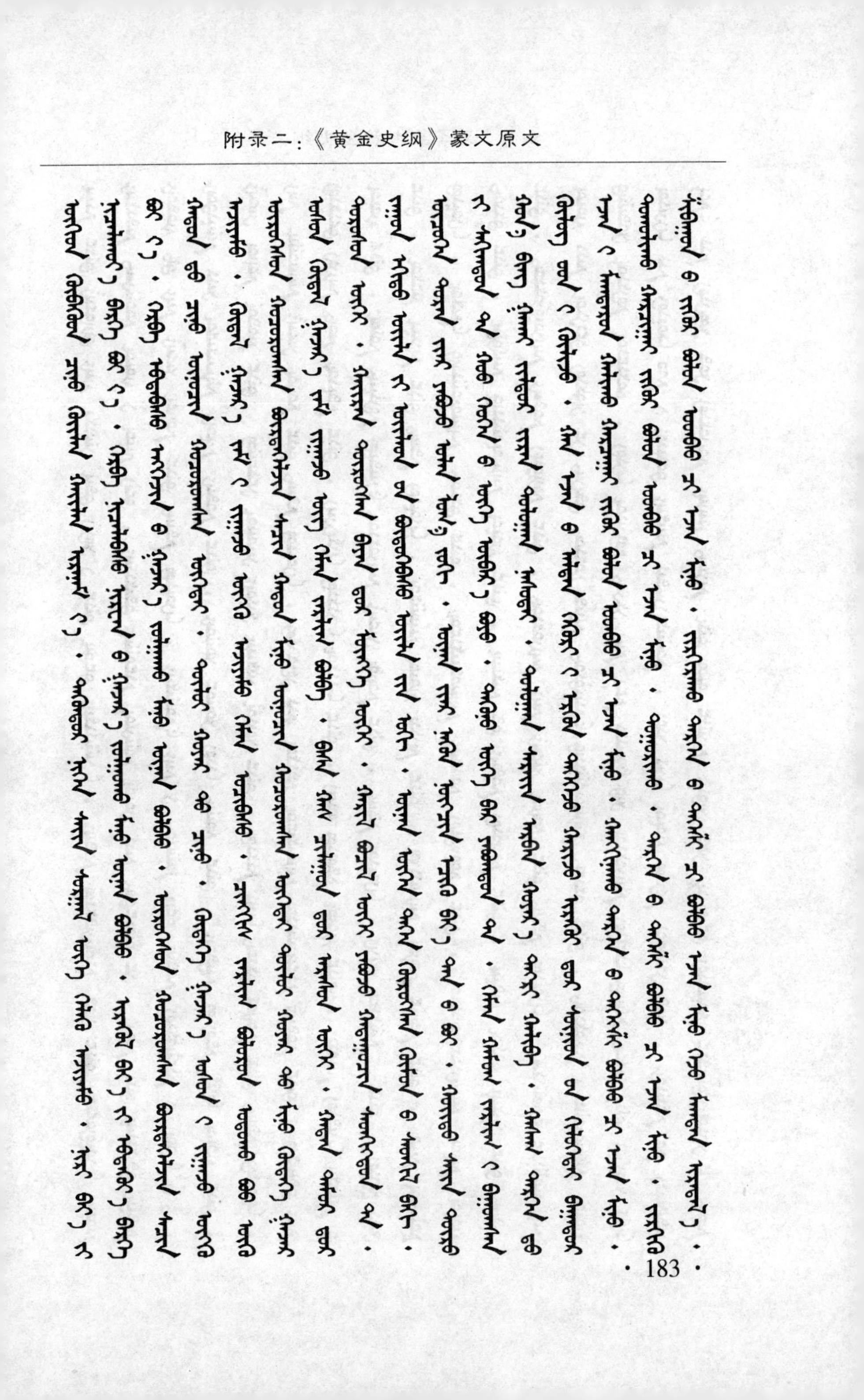

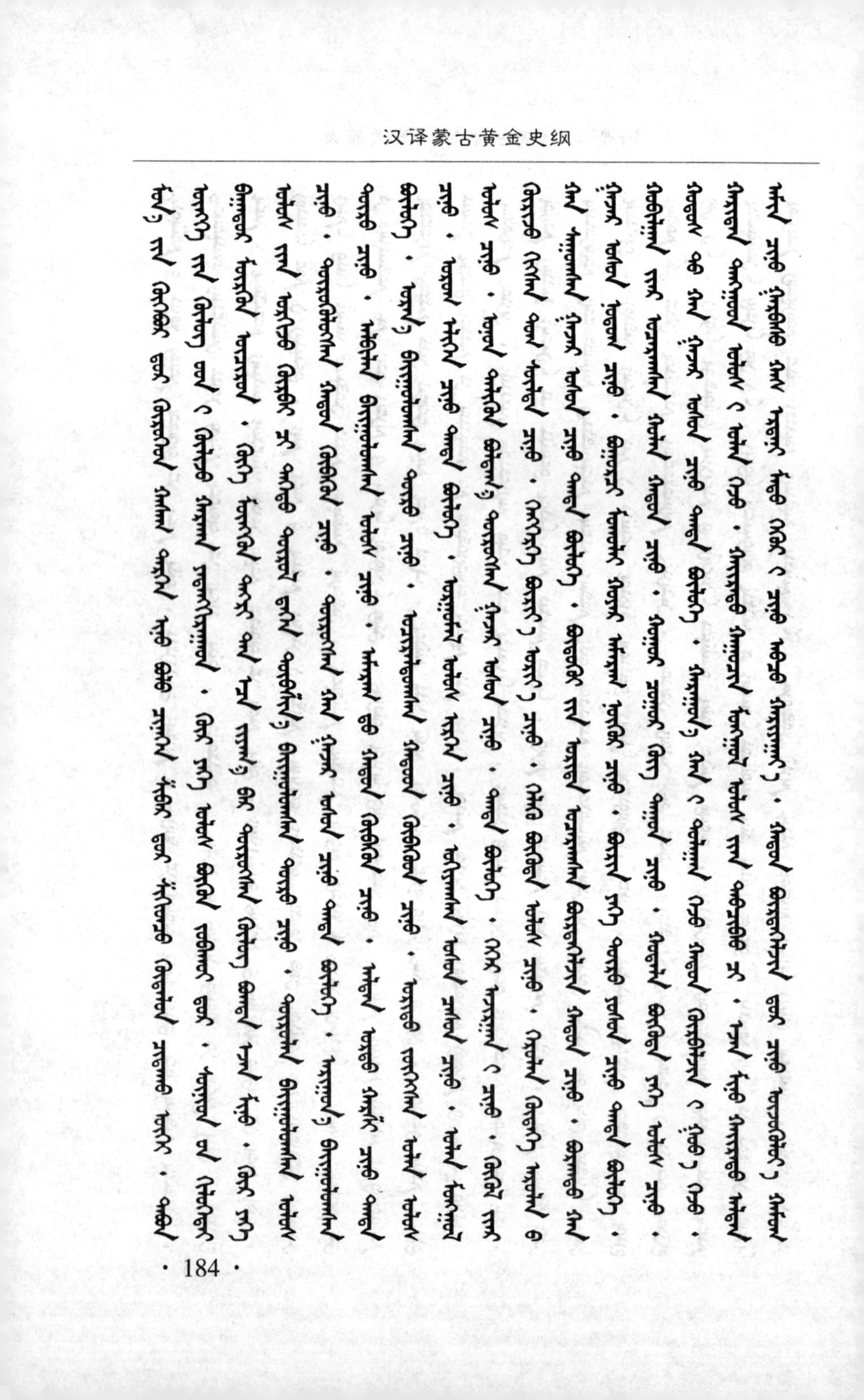

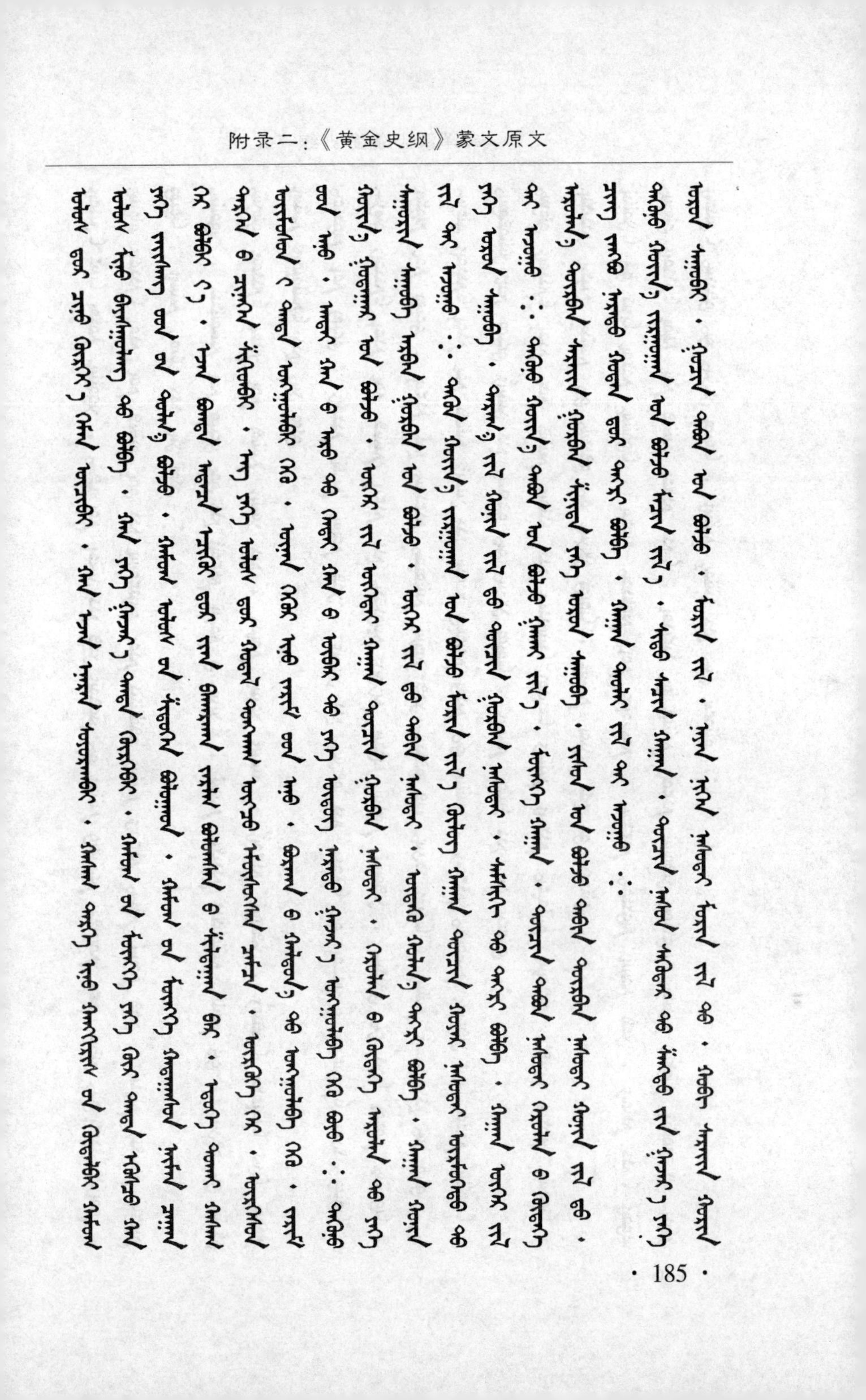

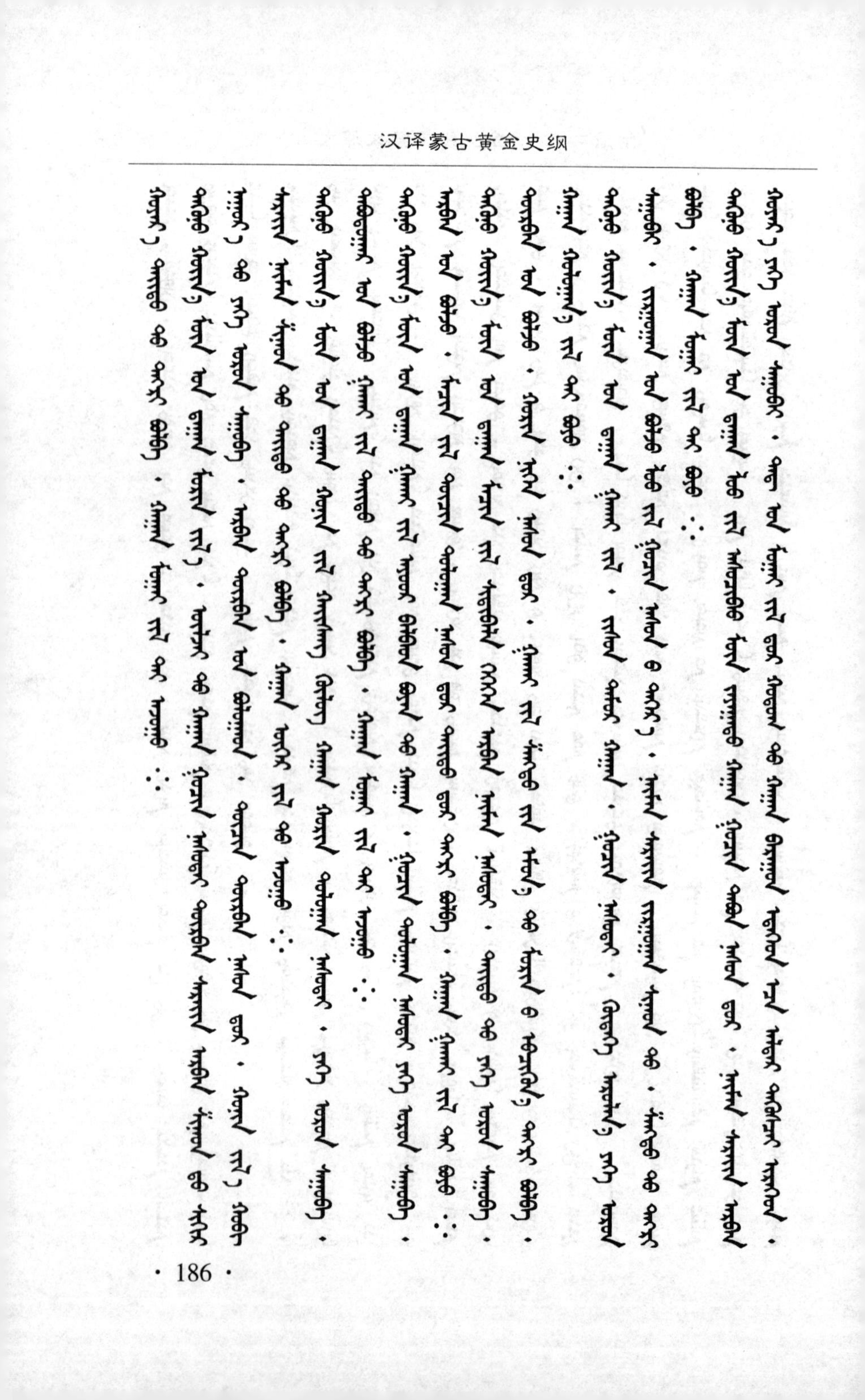

[illegible]

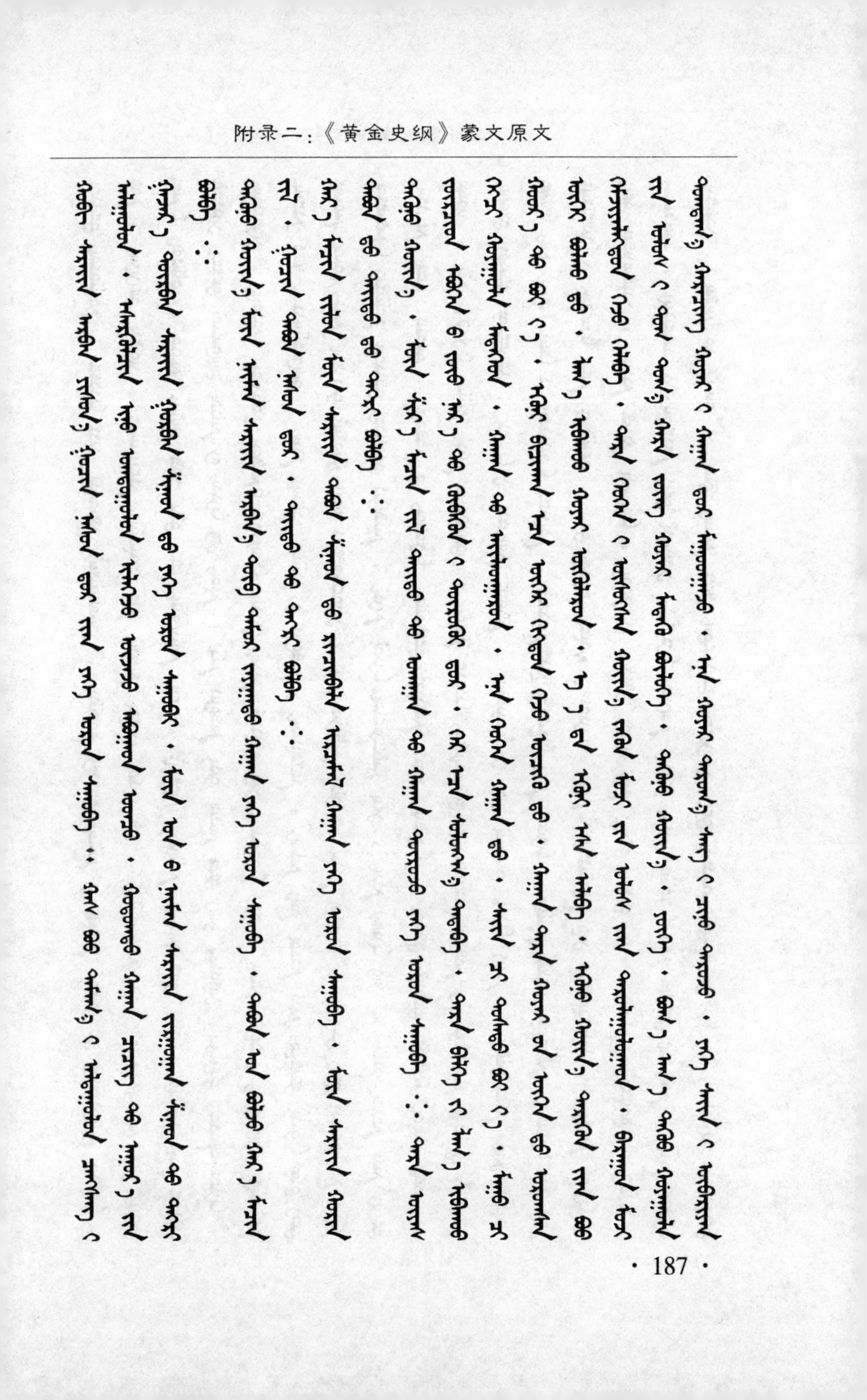

[illegible]

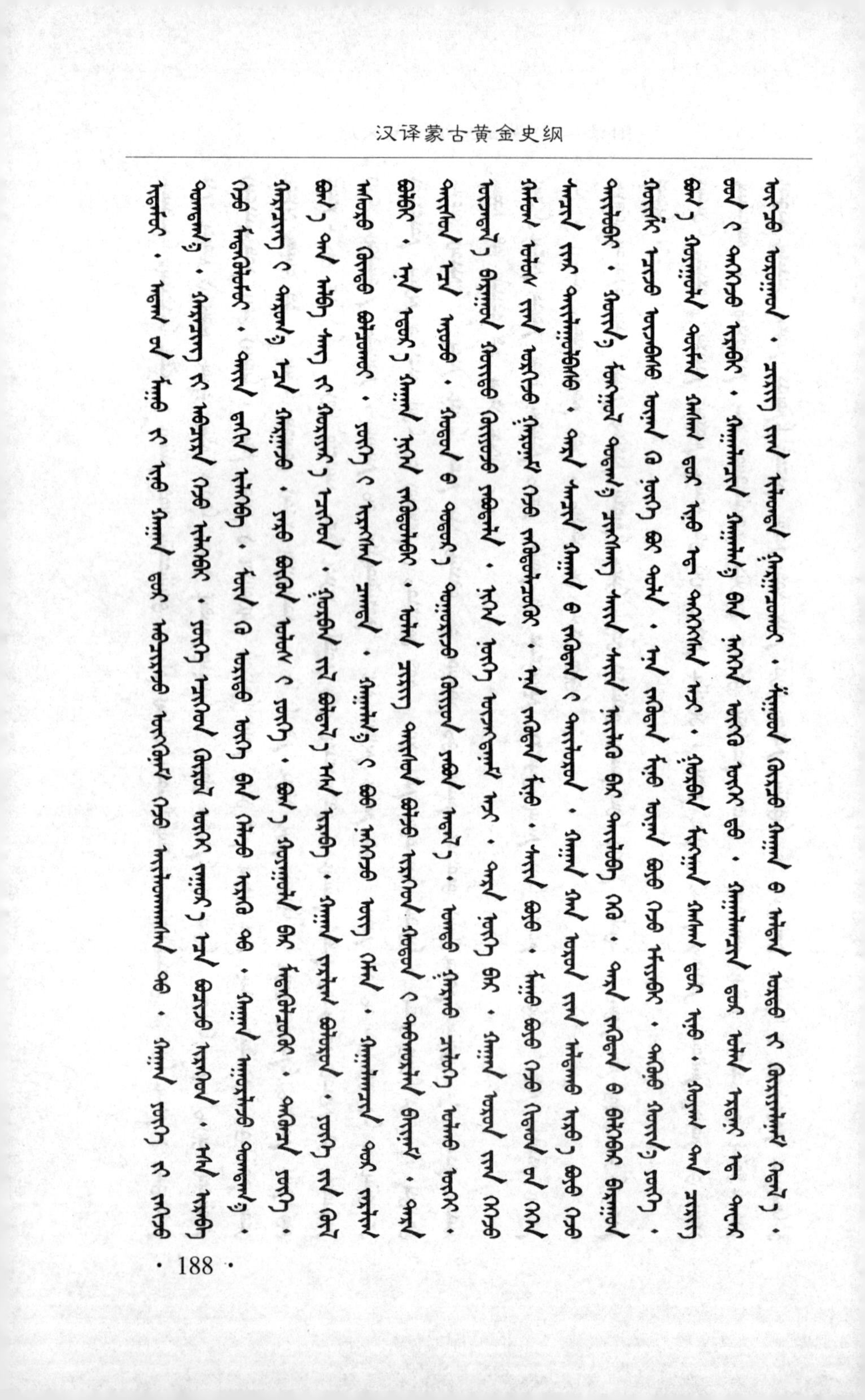

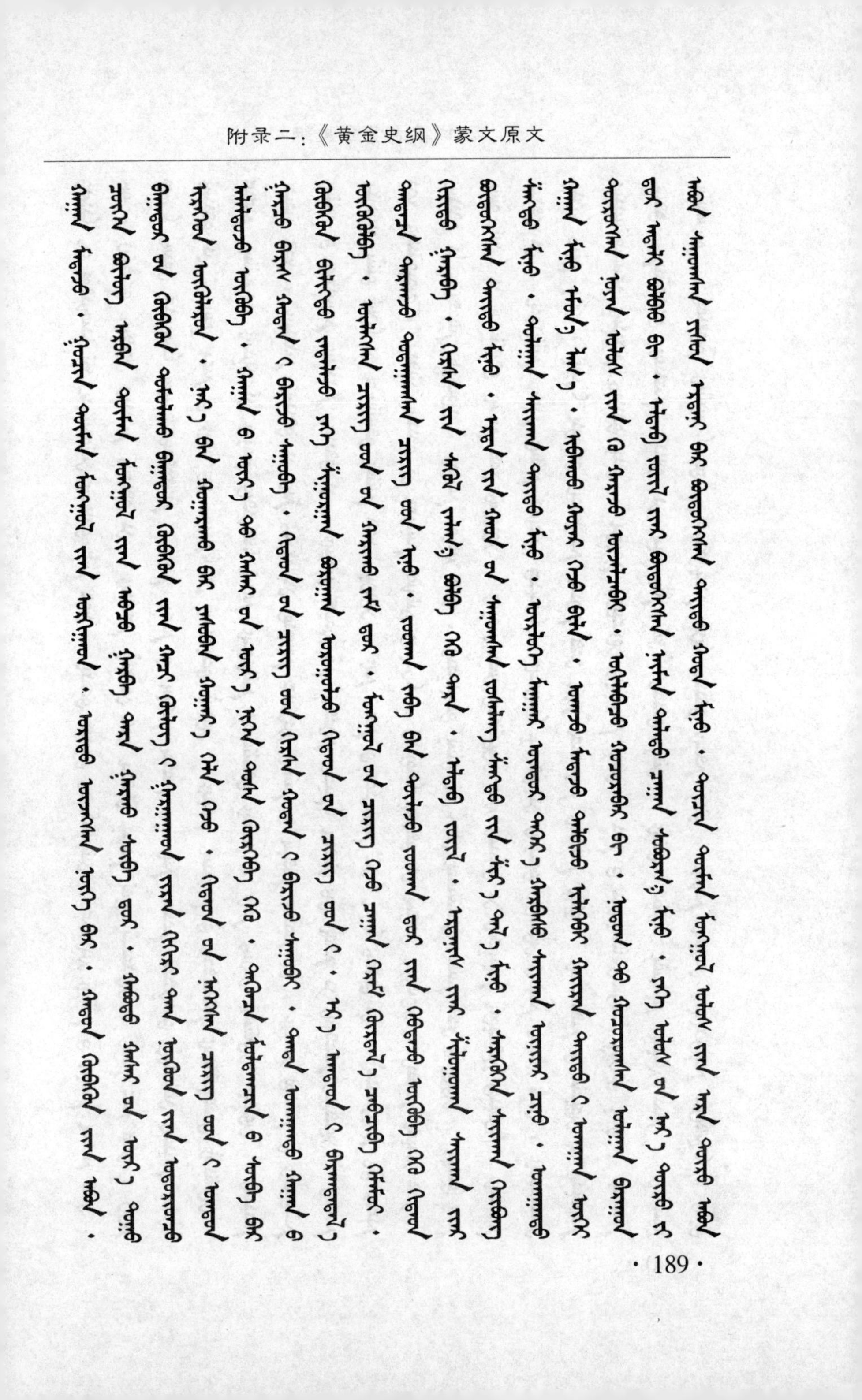

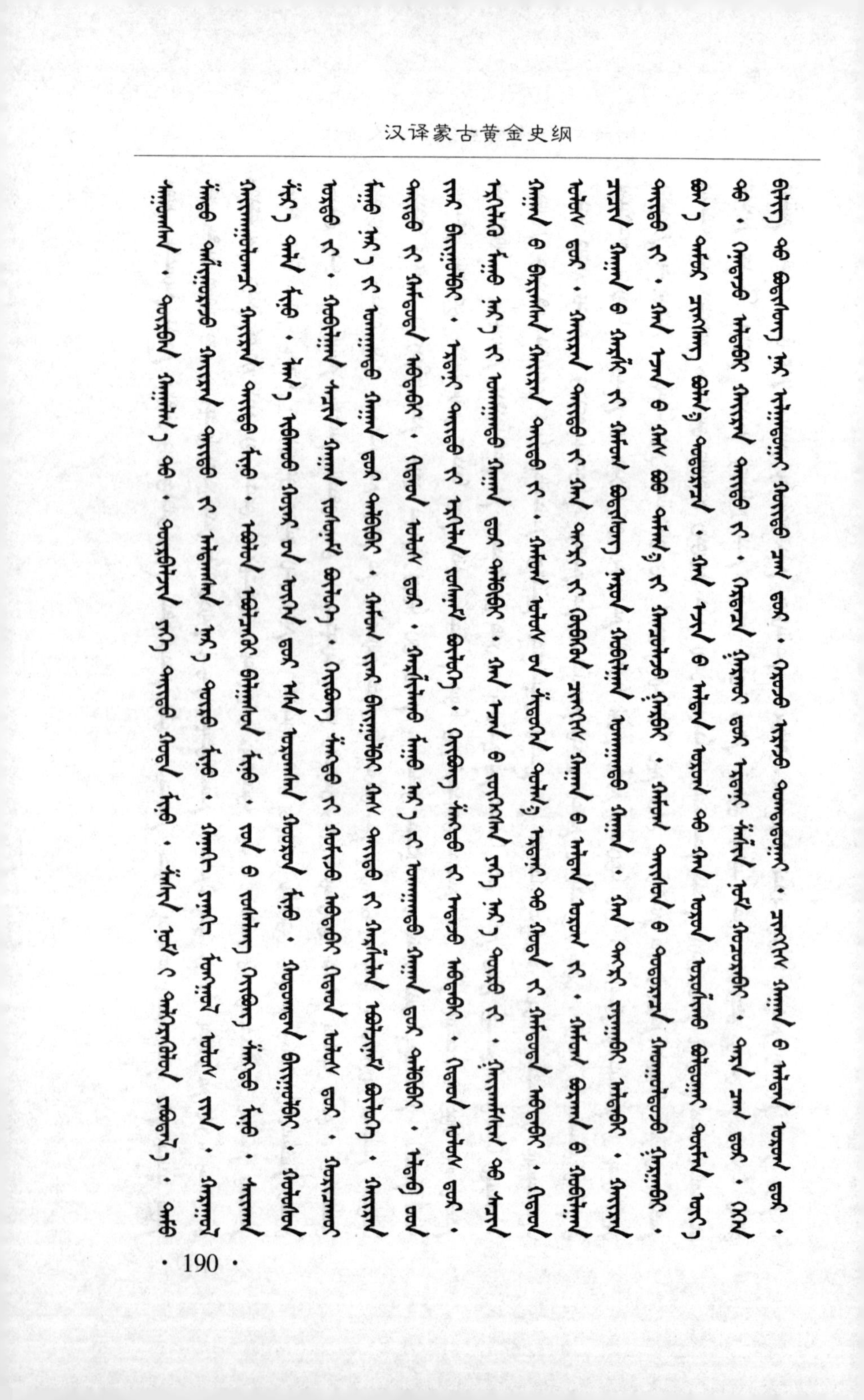

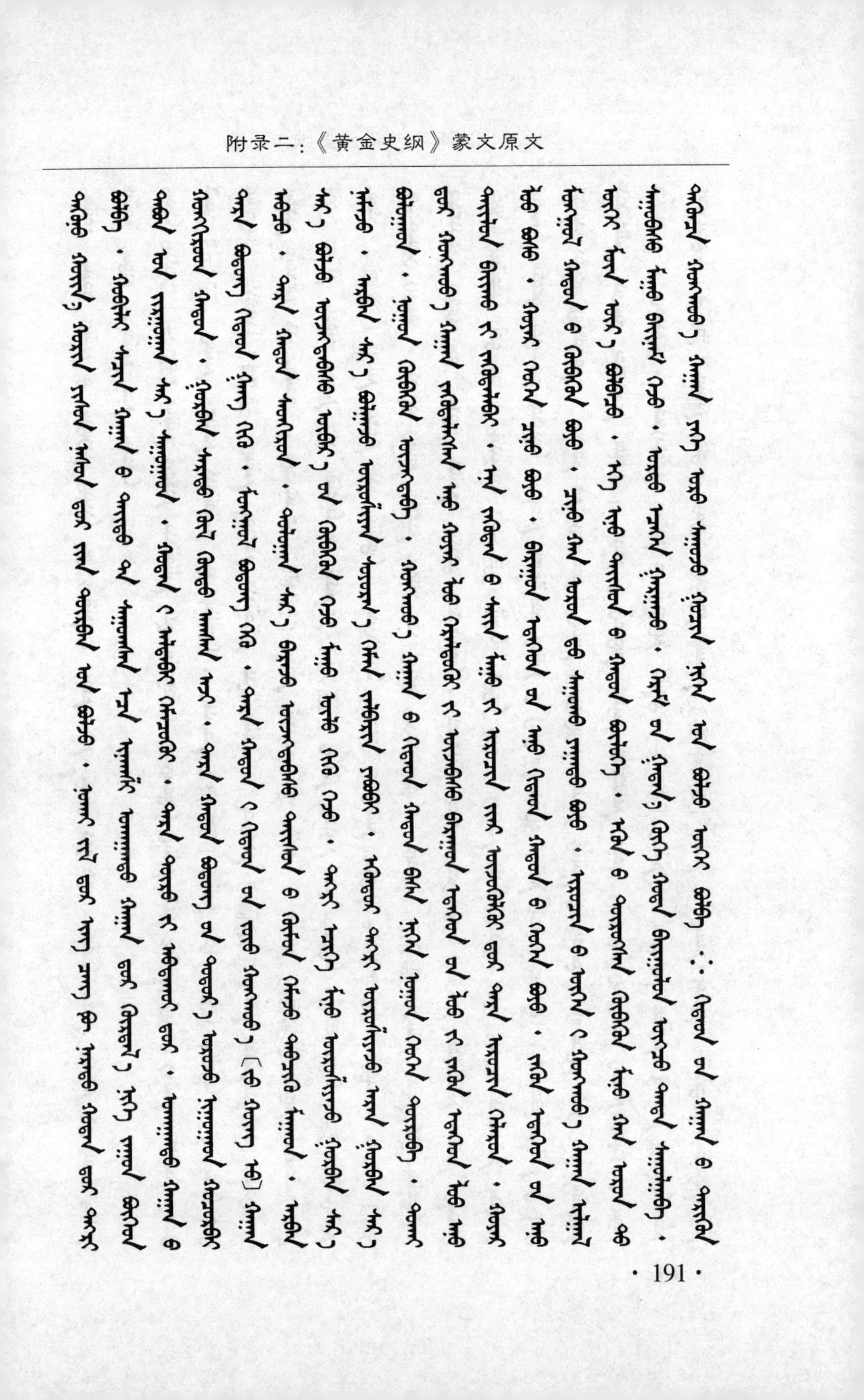

ᠬᠣᠩᠸᠦ ᠶᠢᠨ 〔洪武〕 ᠬᠠᠭᠠᠨ ᠪᠣᠯᠵᠤ᠂ ᠣᠯᠠᠨ ᠪᠣᠯᠤᠭᠰᠠᠨ ᠰᠠᠭᠤᠭᠰᠠᠨ 〔建文帝〕 ᠬᠠᠭᠠᠨ᠂ ᠬᠠᠭᠠᠨ ᠰᠠᠭᠤᠭᠠᠳ᠂ ᠲᠥᠷᠥ ᠳᠦ
ᠳᠠᠢᠮᠢᠩ ᠤ ᠬᠠᠭᠠᠨ ᠤ ᠪᠣᠯᠤᠭᠰᠠᠨ ᠶᠦᠩᠯᠧ 〔永乐〕 ᠬᠠᠭᠠᠨ᠂ ᠲᠠᠢᠳᠤ ᠬᠣᠲᠠ ᠳᠤ
ᠰᠠᠭᠤᠭᠰᠠᠨ ᠬᠠᠭᠠᠨ ᠤ ᠲᠣᠭ᠎ᠠ ᠳᠤ᠂ ᠳᠠᠢᠮᠢᠩ ᠤ ᠣᠷᠣᠨ ᠳᠤ ᠰᠠᠭᠤᠭᠰᠠᠨ ᠬᠠᠭᠠᠨ ᠤ ᠪᠣᠯᠤᠭᠰᠠᠨ᠂ ᠡᠨᠡ ᠬᠠᠭᠠᠨ ᠤ
ᠳᠤᠮᠳᠠᠳᠤ ᠤᠯᠤᠰ ᠤᠨ᠂ ᠬᠠᠭᠠᠨ ᠤ ᠪᠣᠯᠤᠭᠰᠠᠨ ᠬᠠᠭᠠᠨ ᠤ ᠰᠠᠭᠤᠭᠰᠠᠨ᠂ ᠡᠨᠡ ᠬᠠᠭᠠᠨ ᠤ ᠣᠷᠣᠨ ᠳᠤ
ᠰᠠᠭᠤᠭᠰᠠᠨ ᠣᠷᠣᠰᠢᠭᠰᠠᠨ ᠲᠥᠷᠥ ᠶᠢ ᠪᠠᠷᠢᠭᠰᠠᠨ᠂ ᠲᠡᠭᠦᠨ ᠦ ᠬᠠᠭᠠᠨ ᠤ ᠣᠷᠣᠨ ᠳᠤ ᠰᠠᠭᠤᠪᠠ᠂ ᠳᠠᠢᠮᠢᠩ ᠤ
ᠲᠥᠷᠥ ᠶᠢ ᠰᠠᠭᠤᠵᠤ ᠲᠣᠭᠣᠷᠢᠭᠰᠠᠨ 〔大明〕 ᠨᠡᠷ᠎ᠡ ᠲᠡᠭᠦᠨ ᠦ᠂ ᠳᠠᠢᠮᠢᠩ ᠬᠠᠭᠠᠨ ᠤ ᠲᠥᠷᠥ ᠶᠢ ᠪᠠᠷᠢᠭᠰᠠᠨ
ᠲᠣᠭᠣᠷᠢᠭᠰᠠᠨ ᠬᠠᠭᠠᠨ ᠤ ᠰᠠᠭᠤᠭᠰᠠᠨ ᠬᠣᠲᠠ ᠳᠤ᠂ ᠲᠣᠭᠣᠷᠢᠭᠰᠠᠨ ᠬᠠᠭᠠᠨ ᠤ ᠲᠥᠷᠥ ᠶᠢ ᠰᠠᠭᠤᠭᠰᠠᠨ ᠬᠣᠲᠠ ᠳᠤ
ᠰᠠᠭᠤᠭᠰᠠᠨ᠂ ᠶᠦᠩᠯᠧ ᠬᠠᠭᠠᠨ ᠰᠢᠷᠡᠭᠡ ᠳᠦ ᠪᠣᠯᠵᠤ ᠬᠣᠶᠠᠷ ᠵᠢᠯ ᠰᠠᠭᠤᠭᠠᠳ᠂ ᠬᠣᠩᠰᠢ 〔洪熙〕 ᠬᠠᠭᠠᠨ ᠰᠢᠷᠡᠭᠡ ᠳᠦ ᠰᠠᠭᠤᠪᠠ᠂
ᠰᠤᠸᠠᠨᠳᠧ 〔宣德〕 ᠬᠠᠭᠠᠨ ᠰᠢᠷᠡᠭᠡ ᠳᠦ ᠰᠠᠭᠤᠪᠠ᠂ ᠵᠢᠩᠲᠦᠩ 〔正统〕 ᠬᠠᠭᠠᠨ ᠰᠢᠷᠡᠭᠡ ᠳᠦ ᠰᠠᠭᠤᠪᠠ᠂ ᠵᠢᠩᠲᠠᠢ 〔景
泰〕 ᠬᠠᠭᠠᠨ ᠰᠢᠷᠡᠭᠡ ᠳᠦ ᠰᠠᠭᠤᠪᠠ᠂ ᠲᠢᠶᠠᠨᠱᠦᠨ 〔天顺〕 ᠬᠠᠭᠠᠨ ᠰᠢᠷᠡᠭᠡᠨ ᠳᠦ ᠰᠠᠭᠤᠪᠠ᠂ ᠴᠧᠩᠬᠤᠸᠠ 〔成化〕 ᠬᠠᠭᠠᠨ
ᠰᠢᠷᠡᠭᠡ ᠳᠦ ᠰᠠᠭᠤᠪᠠ᠂ ᠬᠤᠩᠵᠢ 〔弘治〕 ᠬᠠᠭᠠᠨ ᠰᠢᠷᠡᠭᠡᠨ ᠳᠦ ᠰᠠᠭᠤᠪᠠ᠂ ᠵᠧᠩᠳᠧ 〔正德〕 ᠬᠠᠭᠠᠨ ᠰᠢᠷᠡᠭᠡᠨ ᠳᠦ
ᠰᠠᠭᠤᠪᠠ᠂ ᠵᠢᠶᠠᠵᠢᠩ 〔嘉靖〕 ᠬᠠᠭᠠᠨ ᠰᠢᠷᠡᠭᠡᠨ ᠳᠦ ᠰᠠᠭᠤᠪᠠ᠂ ᠯᠦᠩᠴᠢᠩ 〔隆庆〕 ᠬᠠᠭᠠᠨ ᠰᠢᠷᠡᠭᠡᠨ ᠳᠦ ᠰᠠᠭᠤᠪᠠ᠂ ᠸᠠᠨᠯᠢ
ᠸᠠᠨᠯᠢ 〔万历〕 ᠬᠠᠭᠠᠨ ᠰᠢᠷᠡᠭᠡᠨ ᠳᠦ ᠰᠠᠭᠤᠪᠠ᠂ ᠲᠠᠢᠢᠴᠠᠩ 〔泰昌〕 ᠬᠠᠭᠠᠨ ᠨᠢᠭᠡ ᠰᠠᠷ᠎ᠠ ᠰᠠᠭᠤᠪᠠ᠂ ᠲᠢᠶᠠᠨᠴᠢ
ᠲᠢᠶᠠᠨᠴᠢ 〔天启〕 ᠬᠠᠭᠠᠨ ᠰᠢᠷᠡᠭᠡᠨ ᠳᠦ ᠰᠠᠭᠤᠪᠠ᠂ ᠲᠡᠭᠦᠨ ᠦ ᠬᠣᠢᠢᠨ᠎ᠠ ᠴᠤᠩᠵᠧᠨ ᠬᠠᠭᠠᠨ ᠰᠠᠭᠤᠪᠠ᠂
ᠲᠡᠭᠦᠨ ᠦ ᠬᠣᠢᠢᠨ᠎ᠠ ᠲᠣᠭᠣᠷᠢᠭᠰᠠᠨ ᠳᠤ ᠰᠠᠭᠤᠪᠠ᠂
ᠲᠣᠭᠣᠷᠢᠭᠰᠠᠨ ᠲᠣᠭ᠎ᠠ ᠬᠠᠭᠠᠨ ᠤ ᠣᠷᠣᠨ ᠳᠤ ᠬᠠᠭᠠᠨ᠂ ᠬᠠᠭᠠᠨ ᠳᠤ ᠮᠠᠨᠵᠤ ᠶᠢᠨ ᠲᠥᠷᠥ ᠶᠢ ᠪᠠᠷᠢᠪᠠ ᠬᠠᠭᠠᠨ

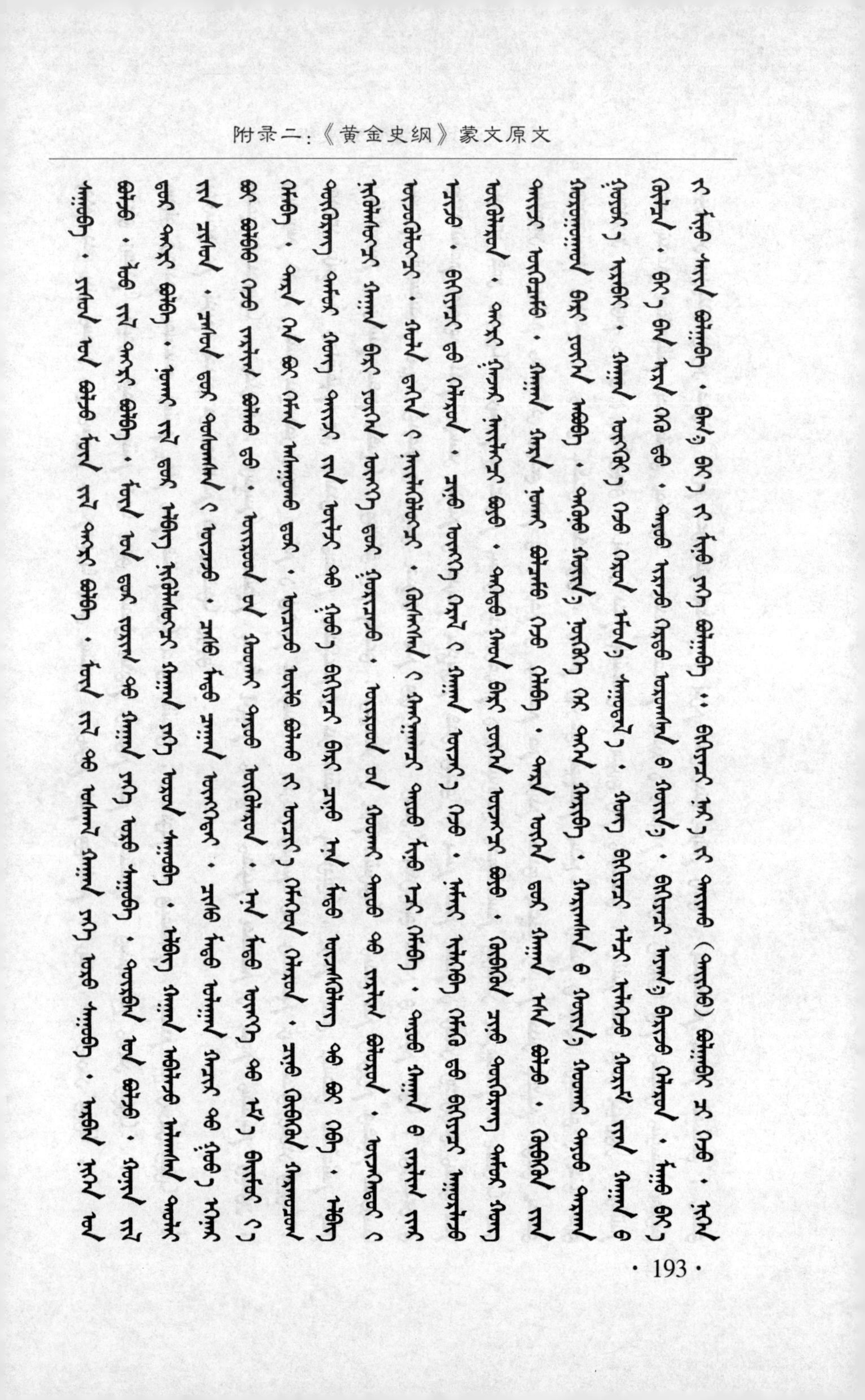

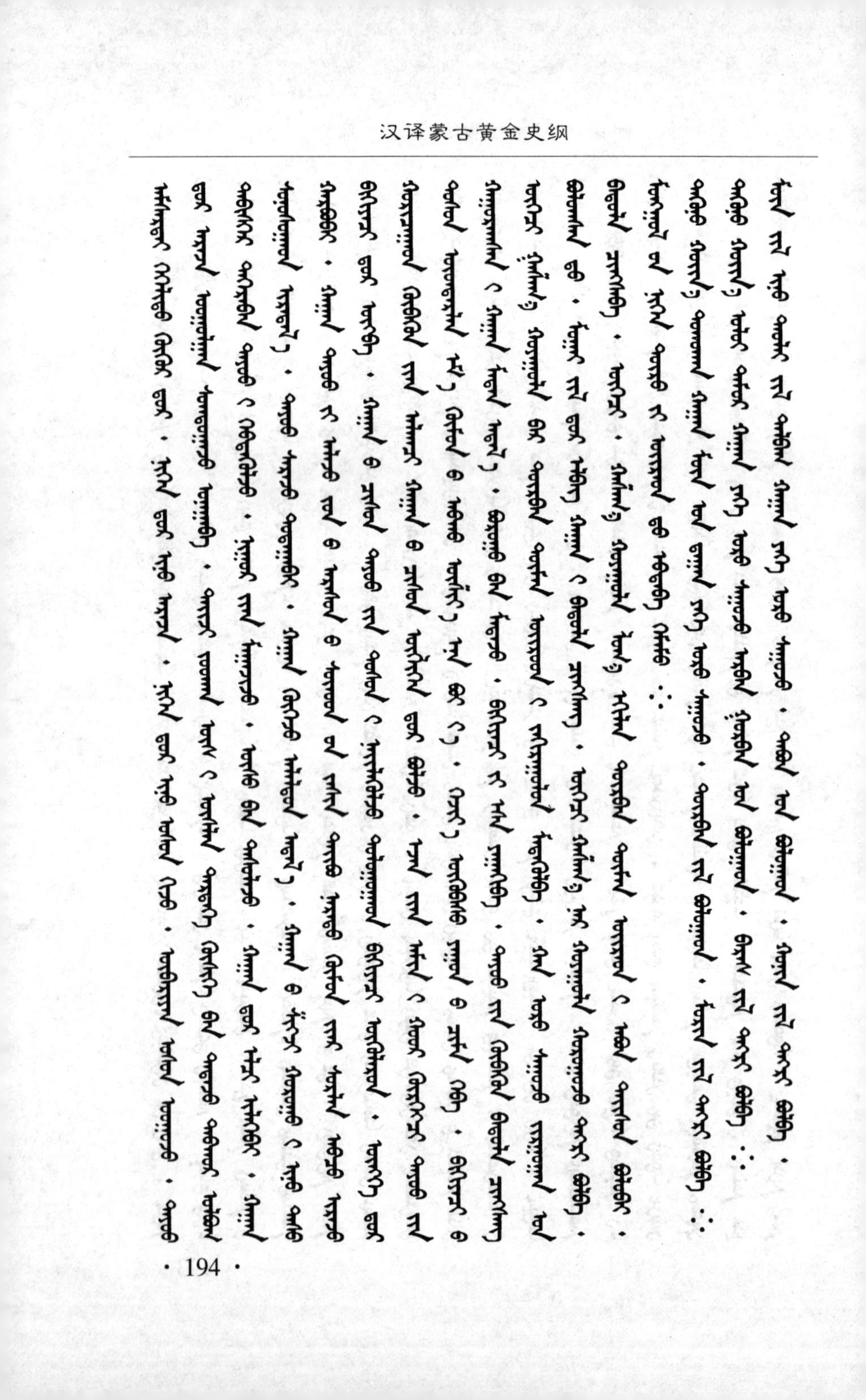

[illegible]

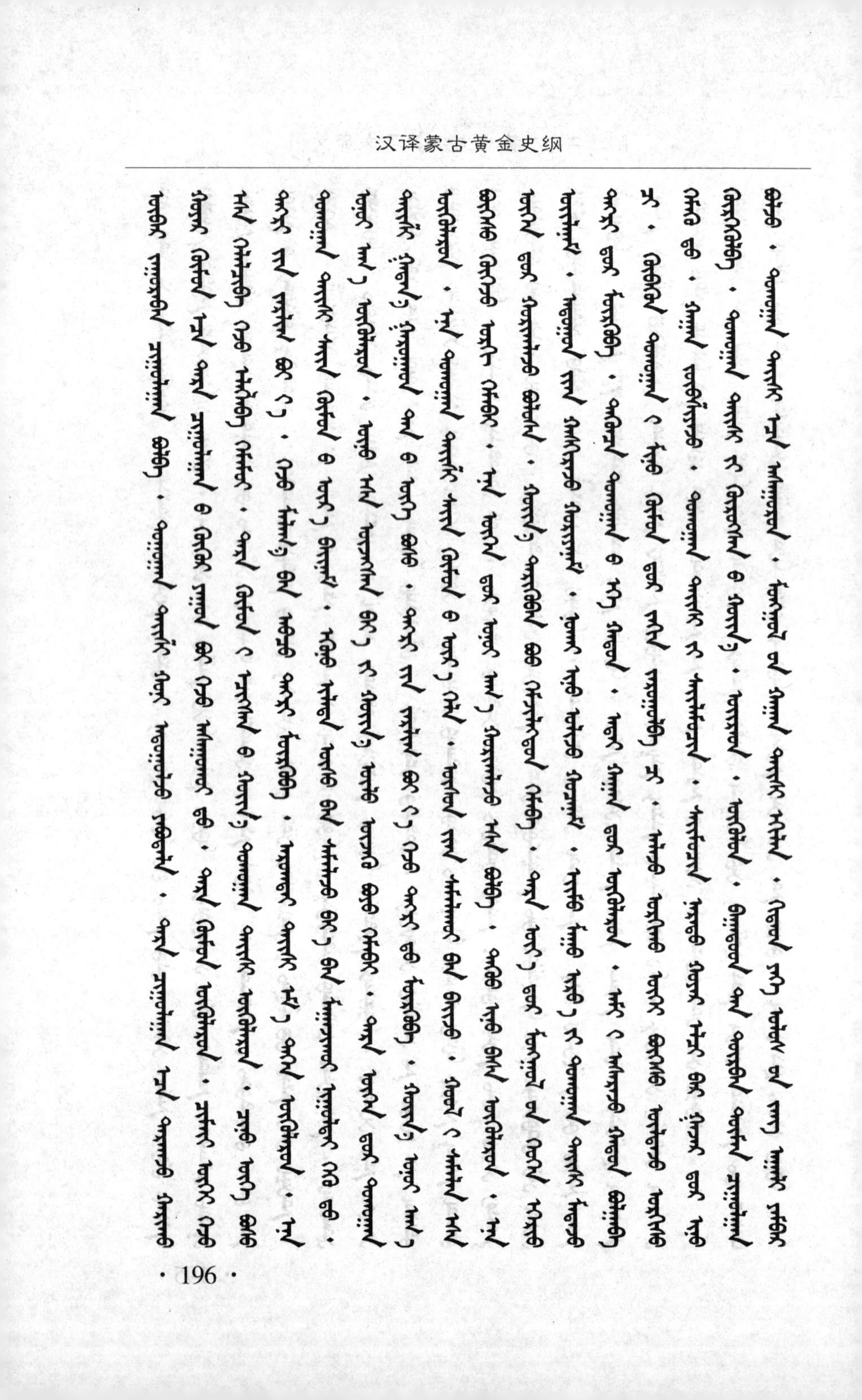

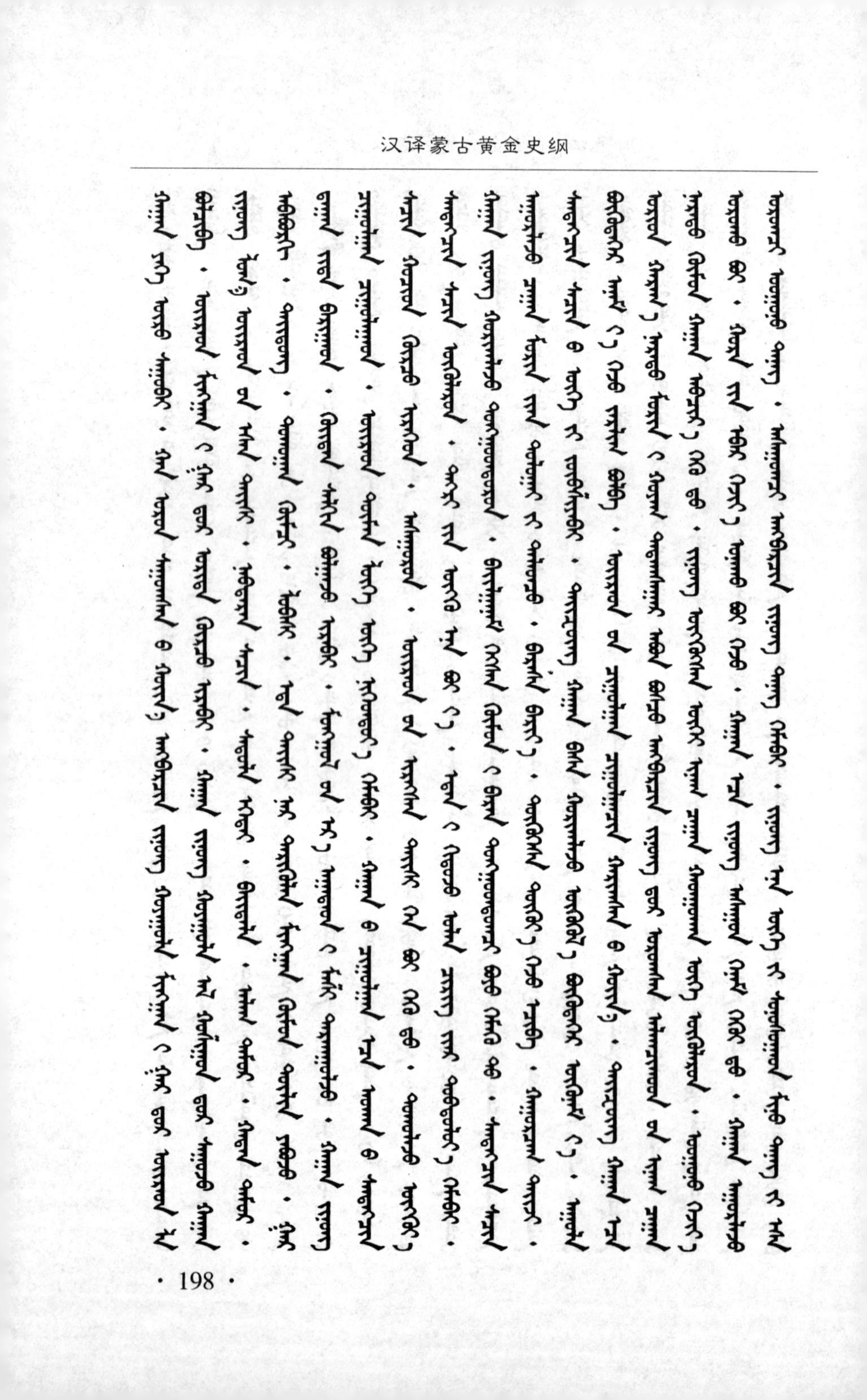

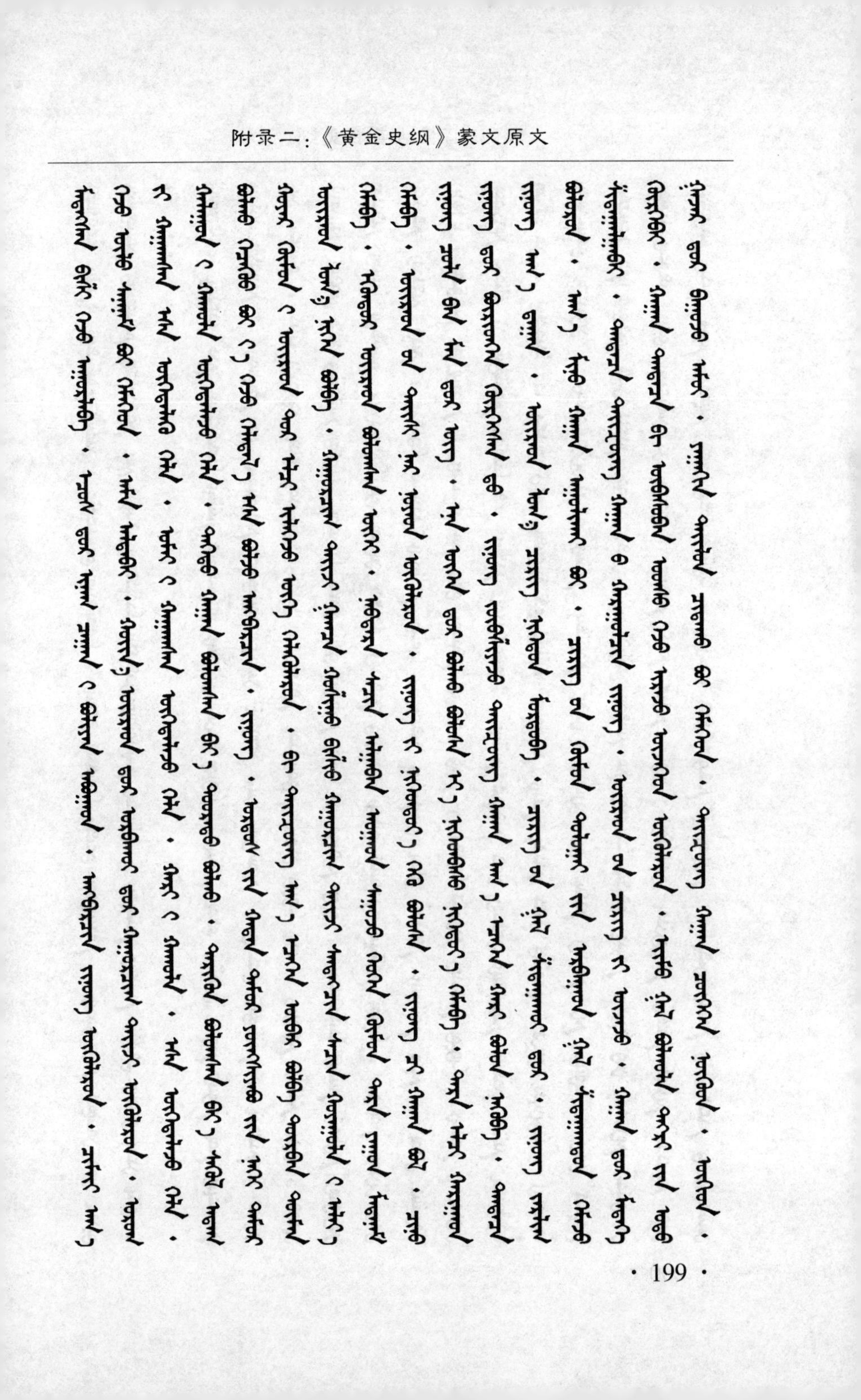

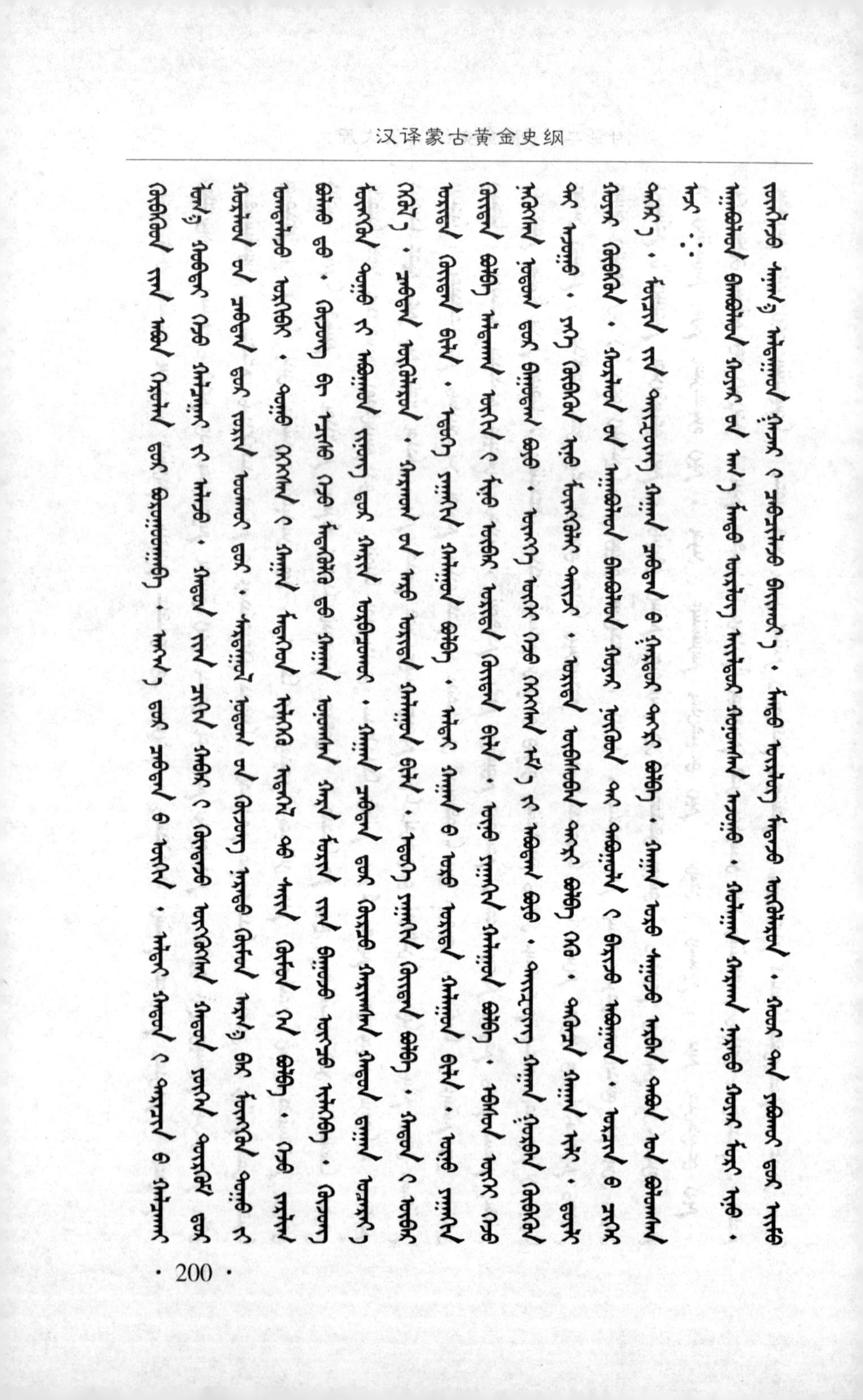

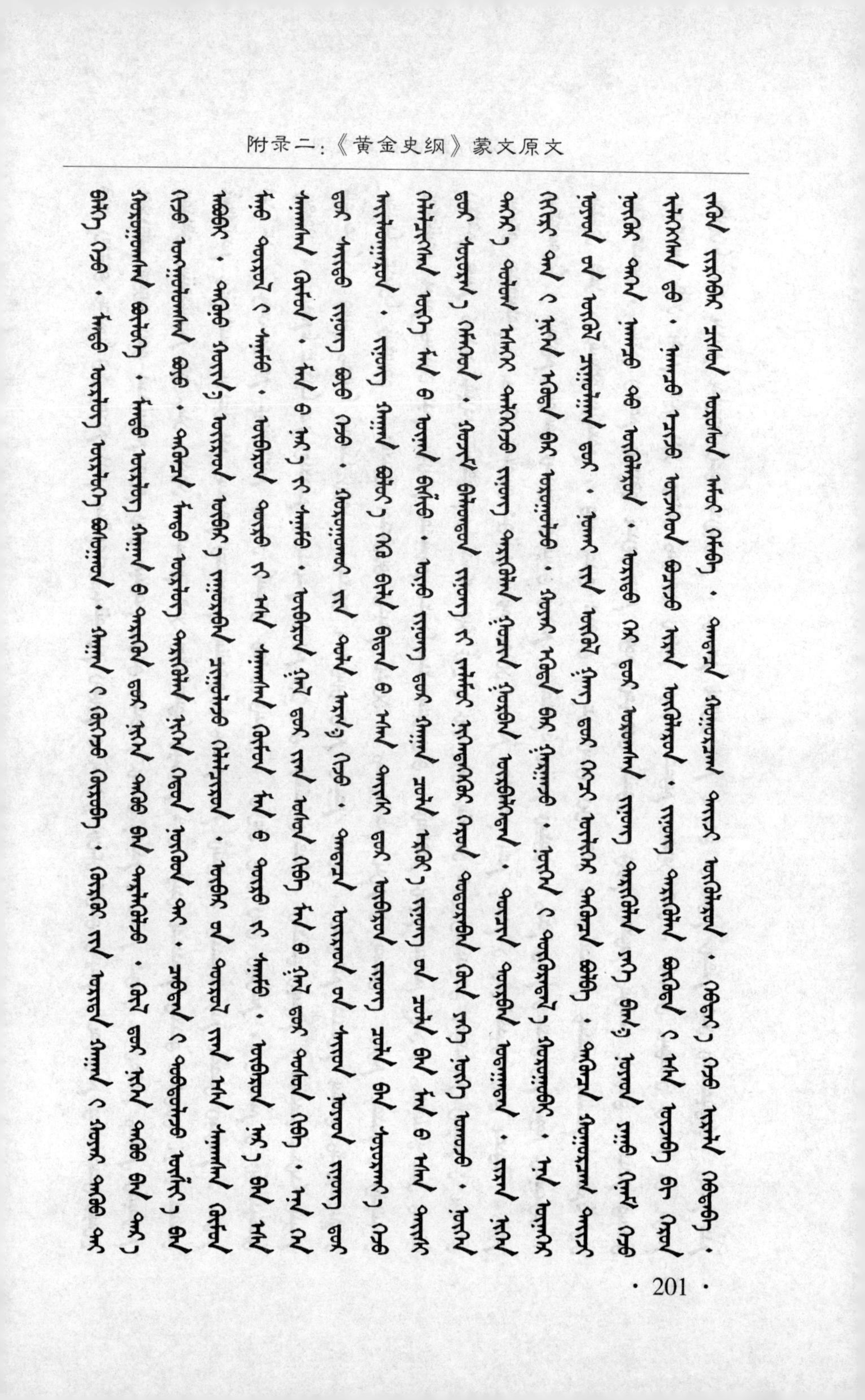

[illegible]

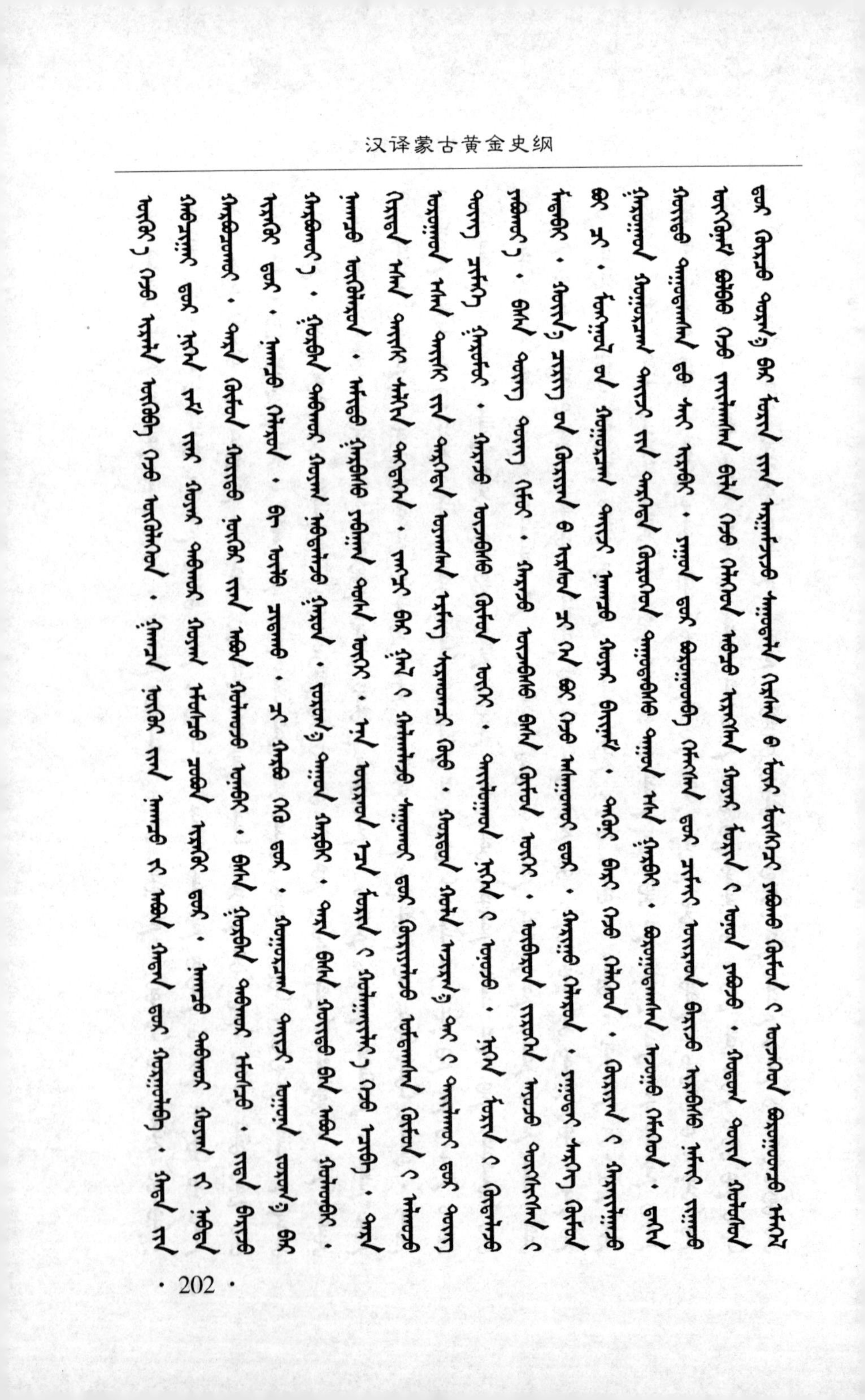

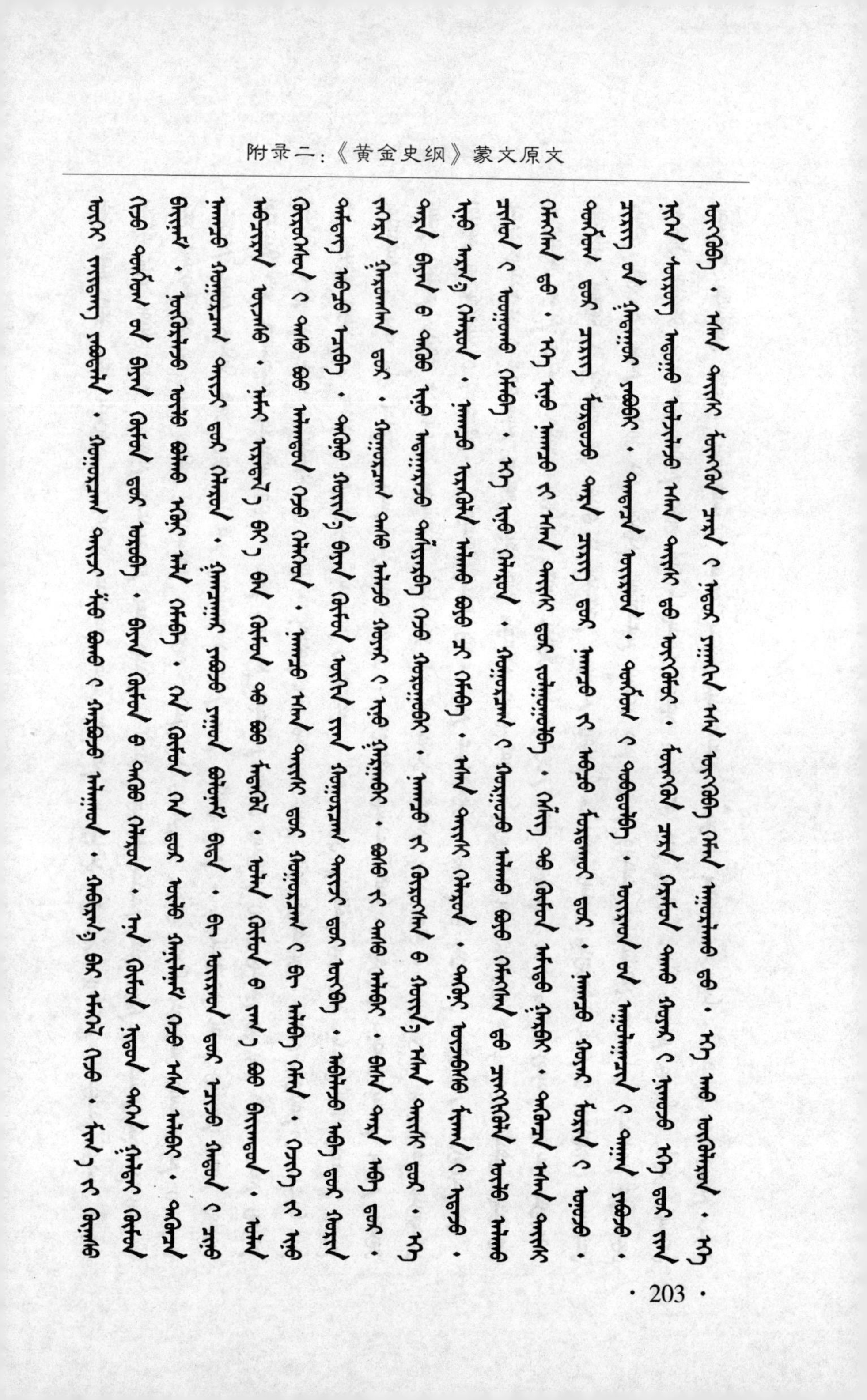

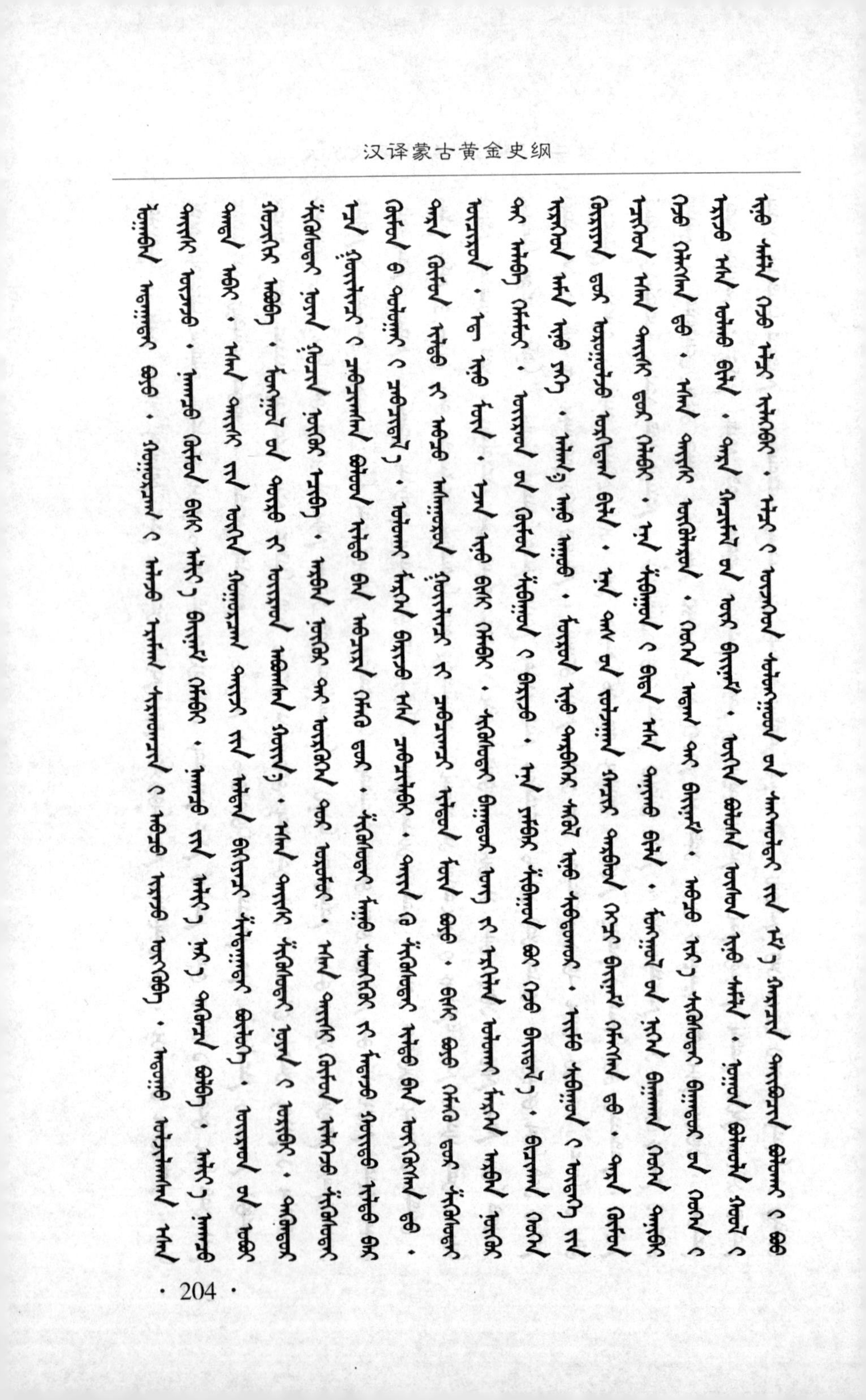

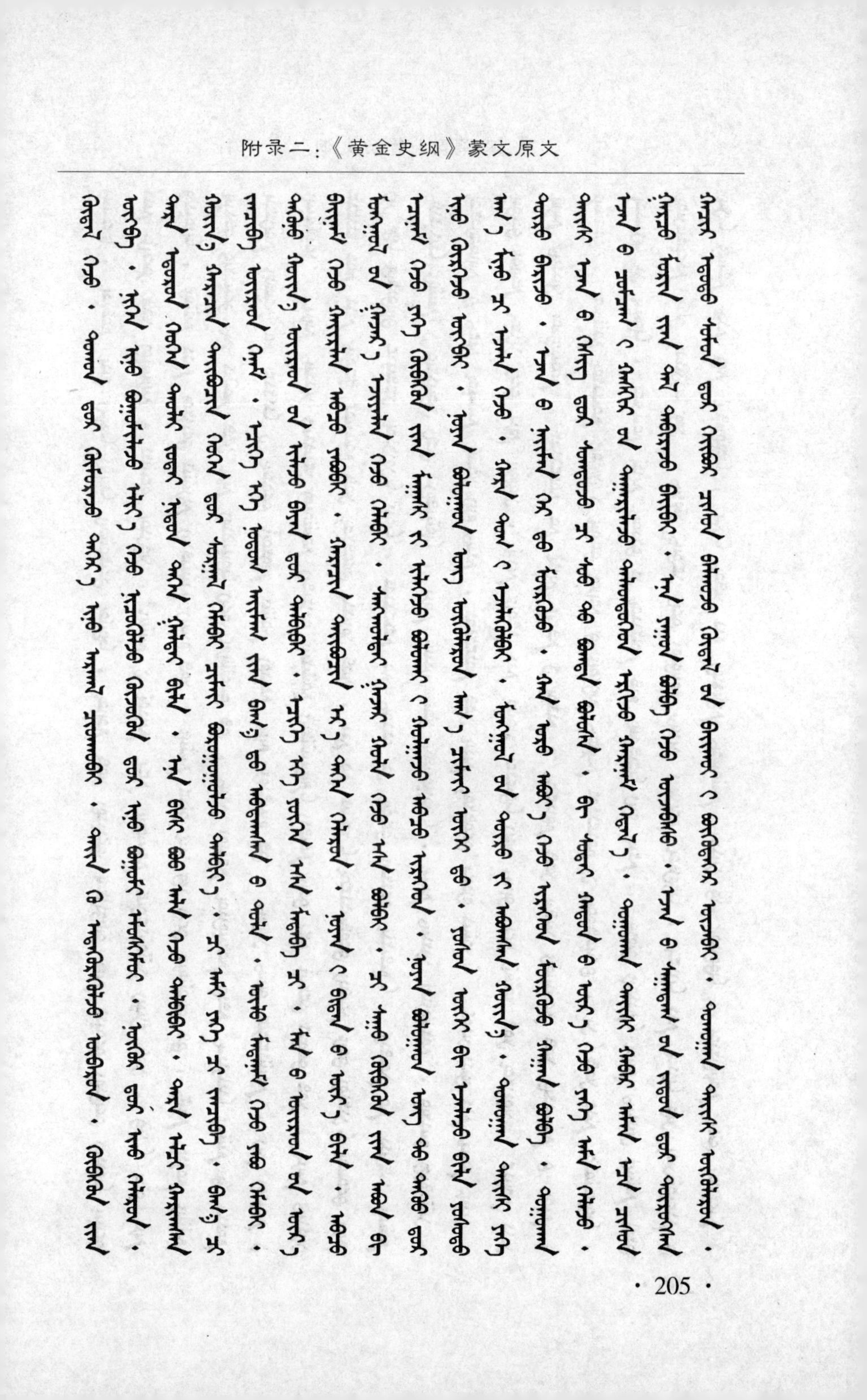

[illegible]

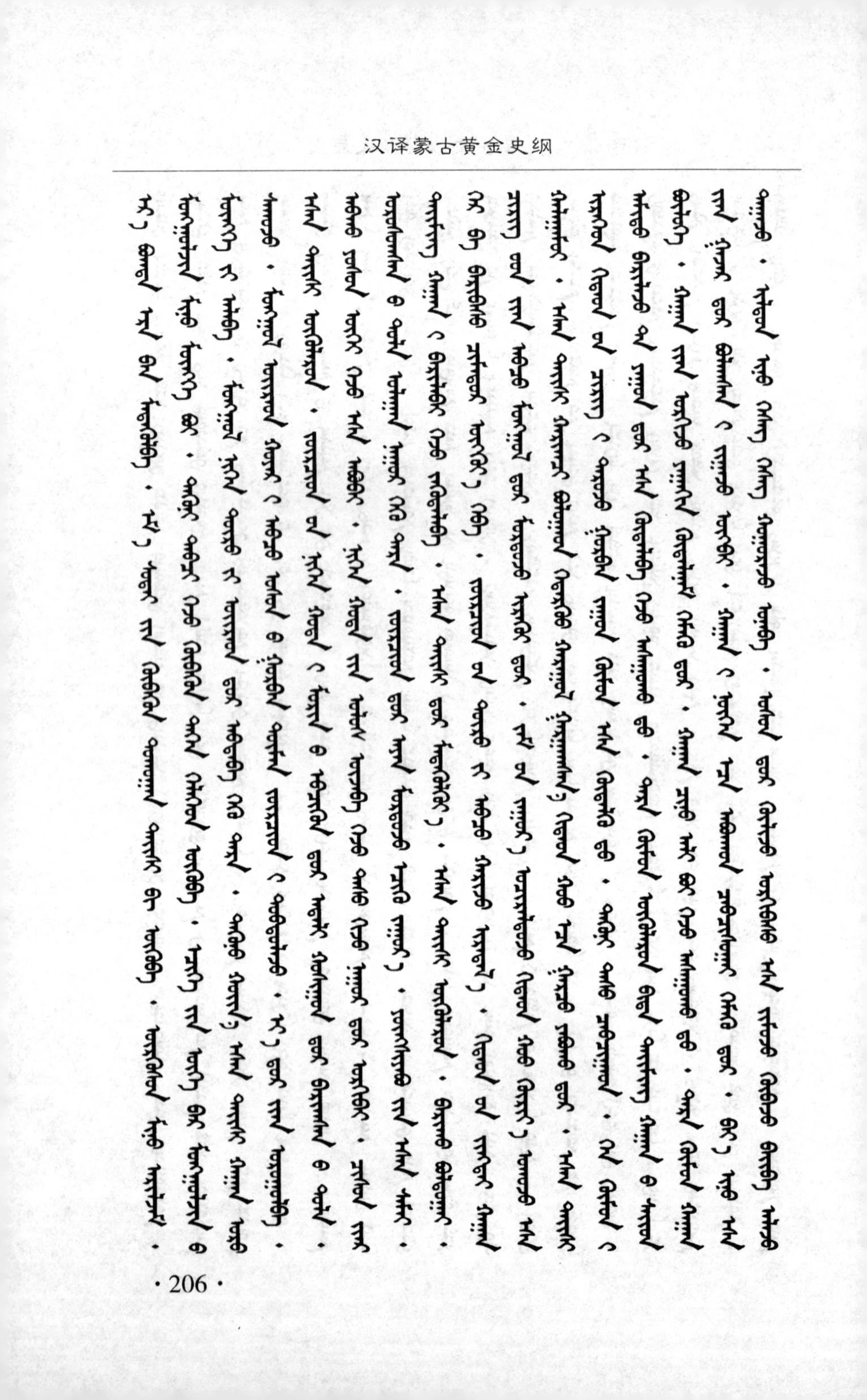

[illegible]

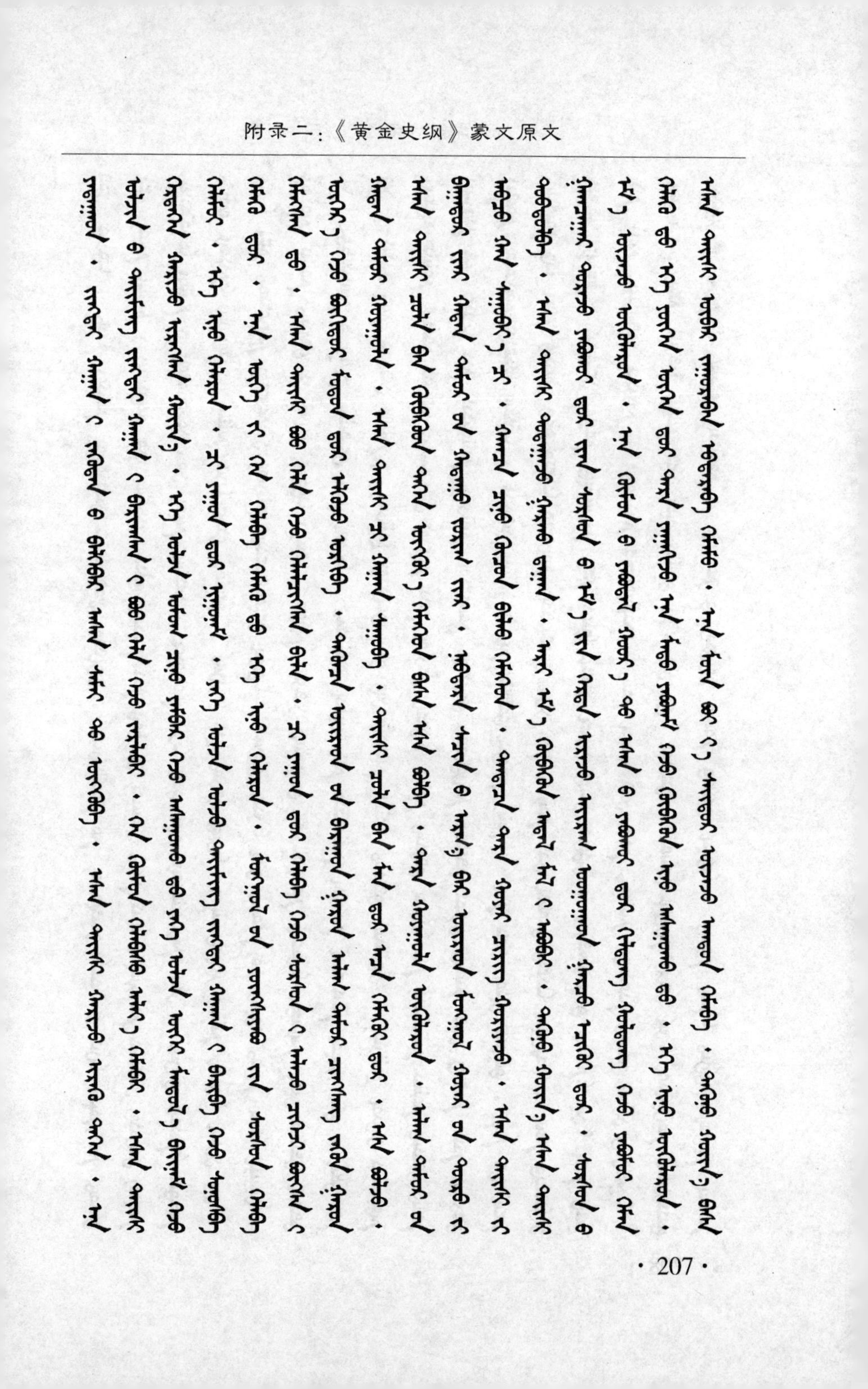

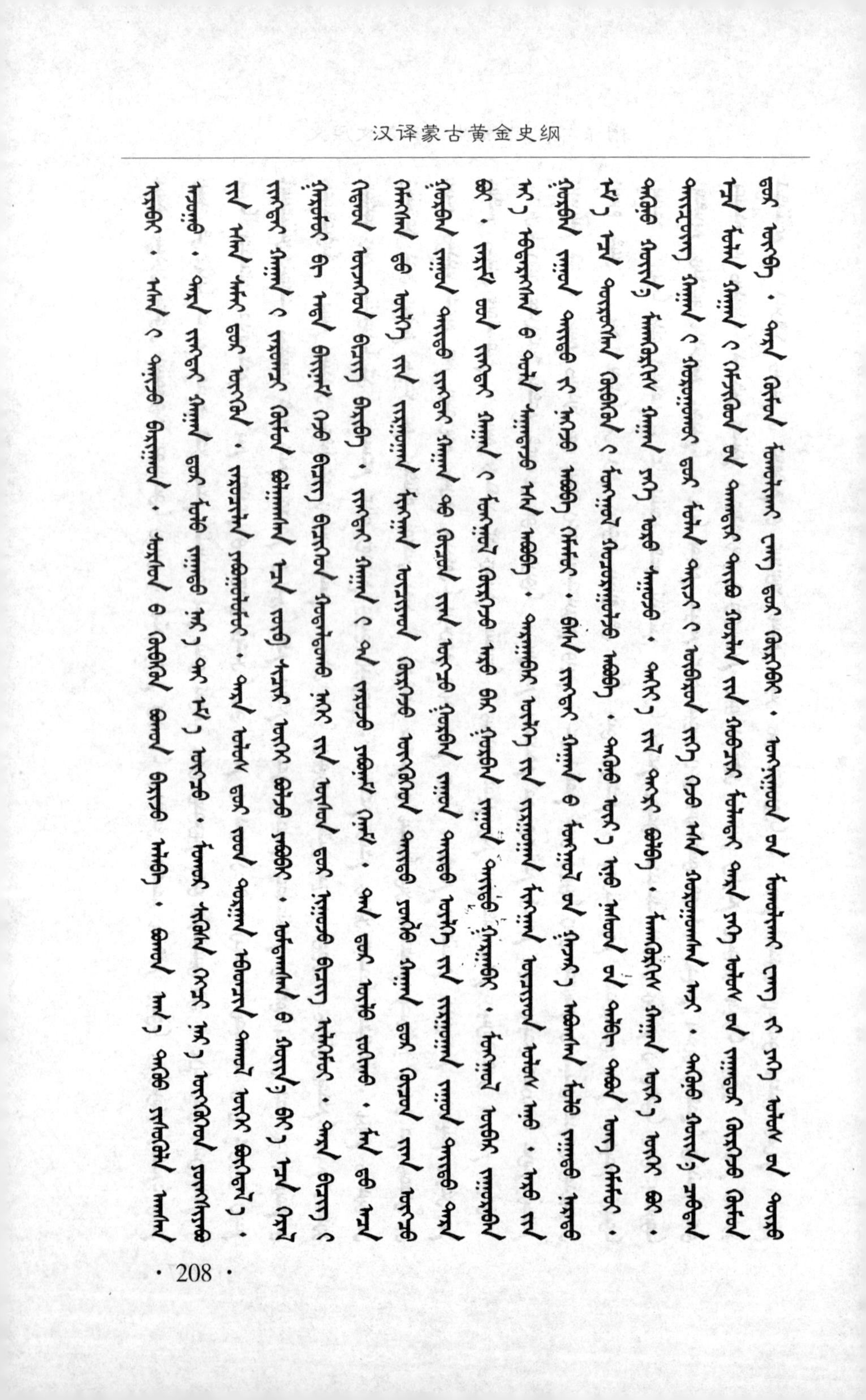

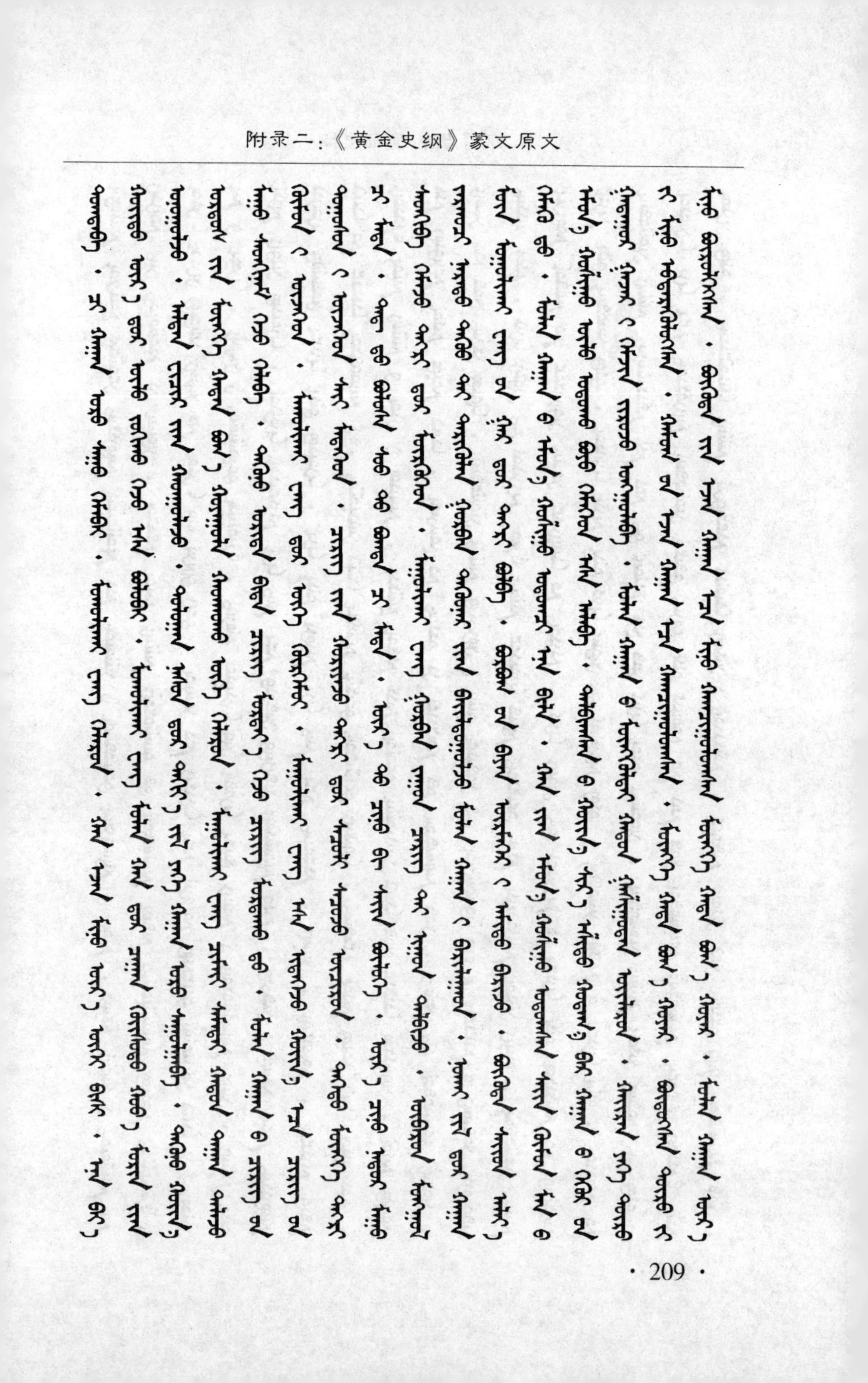

[illegible]

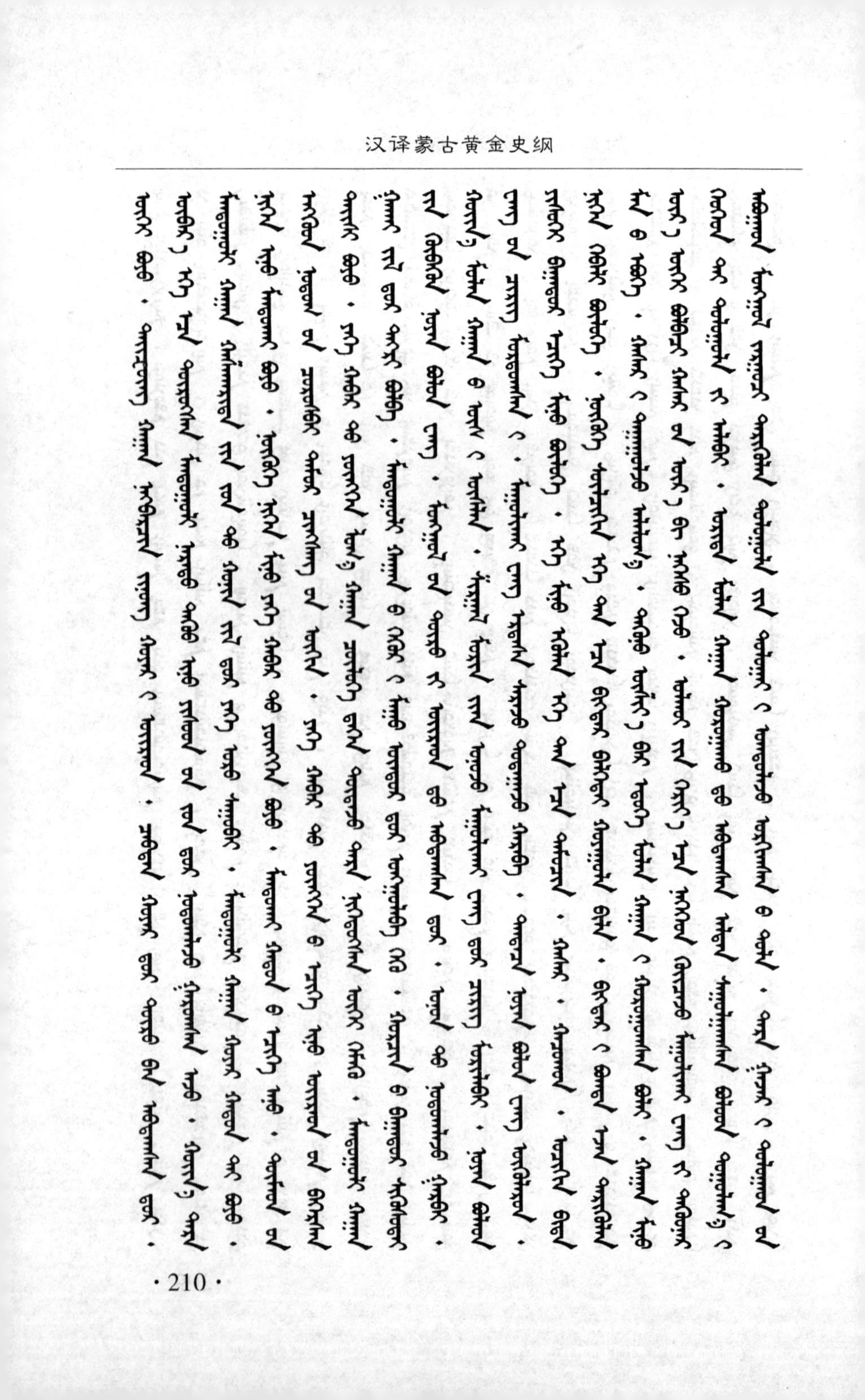

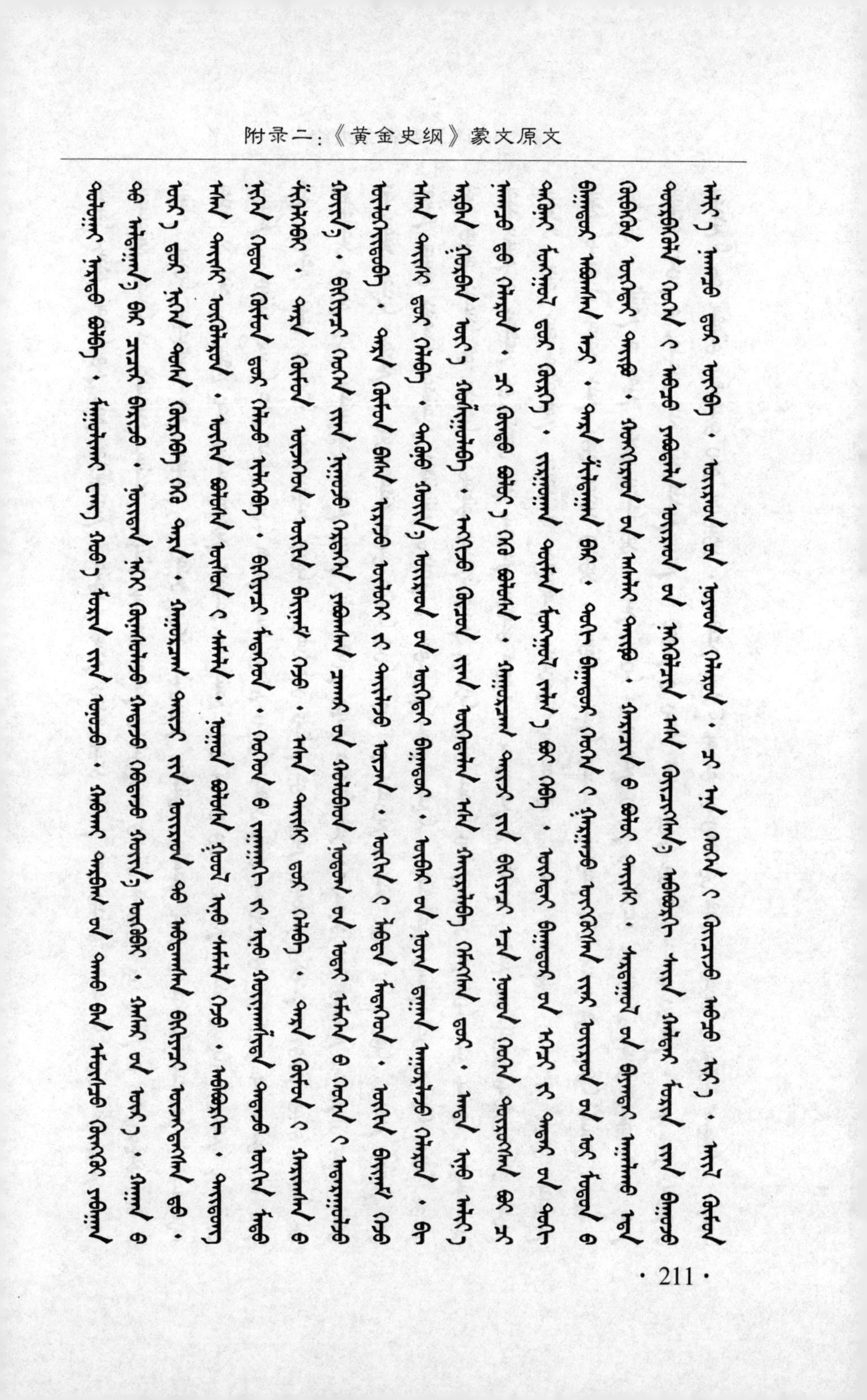

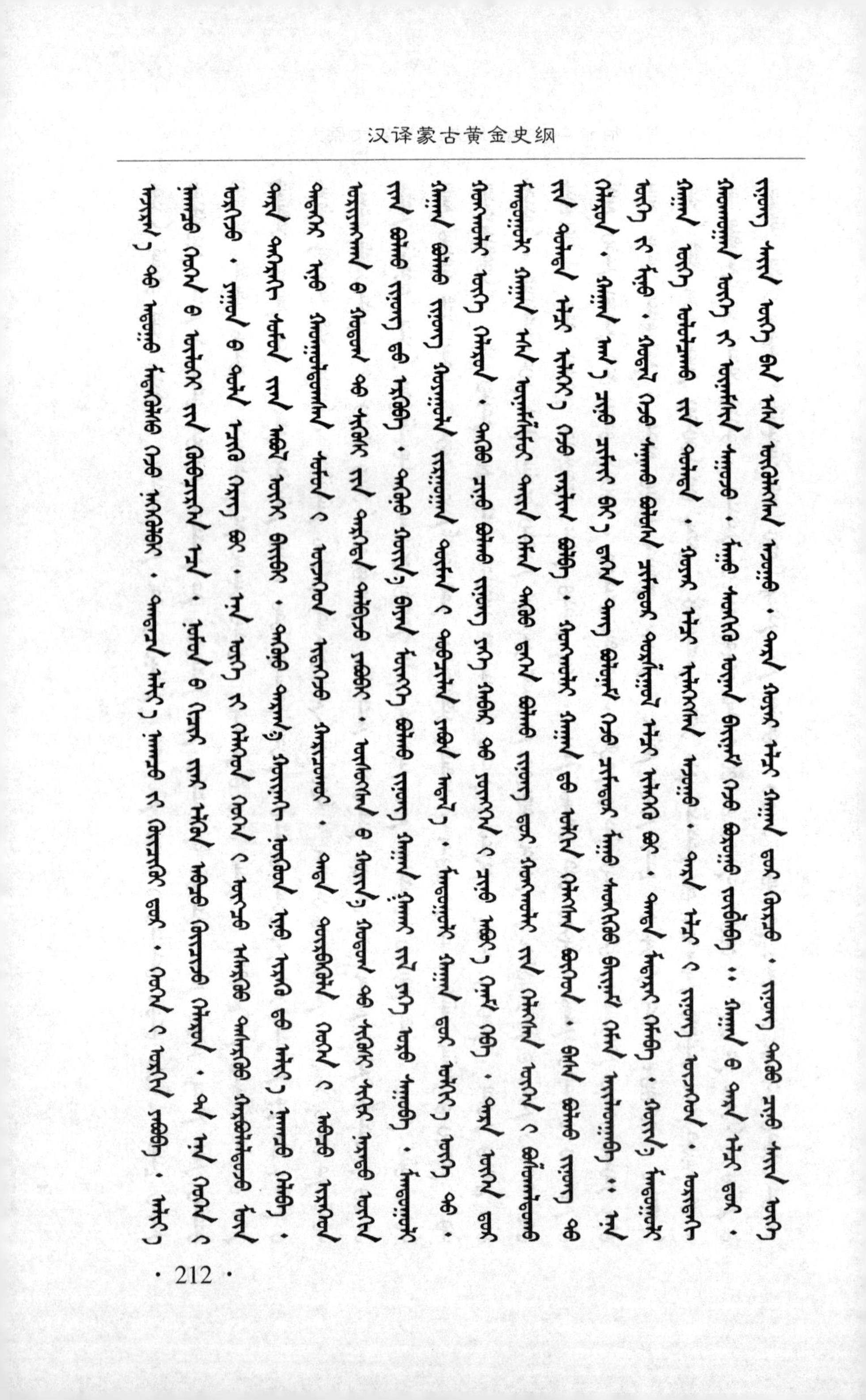

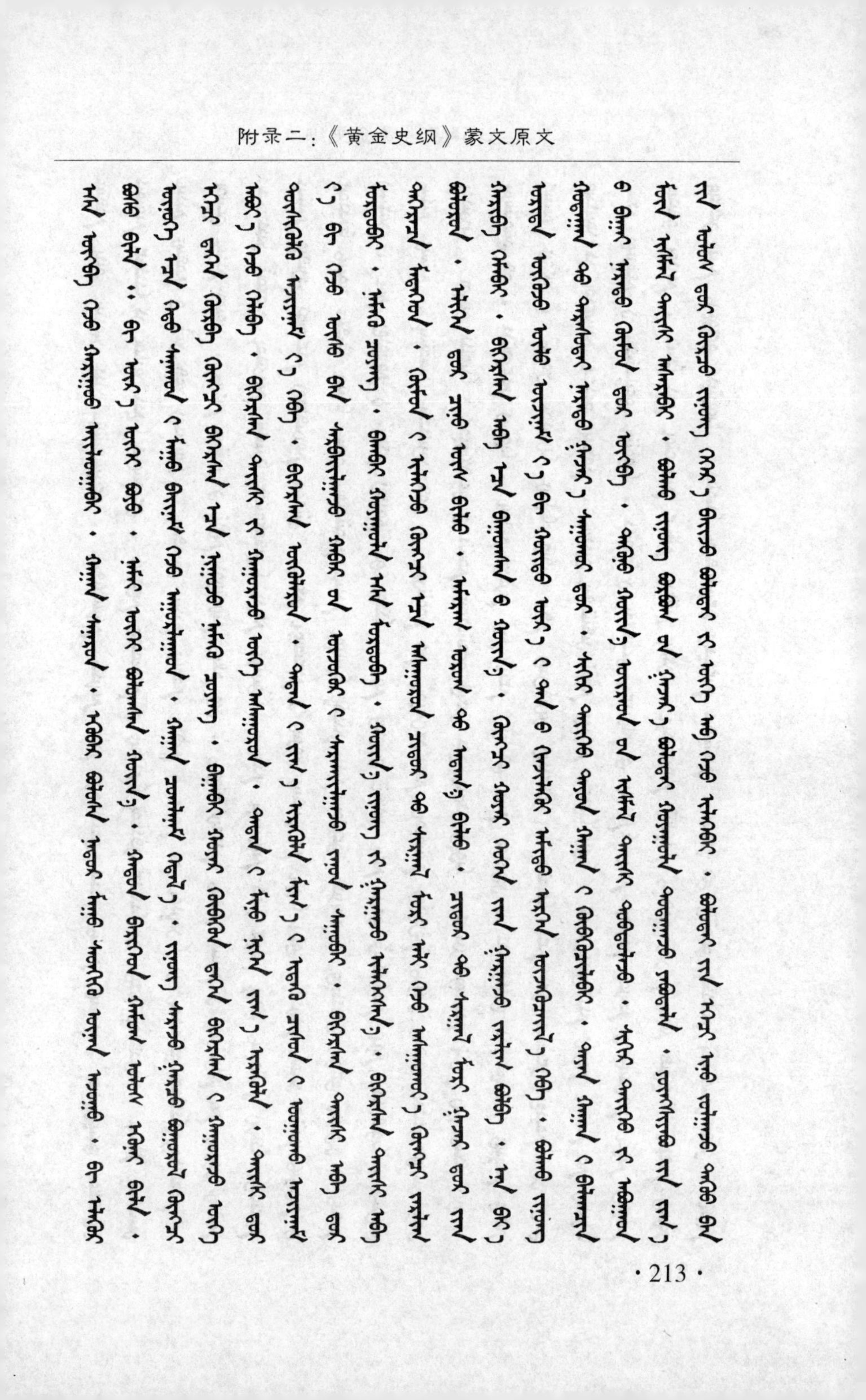

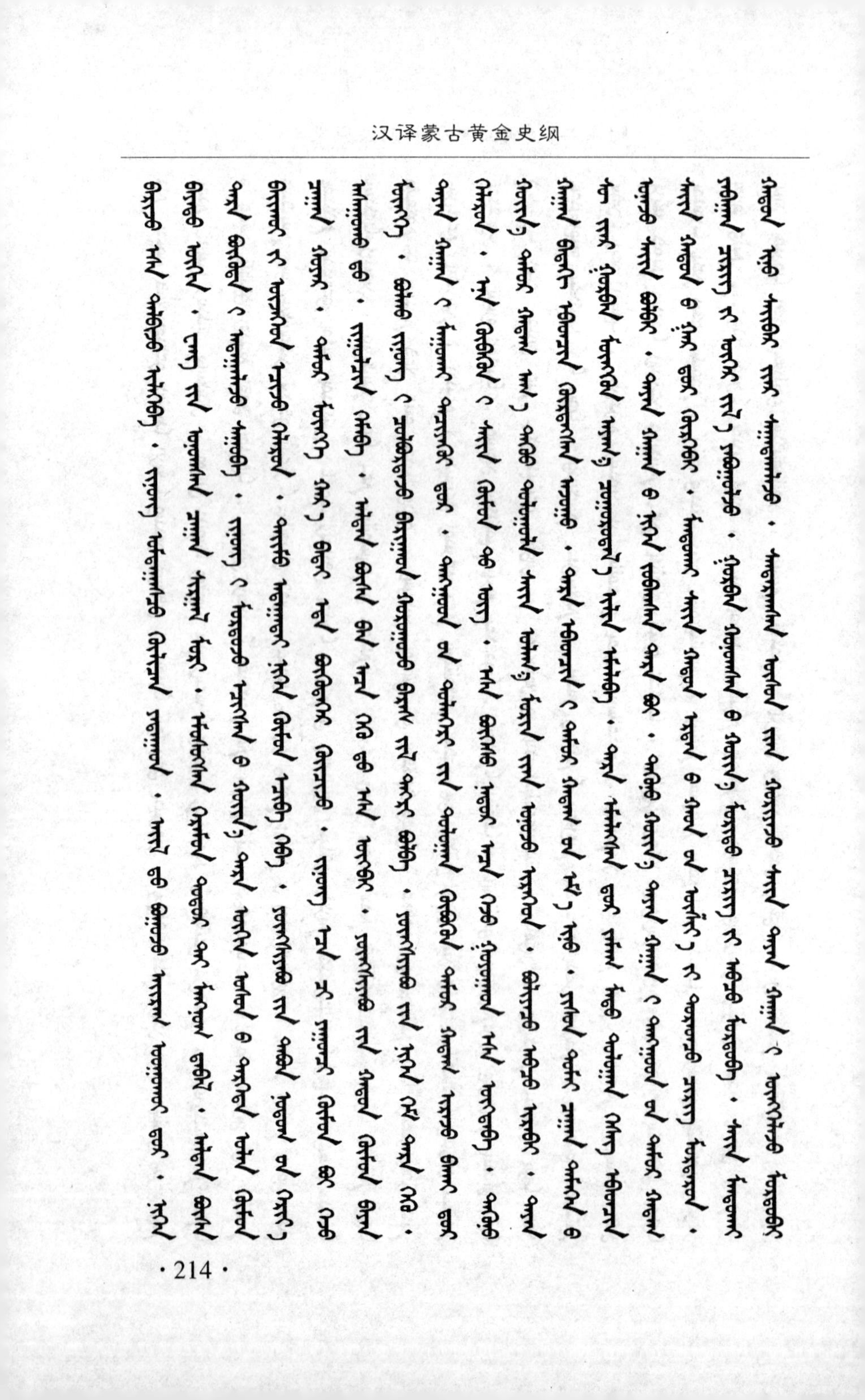

[illegible]

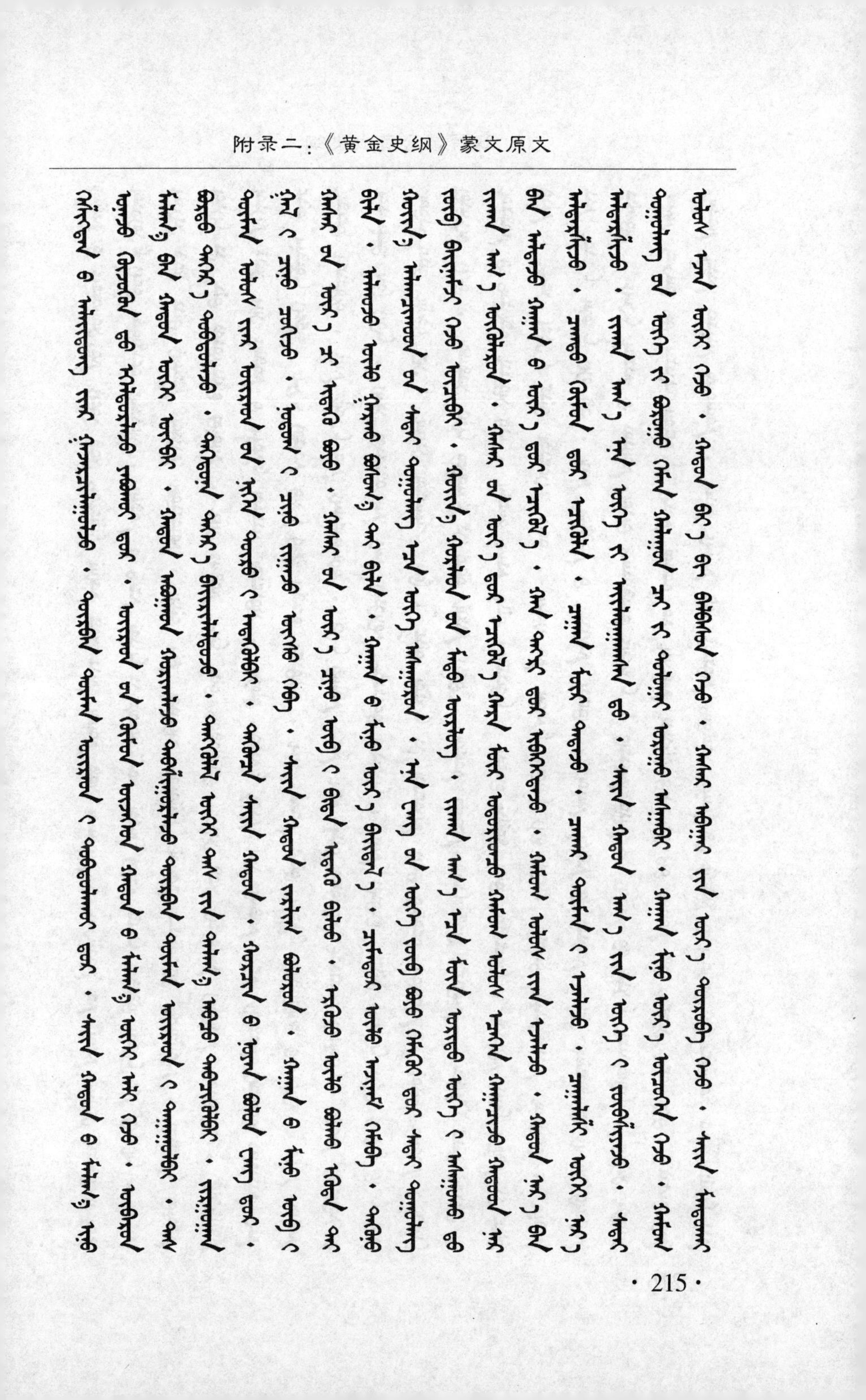

[illegible]

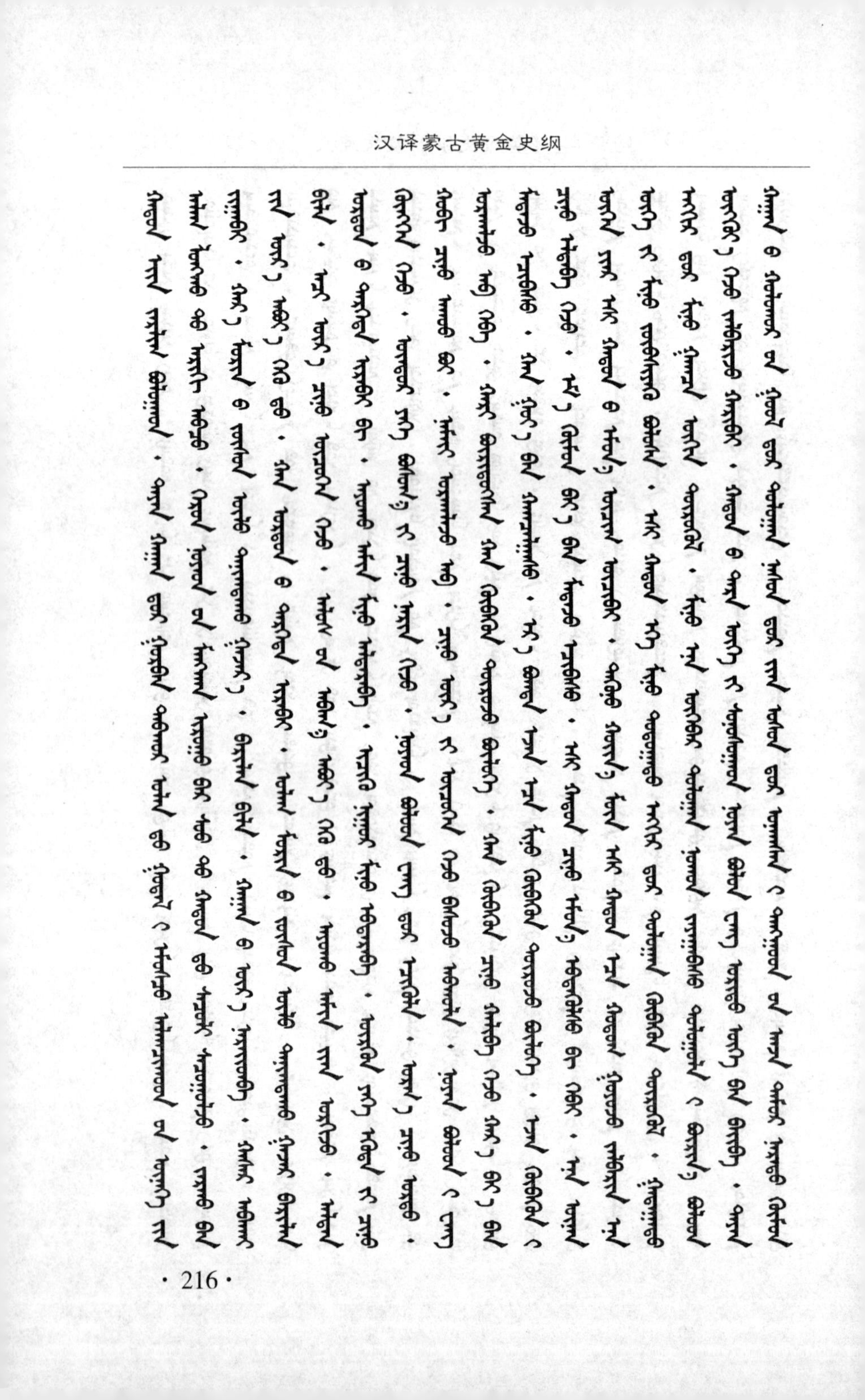

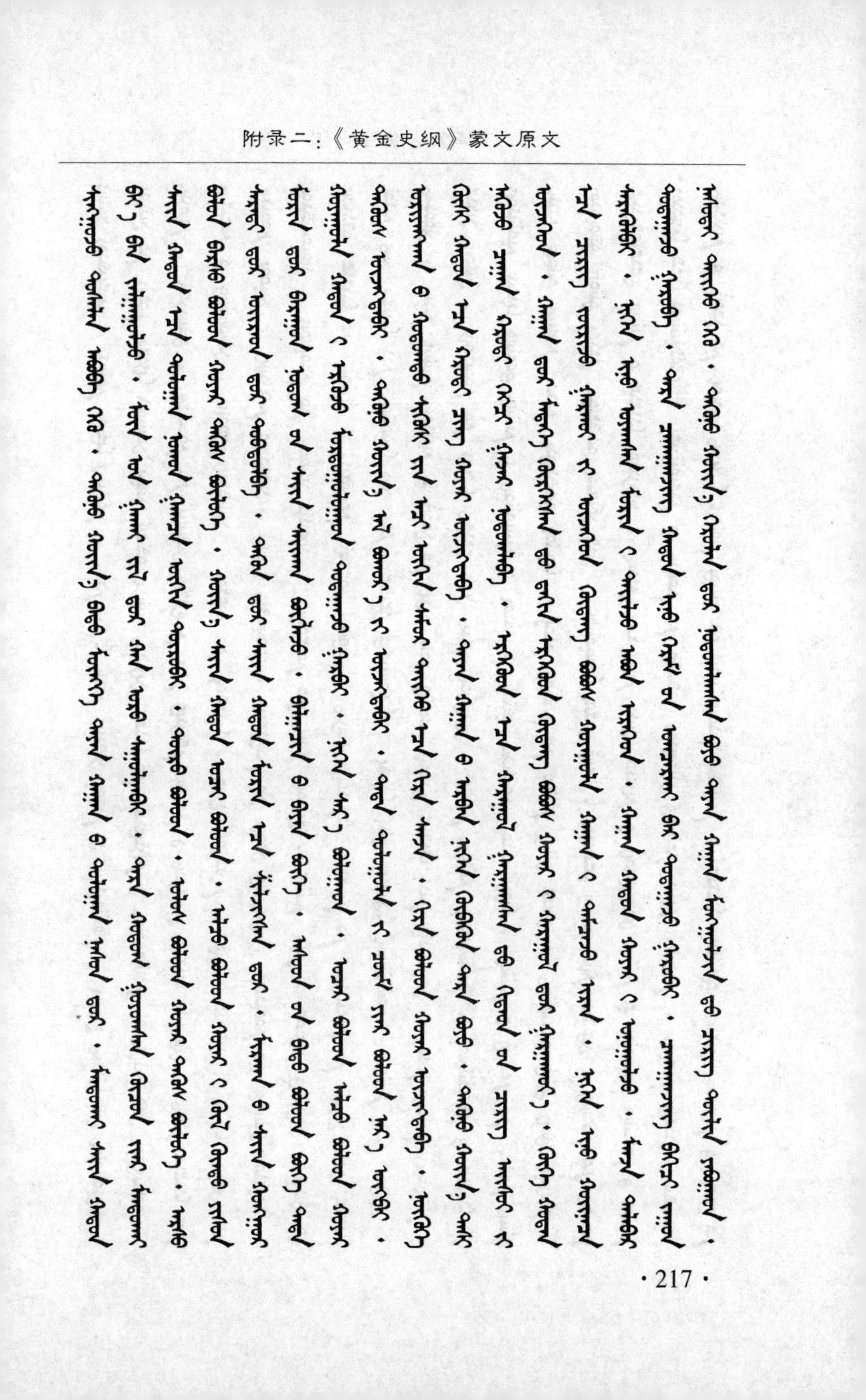

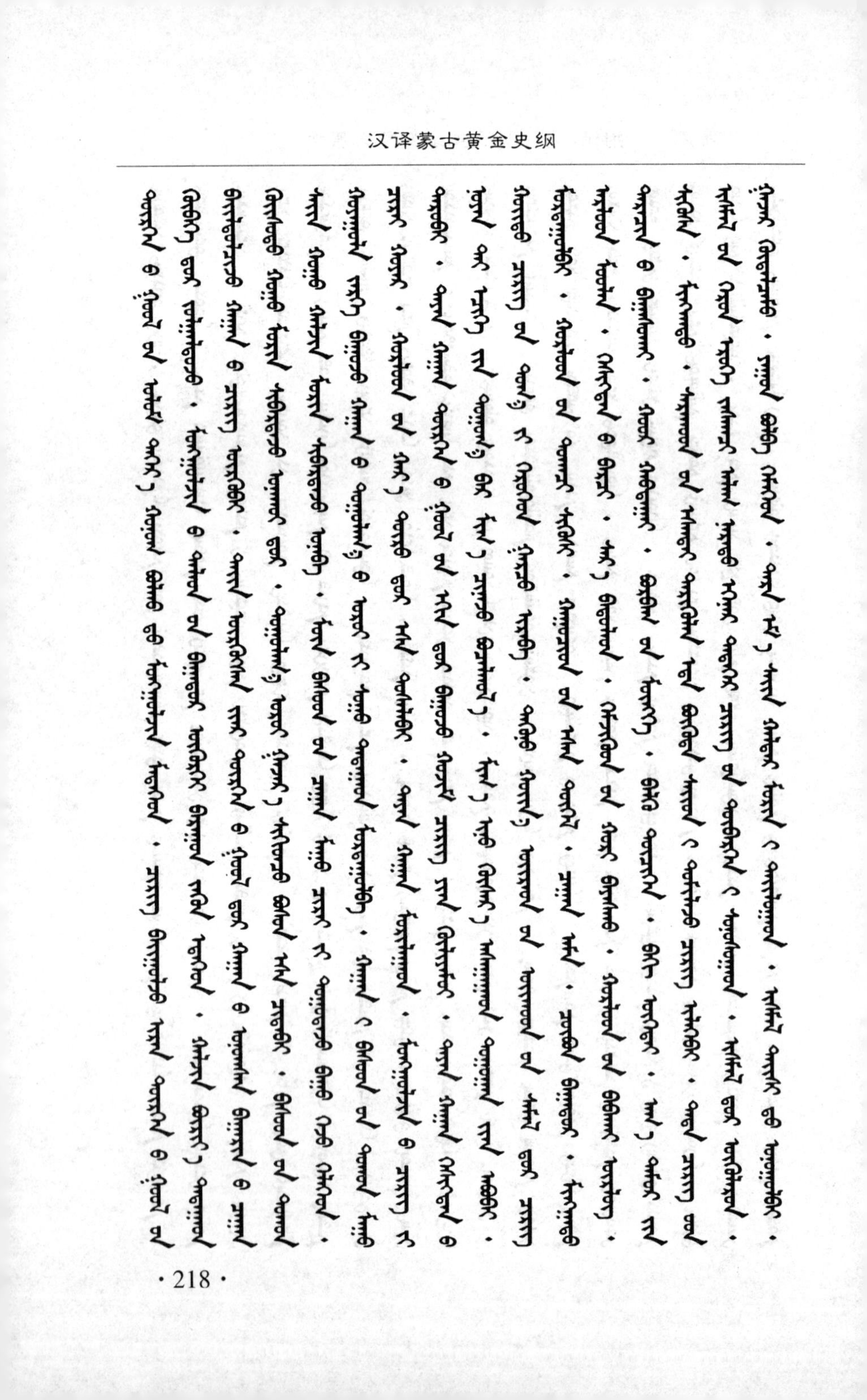

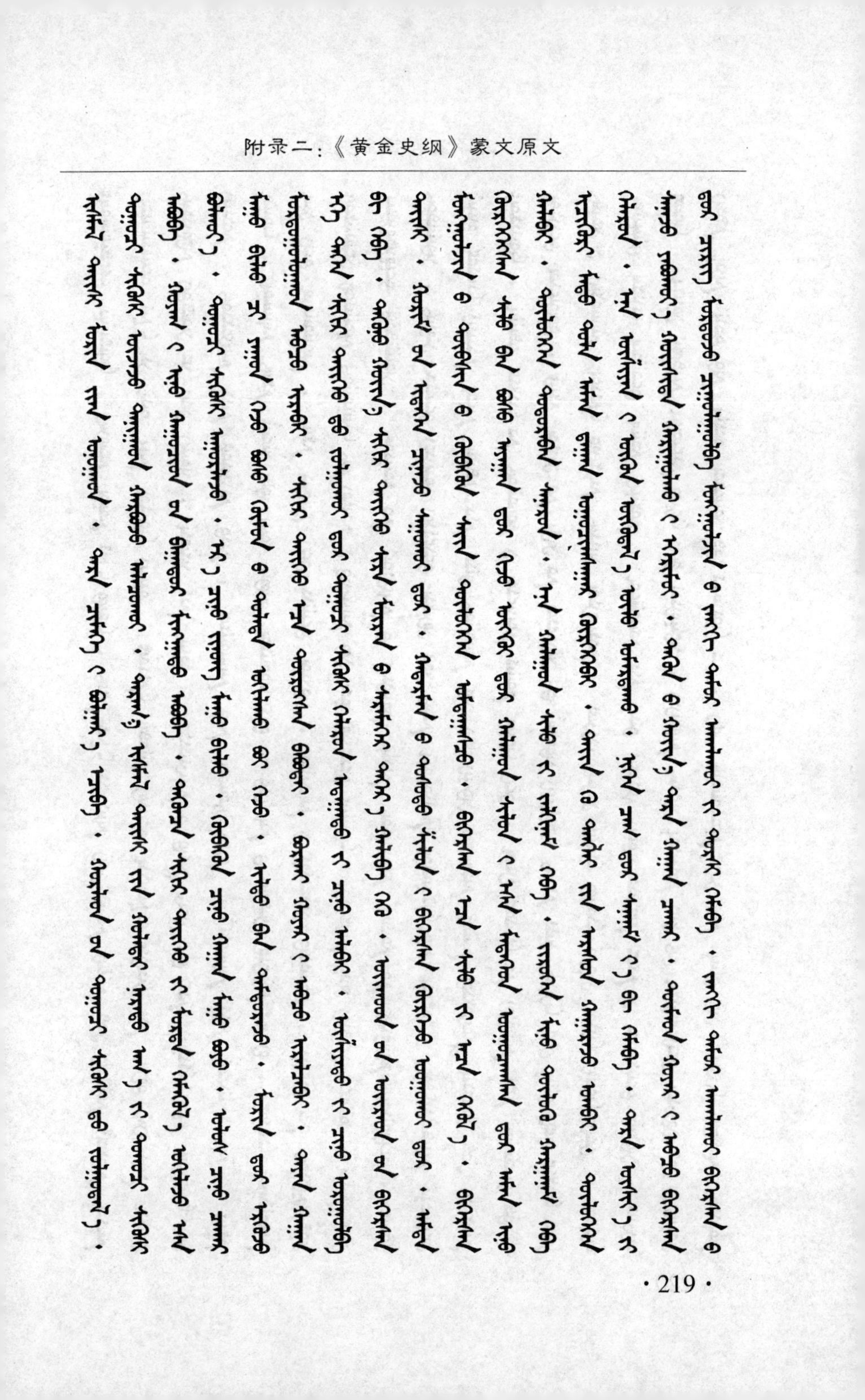

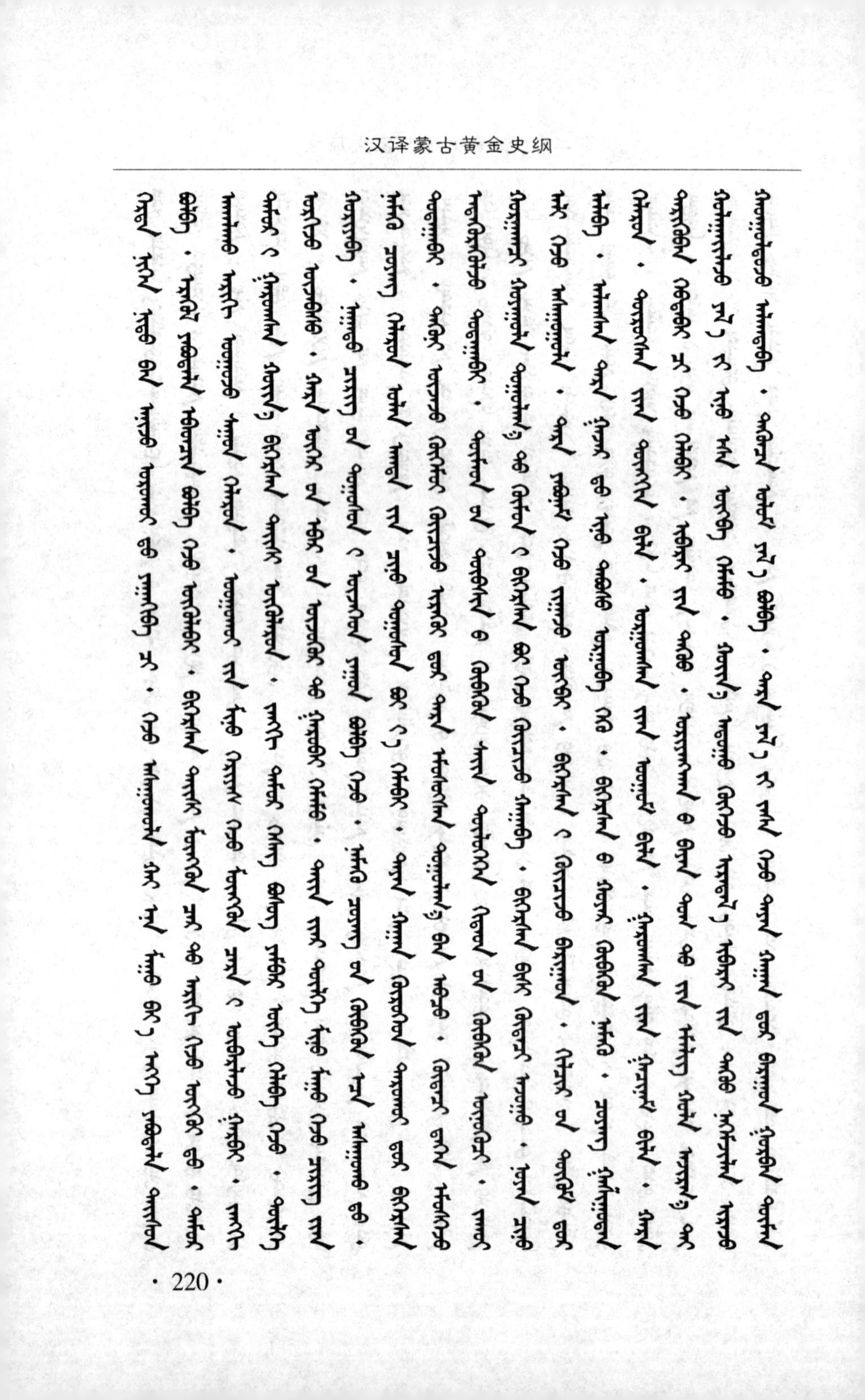

[illegible]

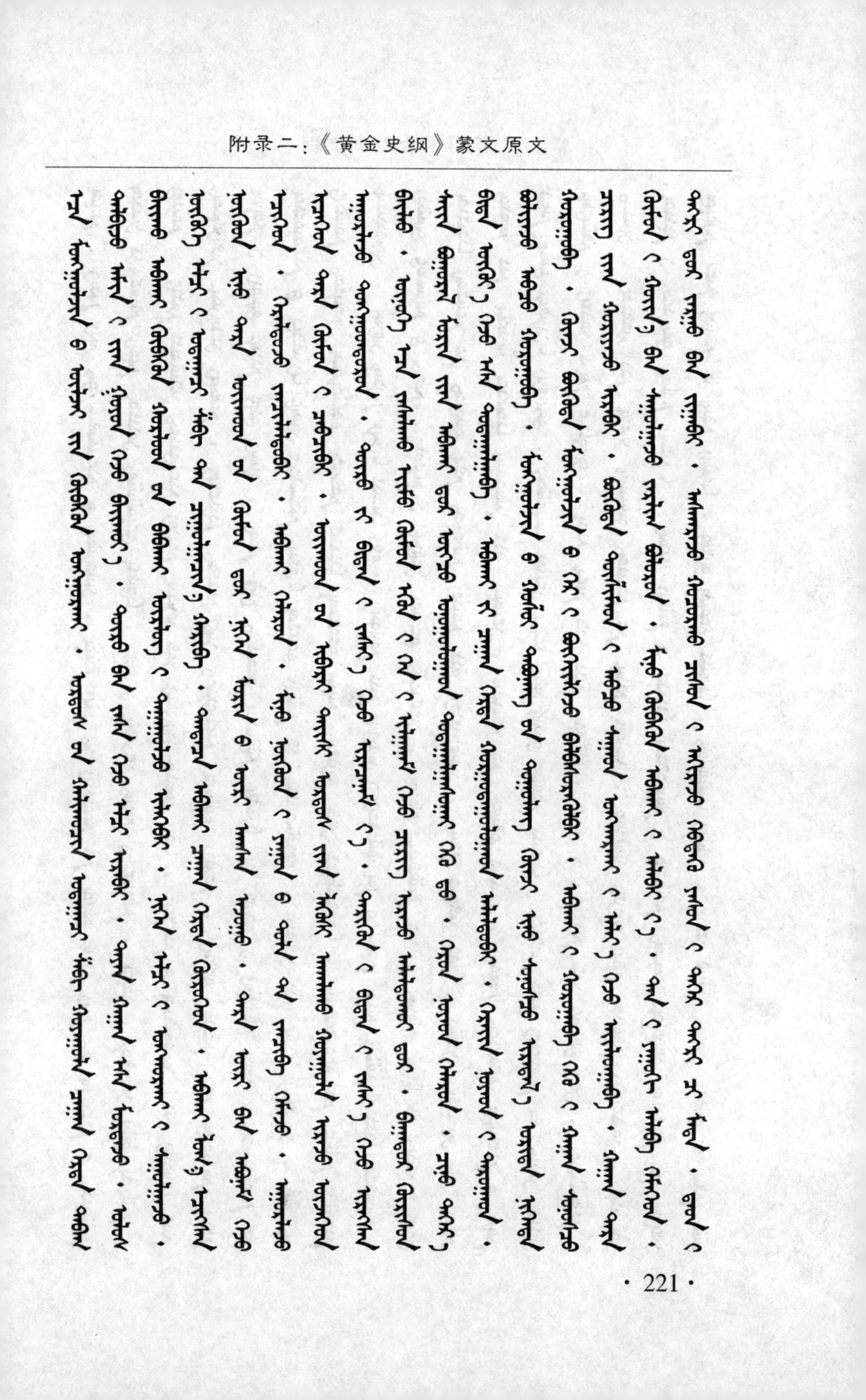

[illegible]

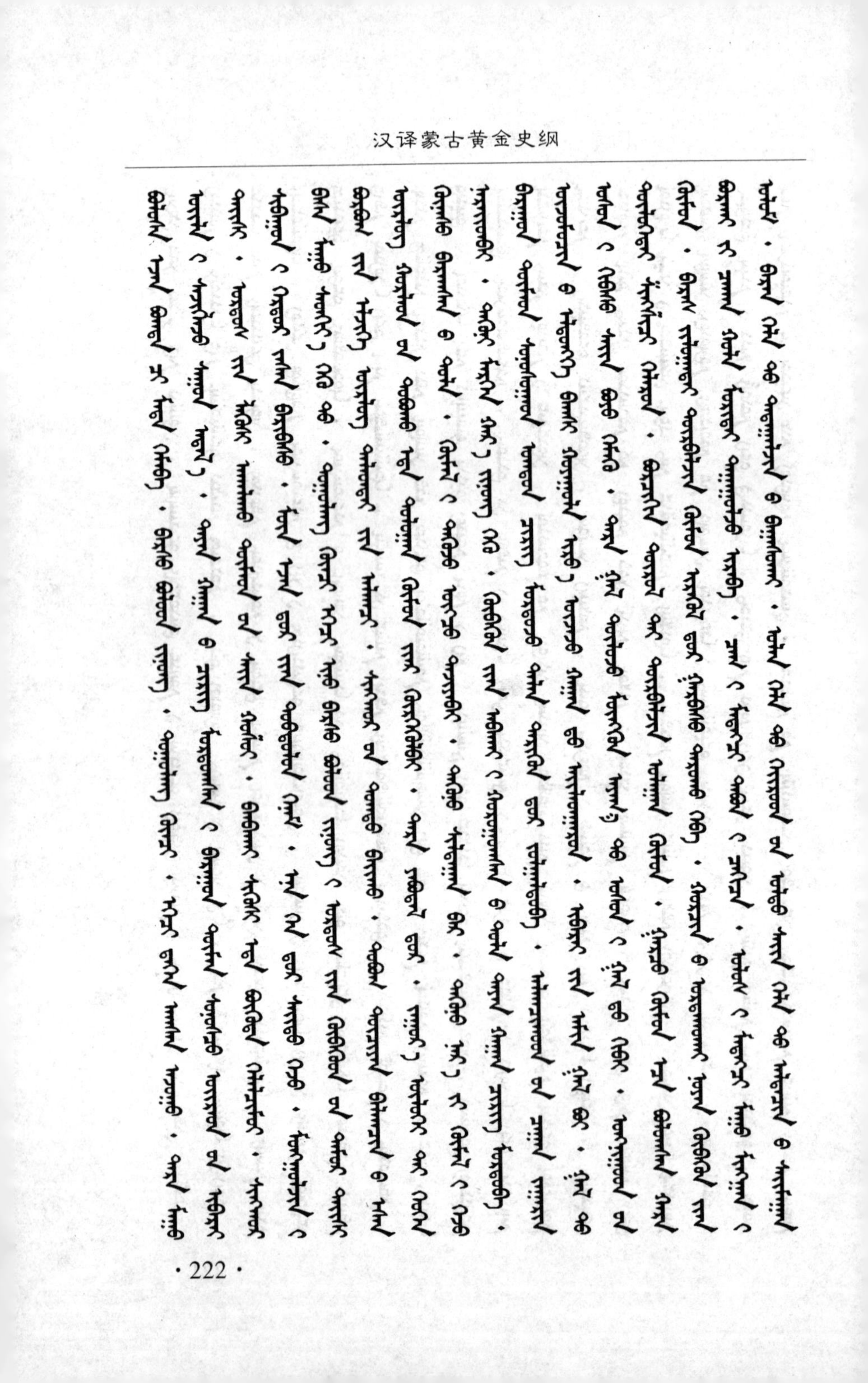

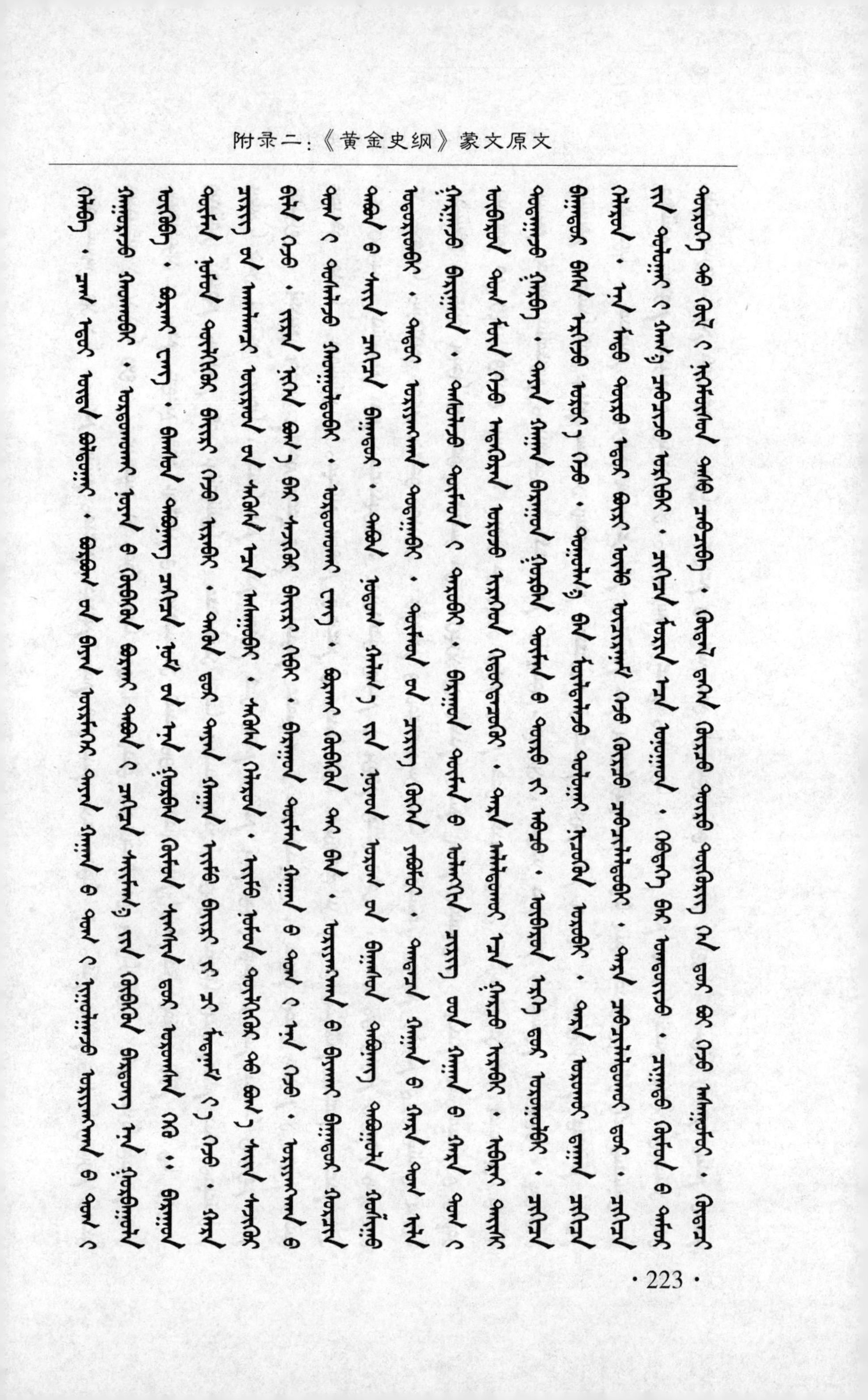

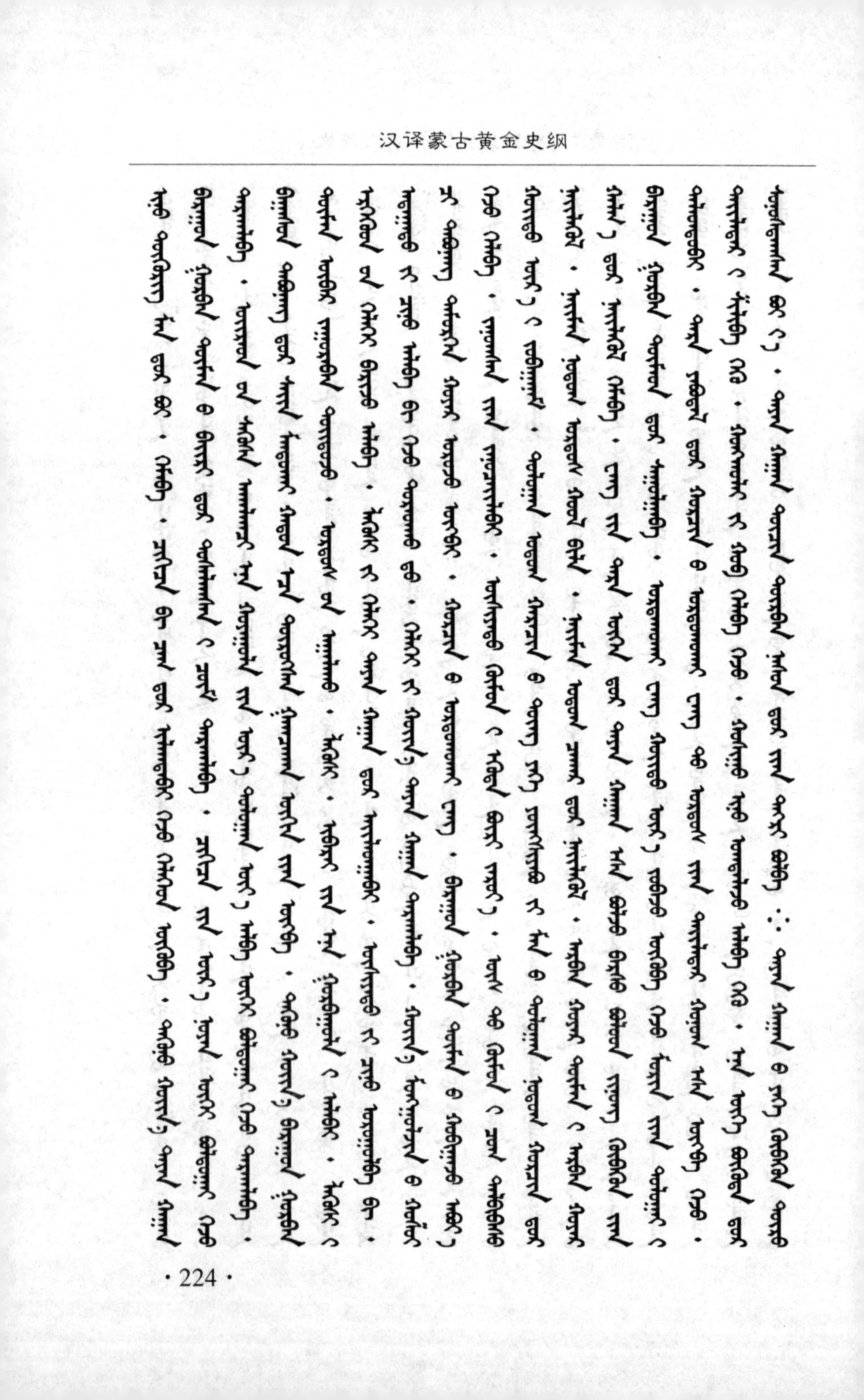

[illegible]

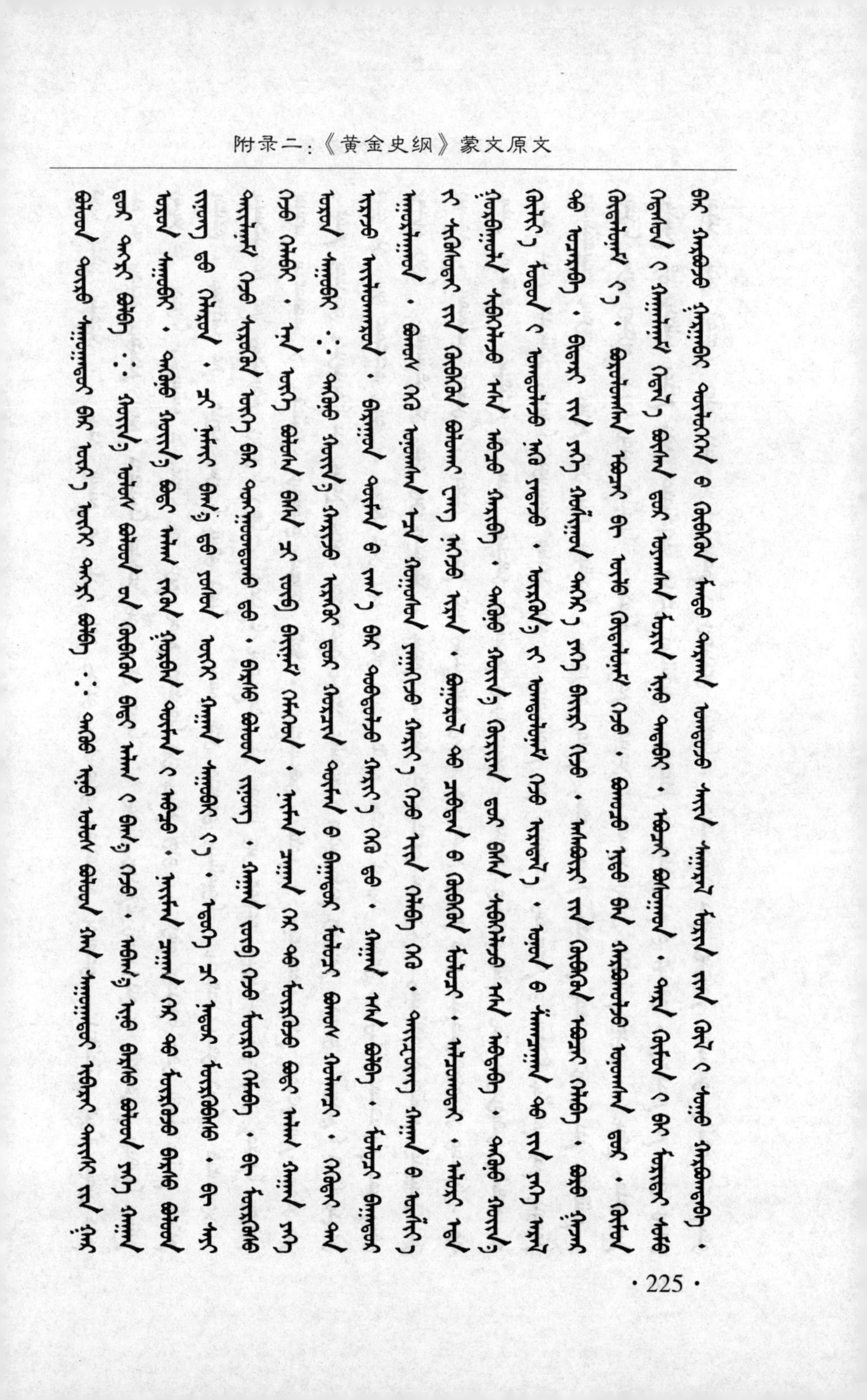

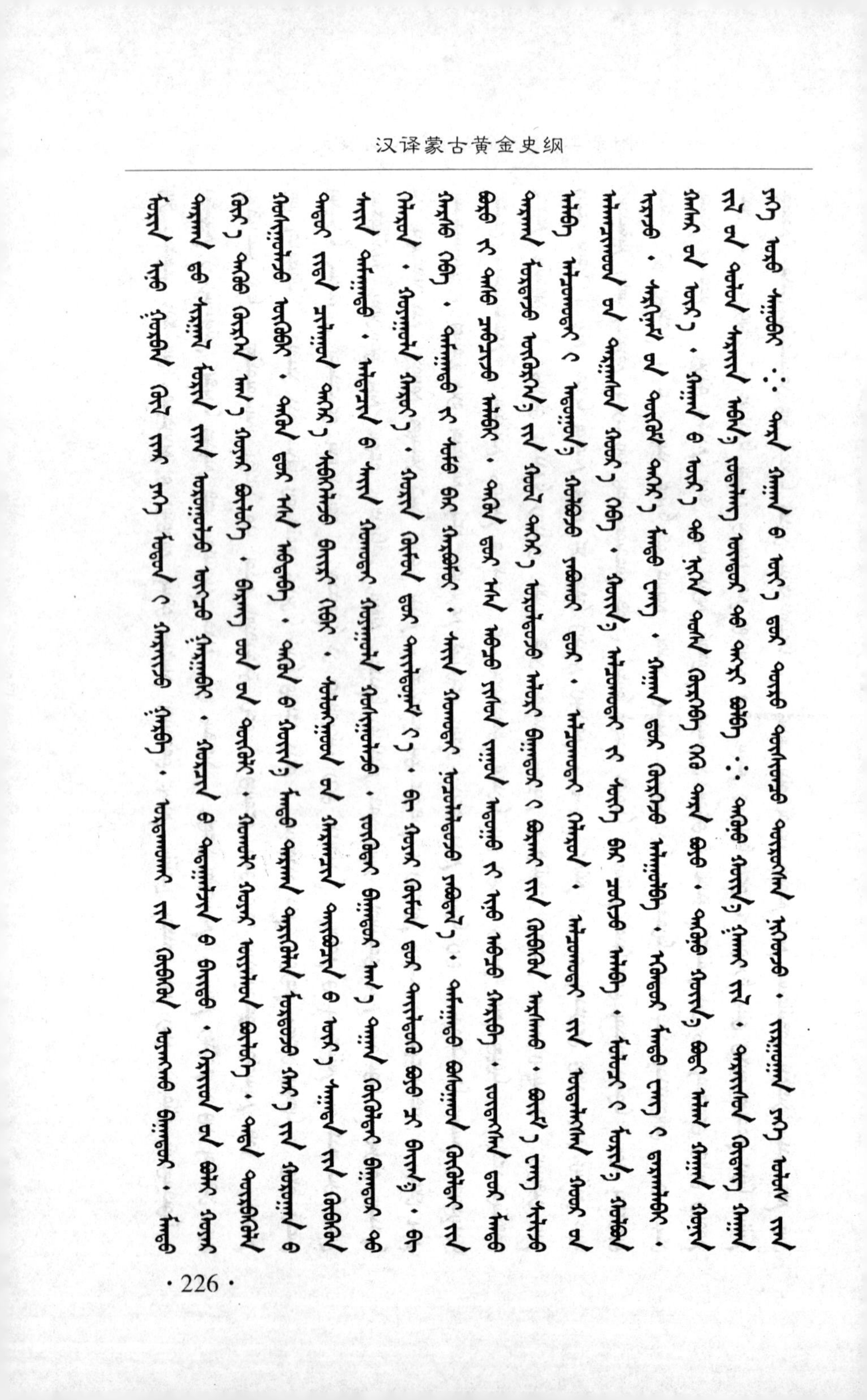

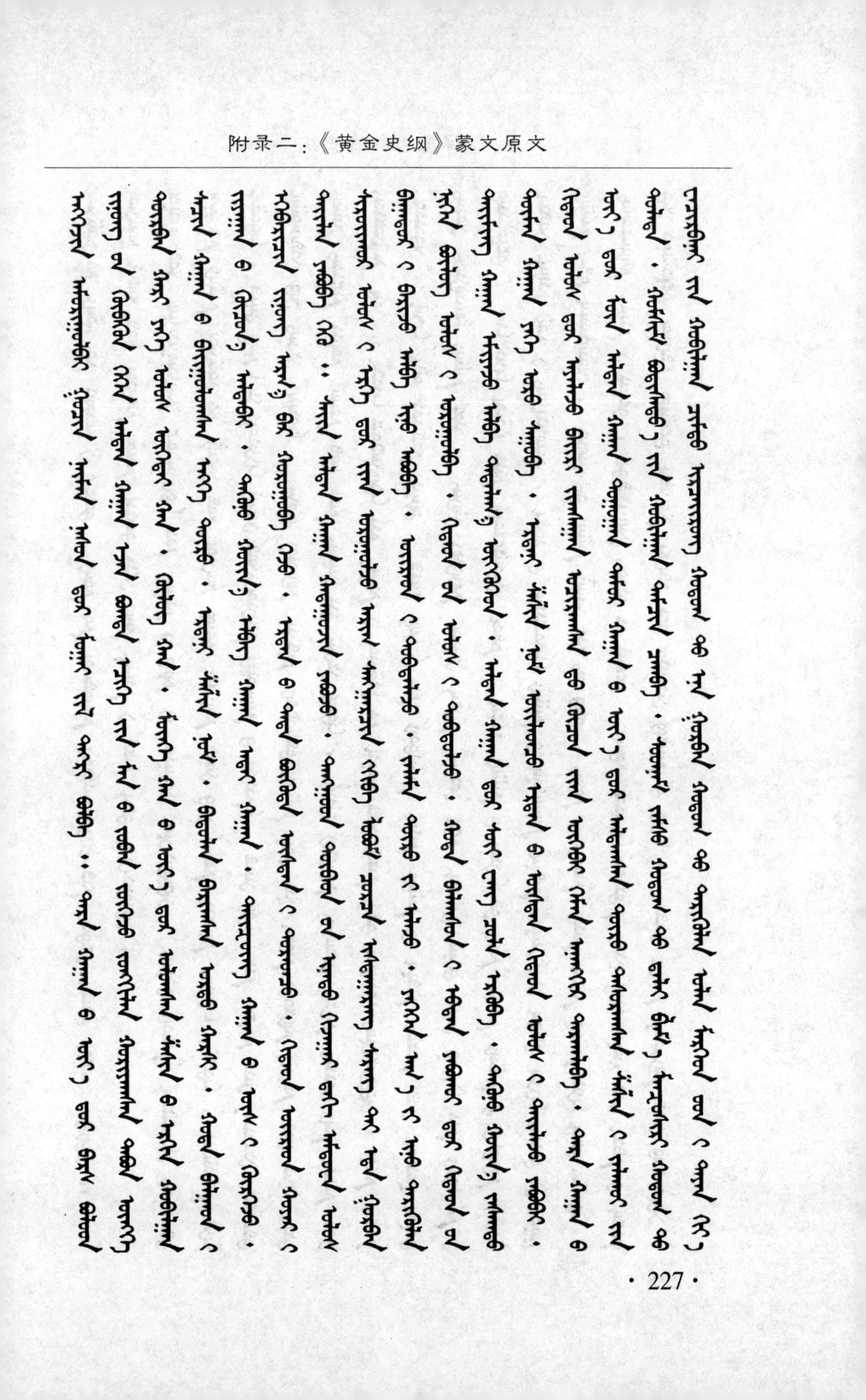

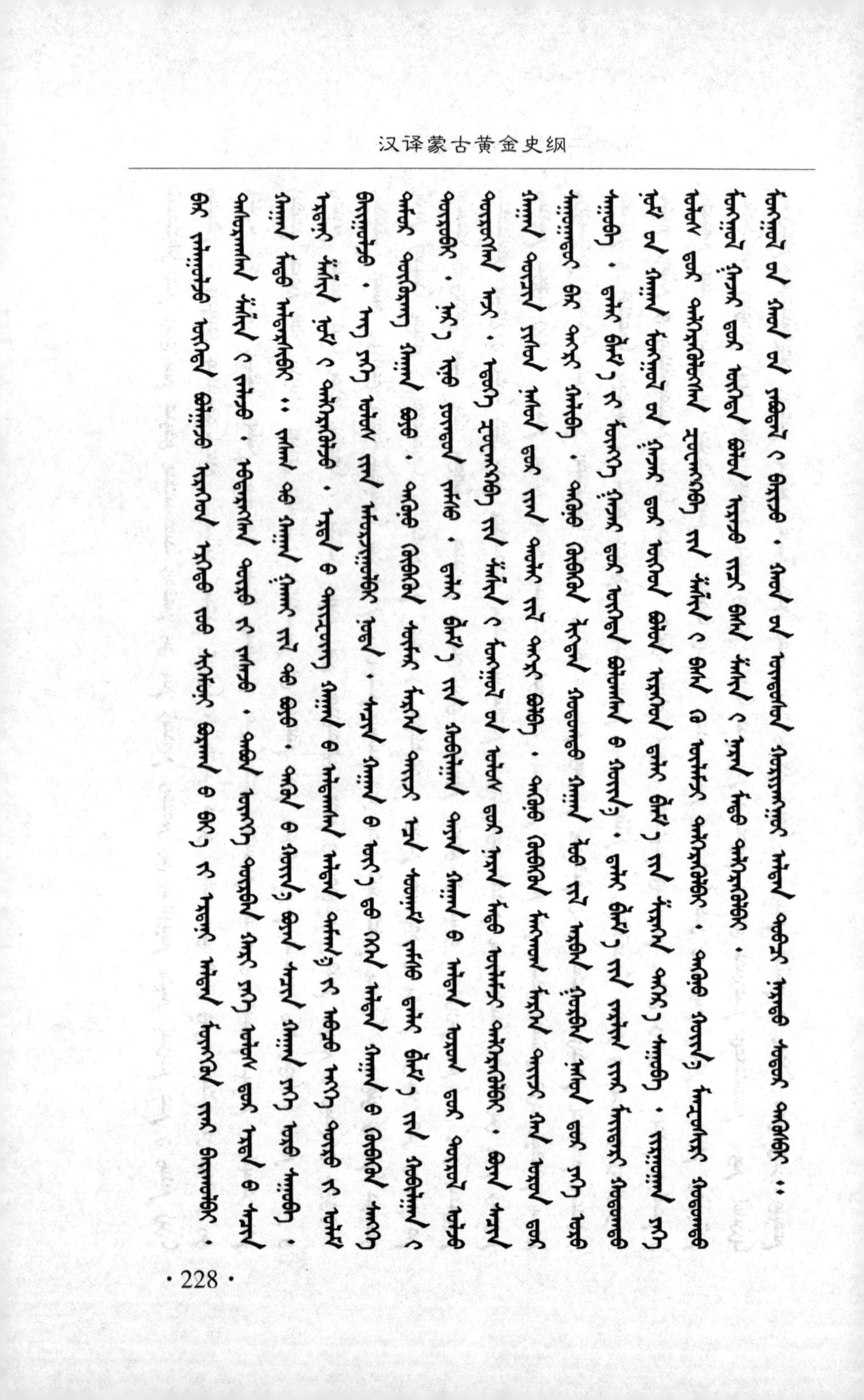

附录三：

蒙古家谱

按：《蒙古家谱》又曰《蒙古博尔济吉忒氏族谱》，清罗密编纂，博清额修订，二人并作有序文。《家谱》只就《黄金史纲》与《元史》各帝纪删繁摘要而成，无大更改。今所见抄本数种，而内蒙古图书馆庋藏者最详尽，盖即博氏之重纂清抄本，故正文两卷及类次《元朝秘史》、《辍耕录》、《元史》而排比为各世系图与蒙古子姓分派图之外，举凡博氏之上世碑文、诰词，谱牒等无不一一抄录在册。罗密字慎夫，喀喇沁部人，达延可汗第三子巴尔斯博罗特八世孙，父曰达赉，官二等侍卫。博清额官二等侍卫，广州都统、散秩大臣，封成侯，明安三世孙。而明安又达延汗第九子格勒博罗特之重孙，本乌鲁特部长，入清，隶满洲正黄旗。书中朱笔校字，疑出自诸博氏之手迹。《家谱》蒙文手抄本现所见者，内蒙古自治区社会科学院馆藏一部，另有波恩大学海西希教授于 1957 年在威斯巴登出版之一部，附有海氏为本书所作之导论及鲍登为《蒙古世系谱》所写之引言与两谱对照索引。《家谱》人名地名，似皆袭用清人一般写法，间或出现与史籍所记相左者，为保持原貌起见，未加改动。

——编　者

蒙古博尔济吉忒氏族谱序

(一)

溯我博尔济吉忒氏之始,自西域额纳特克国(即天竺国)嘛哈萨嘛谛汗,递传数千年,至沙尔巴汗子库谆三搭里图,乃去其国,东迁图伯特国,都焉。再八传博尔忒齐诺,又去其国,北行至浙忒之地,择水草而居。又二十四传至成吉思汗,是为元太祖,统各部落而臣之,建国号曰蒙古。再传至世祖呼必赖汗,抚有中国,混一区宇。传之十世,至顺帝拖懽忒睦尔汗,弃中国出塞,乃居蒙古故地。子孙延及,至林丹呼图克图汗,国纪倾颓,所部之众皆分崩离析,未有宁宇。恭逢我太高祖皇帝龙飞东国,蒙古宗支济农、诺音辈,相率归诚,仰叨高厚之恩,抚恤优渥,愿居塞外者,或封王,或封贝勒,各率所属,以藩卫北边;其愿为内臣者,则锡以公、侯、伯世职,或尚公主,或婚郡君,延及子孙,世叨荣宠。又查萨克图汗、图谢图汗、彻臣汗等七旗喀尔喀,为厄鲁特噶尔旦所破,部众逃窜,三汗及众诺音等相率投诚,蒙圣祖仁皇帝开兴废继绝之恩,收纳豢养,特遣官兵,代为招抚散亡,复其三汗故号,封众诺音等为王、贝勒、贝子、公、札萨克、台吉等有差，又为分旗分佐领以处之。后御驾亲征，灭噶尔旦，使喀尔喀各归故土，数十年来，仰蒙圣恩，复其本业，坐享升平，子孙繁衍，部众富盛，向之所谓七旗者，今已七十旗矣。

计我博尔济吉忒氏宗支，今为汗者三，为王者数十，为札萨克(掌一部之政者)各统一部落者百余人。幸能恪恭奉职，勉效驰驱，皆沐圣代鸿恩，有加无已，故得休养生息，以乐育于光天化日之中也。噫！亦盛矣。

我蒙古自始祖以来，虽盛衰不一，聚散无常，而俗尚简易，服用俭朴，且能勤畜牧，耐劳勚，凡蒙委使，奋勇争先，戮力疆场，克奏伟绩。故迄于今，犹得荷累朝之厚泽，沐列圣之殊恩，重以姻娅，荣忝戚畹，袭以世爵，位列藩屏，共际圣明之世，常依日月之光，岂非我博尔济吉忒之厚幸欤？

夫国有史，家亦有乘。蒙古自出塞以后，屡遭威勒忒之变，残编散帙，缺略殊多，各家纪载，每至互相舛错，老成凋谢，文献无征，世远年湮，前人事迹，或致废坠。

密忝蒙古裔孙之列，不揣愚陋，欲述先人支派源流，以垂后祀。缘王事驰驱，未能如愿，今年逾耳顺矣。爰于退食之余，广览博稽，详加考证，删繁摘要，录其次第源流，以备家乘；译以清、汉文字，以便披览。后之子孙，欲求先世支派原委，展阅斯编，瞭然在目。因以念世泽之绵长，感圣恩之高厚，勉为忠孝，毋至陨越，亦不负余区区述谱之意，是又余之所厚望也矣。

雍正十三年八月朔　都统裔孙罗密谨序

（二）

夫罗公者，抑吾族之中郎欤，抑吾族之董氏欤，何纪事若是之详贯也？罗密字慎夫，幼而聪颖，长而明辨，性耽书史，好学不倦，马足车尘，未尝辍卷。尤喜读史，尝闻评古人之得失，片言即中当时之病，顿剖后世之疑，虽老儒亦不能屈，故纪事详贯，纤微备载焉。

夫博尔济锦氏自元太祖，终于顺帝，凡一十四主，入主中华，共一百六十二年。议礼制度，文献足征。自应昌殂谢，至序事之年，三百有余岁。虽斯文未丧，竹汗犹青，而更遭威勒忒噶尔旦几番劫火，鲜不为断简残编者矣。而罗公乃能于塞上出使之暇，问俗闻风，征其遗载，分晰（晰）支源，正误音韵，囊括古今，补缀成帙。上溯太古，下及当时，莫不似茧抽丝，如针贯线。凡入八旗世职罔替者，或休戚相关，或葭莩示宠，仰赖圣明兴灭继绝之鸿慈，高天厚地之大德，使后嗣子孙得知，凡中外我博尔济锦氏之裔，咸含哺于光天化日之下者，皆由皇仁再造之力也。

我后嗣子孙,能不涓埃于万一耶? 噫! 罗公之功,不亦伟乎?

清尝有志欲述家乘,既不能稽古,更陋于寡闻,是以逾年不就,握管茫然。今阅此册,皆清心力所不能及者,可见有志者事竟成也。虽然,中郎逝矣,继起何人? 若清也,今四十奇一春矣,而五十年之事,耳之所曾闻,目之所曾见者,敢不勉续之以答罗公述谱之苦心,成自己之夙志耶? 今谨按《通志》年表,凡先人职官历任,详注原委,使后嗣子孙,得知祖宗创业维难,子孙当思守成不易,以补罗公之不逮,亦不为不无小补也,云尔。

乾隆四十六年岁次辛丑秋八月既望　　侣园博清额撰序

蒙古家谱(上卷)

天竺国嘛哈萨嘛谛汗

相传上古之时,万物无所专主,嘛哈萨嘛谛汗降世,导民化众,立典兴文,四国俱赖乂安,众共推之为君。此即天竺国开创之君、蒙古之始祖也。子乌遮思库楞嗣。

乌遮思库楞汗

子布燕图嗣。

布燕图汗

子特特昆阿萨拉客漆呼图克图嗣。

特特昆阿萨拉客漆呼图克图汗

子那买库克阿尔祖库尔都图嗣。

那买库克阿尔祖库尔都图汗

子乌遮思库楞图萌衮库尔都图嗣。

乌遮思库楞图萌衮库尔都图汗

子嘛诗乌遮思库楞图济思库尔都图嗣。

嘛诗乌遮思库楞图济思库尔都图汗

子赛音乌遮思库楞图忒睦尔库尔都图嗣。

赛音乌遮思库楞图忒睦尔库尔都图汗

子忒古思乌遮思库楞图嗣。

忒古思乌遮思库楞图汗

子他尔必克齐嗣。

自那买库克阿尔祖库尔都图汗以下五君,俱有劄噶尔洼尔帝之号,显名于时。劄噶尔洼尔帝,即佛经所谓转轮王是也。

他尔必克齐汗

子他尔宾巴里克齐嗣。

他尔宾巴里克齐汗

子寿尼嗣。

寿尼汗

子古式嗣。

古式汗

子衣克古式嗣。

衣克古式汗

子赛音乌遮克齐嗣。

赛音乌遮克齐汗

自汗以后，传至阿尔萨兰乌古察图汗，生有四子：长曰阿里衮衣德格图汗，次曰察汗衣德格图，三曰汤苏克衣德格图，四曰拉诗颜衣德格图。阿里衮衣德格图汗子二：其一释迦牟尼佛；其一乌遮思库楞图，南帝也。察汉衣德格图子二：其一衣拉古克漆，其一特古思赛音也。汤苏克衣德格图子二：其一衣克那拉图，其一乌鲁多赉达克漆也。拉诗颜衣德格图子二：其一帝洼塔德，其一阿难答也。释迦牟尼佛未出家以前，生子曰拉呼里，拉呼里亦出家为僧，无子。

嘛哈萨嘛谛汗之裔于佛灭度千有余年后，在天竺国嘛噶答地为君之沙尔巴汗子库谆三搭里图，去其本国，东徙至图伯特国为君。

图伯特国库谆三搭里图汗

汗为天竺国嘛哈萨嘛谛汗之裔、库萨拉汗之孙、沙尔巴汗之第二子也。生而绿发，手足皆骈，目之交睫也，自下而上。沙尔巴汗怪而恶之，盛以铜匣，委之恒河。适有老人居于巴尔布、图伯特两国之界者，于河上得之，启匣而视，一孺子也，遂育之。及后成立，年十六，于积雪之萨穆布山四顾，欲择善地而往迁焉。图伯特国人遇之，曰："奚自？"汗以手足指示之。众惊异，咸谓："此子，殆天之所命。我国中无主，盍谋奉此为主？"乃逆归而立之。此即图伯特国始创之君、蒙古之始祖也。子额尔钦三搭里图嗣。

额尔钦三搭里图汗

子恰扎尔布西巴衮三搭里图嗣。

恰扎尔布西巴衮三搭里图汗

子爱图尔哈阿尔拜三搭里图嗣。

爱图尔哈阿尔拜三搭里图汗

子库里库鲁克噶尔波罗尔三搭里图嗣。

库里库鲁克噶尔波罗尔三搭里图汗

子衮苏宾默林三搭里图嗣。

衮苏宾默林三搭里图汗

子大赉苏宾阿尔祖三搭里图嗣。

大赉苏宾阿尔祖三搭里图汗

汗生三子:长曰波罗楚,次曰师保滚,三曰博尔忒滚诺也。博尔忒滚诺避其两兄,渡滕机思北海,至浙忒之地,择善水草处驻牧。浙忒人叩所从来,知其为嘛哈萨嘛谛汗之后,祖、父皆图伯特国之君也。众遂谋立为主。娶妻瓜嘛拉尔,生子巴泰察汗。巴泰察汉生忒默扯克。忒默扯克生呼里察尔墨尔根。呼里察尔墨尔根生乌哈察穆布古鲁尔。乌哈察穆布古鲁尔生萨里噶尔昭。萨里噶尔昭生衣克尼敦。衣克尼敦生萨穆楚滚。萨穆楚滚生哈拉楚克。哈拉楚克生博尔济机代墨尔根。博尔济机代墨尔根生都拉噶尔津巴燕。都拉噶尔津巴燕生子二:长曰多娑和尔,次曰多波墨尔根。多娑和尔生子四:多耐,多克生,厄墨尼克,额尔克。

多娑和尔殁后,其四子与叔多波墨尔根不相睦,流为威勒忒、巴图忒、徽忒、克烈忒四姓焉。

多波墨尔根生二子:布古哈他吉,布古齐萨尔齐。多波墨尔根既没后,其妻阿伦瓜夜梦白光覆体,有娠,生子曰博丹察尔孟哈克。其二子疑焉,母知之,告以故,曰:“此事想系天命使之辅助尔等耳。”后博丹察尔之子孙,遂因博丹察尔之名,即以博尔济锦为姓焉。其九世孙超齐奇尔嘛虎。后人因奇尔嘛虎之名,名其骨(骨即氏族之分)曰却忒。博丹察尔结发妻生哈必漆巴图鲁,后掳妻生朱尔漆代,因掳时先有孕,故异姓云。

哈必漆巴图鲁生八奇尔巴图鲁。八奇尔巴图鲁生嘛哈图丹。嘛哈图丹生哈齐库鲁克。哈齐库鲁克生海都。海都生拜双合尔多克深。拜双合尔多克深生敦巴海塞臣。敦巴海塞臣生哈卜尔汗。哈卜尔汗生七子:长曰额钦巴尔思,次曰巴尔达睦巴图鲁,三曰呼图克图孟库尔,四曰和脱拉汗,五曰呼兰巴图鲁,六曰都都根,七曰哈达汗。额钦巴尔思生卓里克图朱尔根。巴尔达睦巴图鲁生四子:长曰孟格图恰,二曰纳昏台史,三曰伊苏格巴图鲁,四曰达里代额齐根。呼图克图孟库尔生布里布库。和脱拉汗生二子:长曰超济,次曰奇尔嘛虎。呼兰巴图鲁生伊克察拉。伊苏格巴图鲁生六子:长曰清吉思汗忒木津,次曰哈布图哈萨尔,三曰鄂楚古,四曰噶楚古,五曰白克忒尔,六曰布库博尔格忒。

元太祖清吉思汗忒木津

是时有四虐其民者十二国:太绰忒之君曰塔尔呼代溪里尔都忒,朱尔悬之君曰塞臣白溪,古尔颁墨尔格忒之君曰托克托白溪,克雷忒之君曰翁汗,钗溪拉忒之君曰扎木哈,哈尔拉古忒之君曰阿尔萨朗,威勒忒之君曰呼图哈白溪,和里土默特之君曰布都惠达尔汉,威古忒之君曰衣忒古忒,硒满之君曰太阳,他他拉之君曰墨古亲搜尔图,朱尔漆代之君曰象崇。皆暴戾无道,民不堪其苦。天生清机思汗忒木津,以次翦灭十二国,有天下。

先是,汗父伊苏格巴图鲁,欲并兼诸国。其讨他他尔国也执其主忒木津以归。至窪南河,生汗,因名汗曰忒木津。汗生七日,有玄鸟自海中出,集于玄石,长鸣者三昼夜。伊苏格巴图鲁知是瑞征,乃刻石为玉玺,置之净室,以香灯祀之。玄鸟复至,鸣于室上,其音仿佛"清机思"、"清机思"也,故以"清机思"为汗号云。

汗生于壬午岁,丙寅春秋四十有五,大会诸王群臣,建九斿白幢,即位于窪南河之源。纳四方贡赋,众咸归焉。先是国号“必达”,至是始号“蒙古”。“蒙古”者,以其剿定诸国,故曰“蒙”,取居中驭外之义,故曰“古”。在位二十四年,灭国四十,平西夏。己丑七月十有二日,崩于萨里川噶老徒之行宫。群臣奉梓宫归葬,不欲使国人知其处,仅葬衣冠焉。(相传真陵在布尔汉噶尔丹之地。布尔汉噶尔丹在哈尔哈之汗凹拉山;或曰在阿尔太汗山后、肯忒汗山前地名衣克衣都克者。未知孰是?享寿六十有八。至元三年冬十月,追谥圣武皇帝,至大二年十一月,加谥法天启运圣武皇帝,庙号太祖。其第三子窝阔台嗣。

太祖生四子:长曰朱漆,封在天竺国,为沙徵汗;次曰察哈代,封叶尔克睦国为汗;三曰窝阔台,是为太宗;四曰拖雷,即世祖之父。

汗宽恕仁厚,深沉有大略,用兵如神,故能削平诸国,光前裕后。其勋奇伟绩甚多,时论以劄噶尔洼尔帝美之,谥曰“法天启运”,不亦宜乎!

呼必赖汗尽有中华之地,国号元,推原至此,故称元太祖。

西夏主名李安全,建国在河西之地。其子李睍,以二十二年丁亥来降。

太宗窝阔台汗

汗为清吉思汗第三子,弘吉剌忒哈吞所生。清吉思汗定西域,汗略地攻城之力居多。己丑秋八月,奉清吉思汗遗诏，大会诸王群臣，即位于克尔伦河之库德阿尔兰。始立朝仪，皇族尊属皆拜；颁大扎撒（诏也）；敕修孔子庙及浑天仪，以孔子五十一世孙袭封衍圣公；集中华儒臣，详定律法；置仓廪，立驿传，政事大修。印度国主、木罗夷国主，皆来朝。高丽国王暾以其族子入质求和，许之。屡遣皇子及皇侄等伐宋，宋地日蹙。在位十三年，岁辛丑，崩于乌忒古呼兰山之行宫，寿五十有六。葬起辇谷。追谥英文皇帝，庙号太宗。子库玉克嗣。

汗有宽弘之量，忠恕之心。继太祖后，能扩大其业，量时度力，举无过事，华夏富庶，羊马成群，商旅行不赍粮，时称治平。

高丽杀使者，汗因命萨里塔率师讨之，取四十余城。高丽王请降，遂分其地。后复和好。是时，正得中原之半，自燕至蜀，皆属版籍焉。

定宗库玉克汗

汗为窝阔台汗长子。母曰乽麻津哈吞，以丙寅年生汗。窝阔台汗尝命诸王西征，次阿苏境，攻围木栅山寨，以三十余人与战，汗与焉。窝阔台汗既崩，乽麻津哈吞临朝称制，凡六年。丙午秋七月，乃立汗，即位于厄尔木克兰之地。汗虽御极，朝政犹出乽麻津哈吞。在位三年，崩于萨嘛施淇，寿四十有三。葬起辇谷。追谥简平皇帝，庙号定宗。拖雷之子孟克嗣。

汗享祚不久，而是时辄遭大旱，河水尽涸，野草自焚，牛马十死八九，人不聊生。自壬寅以来，法度不一，政出多门，太宗之政至是少衰焉。

宪宗孟克汗

汗为清吉思汗孙，拖雷之子。母曰怯烈苏鲁和忒里哈吞，岁戊辰十二月初三日生汗。有黄忽答部知天象者，言汗后必大贵。窝阔台汗为藩王时，养以为子，属嘛妫哈吞育之。既长，娶呼鲁剌部女呼里察为妃。拖雷薨，乃归藩邸。从征伐，立奇功无数。戊申，库玉克汗崩，朝廷未立君者二年，中外汹汹，咸属意于汗；而议者又以为窝阔台汗尝有命，以皇孙失烈门为嗣，今失烈门固在，安得置之？诸王拔图、穆格等坚执不可，遂议定立汗。辛亥夏六月，即位于窪南河。失烈门既至，也速、孛里等有怨望语，谪而锢之。敕诸王不得擅发牌印，不得擅招民户及驰驲，诸司不得滥征民财。高丽国王、安南国王皆来觐纳贡。亲征中原，屡拔其郡县，抵一字城，攻战未克，以己未秋七月崩于合州之钓鱼山。在位九年，寿五十有一。追谥桓肃皇帝，庙号宪宗。弟呼必赖嗣。

汗雄毅沉断，驭下以严，官府内外，无敢骄逸。初，太宗朝勋贵擅权，而乃麻津哈吞称制时益甚。汗凡有诏旨，必亲起草，慎重数四，然后行用，是以朝廷肃然。虽性好畋猎，而寡言渊静，不乐燕饮，不好侈靡，抑亦令主也。

睿宗拖雷实录(附)

拖雷汗为清吉思汗第四子,太宗母弟也。清吉思汗崩时,太宗留霍博之地,国事无所属,拖雷实身任之。盗贼屏息,群下咸服。后屡从太宗出征,略定中原,太宗亟称之,以为能继太祖之志。尝破敌钧州,功第一,诸侯王皆极称扬于太宗。太宗按行战地,顾谓拖雷曰:“微汝,不能致此捷也。”拖雷从容对曰:“此天之威,皇帝之福也,臣何功之有?”其不伐如此。太宗尝有疾且殆,拖雷祷于天,请以身代,病遂愈。拖雷北还,至阿剌哈的思之地薨,寿未至四十。妃怯烈苏鲁和忒里,子十一人,长孟克汗,其弟则呼必赖汗也。孟克汗即位,追谥曰英武皇帝,庙号睿宗。呼必赖汗至元二年,改谥景襄皇帝。

睿宗智勇天锡,谋必中,战必胜,功在社稷,而能不矜不伐,克昌厥后,配享昊天后土,不亦宜乎!

睿宗未尝陟位,以二子立,追崇为汗,故别之而实录其行事。后成宗父真金,泰定帝父甘嘛喇,武宗父答喇嘛八喇,皆仿此。

宪宗二年,合祭昊天后土,以太祖、睿宗配享。

世祖苏图塞嗔呼必赖汗

汗拖雷第四子,母怯烈哈吞,以乙亥岁八月生。及长,仁明英睿,事哈吞至孝,尤善抚下。纳弘吉喇忒氏为妃。在潜邸时,即思大有为于天下,延四方文学之士及藩府旧臣，问以治道。孟克汗即位，同母弟惟汗最长且贤，因委以漠南汉地，军国庶事，皆谘之。数奉命出兵，开疆拓土，军法凛然，无敢犯。己未春，会诸王伐宋，次江北。九月，亲王穆格自合州钓鱼山遣使以孟克汗凶问来告，且请北归继大统。汗曰："我奉诏南来，岂可无功遽还?"因起兵攻宋，大破之。抵鄂城，围未能下。时朝议有谋立厄里不哥者，拖雷汗第七子，汗之弟也。于是哈吞密驰报，请速还。庚申二月，移师至燕。三月戊辰朔，至开平。群臣劝进，汗三让，诸王大臣固请。辛卯，乃即大位，建元中统。颁诏告天下，以国宜长君属宗盟推戴不得已而立之意。新政宏远，百凡更始，视先朝规模特备焉。五年改元至元。八年建国号曰"大元"，十三年平宋，尽有中国，天下大治。在位三十五年，以甲午正月二十二日崩于大都，寿八十。谥圣德神功文武皇帝，庙号世祖。陵在起辇谷。皇孙额尔济图帖木尔嗣。

汗度量宽弘，知人善任，以武功定天下，以文德致太平，安不忘危，刚能克欲，立经陈纪，所以定一代之制者，规模宏远矣。

呼必赖汗以前无建元者，故特书之。国号"大元"，取《易经》"乾元"之义。

成宗额尔济图帖木尔汗

汗世祖之孙，皇太子真金第三子，母曰弘吉喇忒哈吞,以至元二年九月生。及长,奉命征叛王合丹,平之。以真金早薨,受皇太子宝,抚军于北边。世祖崩,亲王、诸大臣遣使告哀军中,汗还上都即位。始得玉玺,诏中外。崇奉孔子,更定律令,禁作奸犯科者,赏功旌能,柔远怀迩,察各部落贫乏之主,皆以金钞赐之。各国贡献方物,天下无事。在位十三年,以丁未正月初一日,崩于大都,寿四十有二。葬起辇谷。初年号元贞,后改大德。谥钦明广孝皇帝,庙号成宗。兄答喇嘛八喇之子库鲁克海山嗣。

汗承天下混一之业,垂拱而治,无少紊乱,可谓善于守成者矣。虽末年寝疾,凡国家政事,内则决于宫壶,外则委于宰臣,而不至于废坠者,则以去世祖未远,成宪具在故也。

御史中丞崔彧得玉玺于宋故臣之家,其文曰"受命于天,既寿永昌",上之。赐各部落金钞,如安西王阿难答受二十万锭,宁远王阔阔出受六万锭是也,他部落受赐者甚多,未详。

裕宗真金实录(附)

真金汗为呼必赖汗嫡子,弘吉喇忒哈吞所生。中统三年,封燕王,守中书令。四年,兼判枢密院事。勤于治职,尝诣中书。乳母进新服,却之曰:"我何用衣美观也?"呼必赖汗及母哈吞或有疾,既忧形于色,夕不能寝。居恒与诸臣讲求治理,惴惴恐后,呼必赖汗极爱重之。十年二月,册为皇太子。敕造东宫香殿成,侍臣请凿石为池,真金曰:“汝欲使我效‘酒池肉林’故事耶?”不许。十八年,弘吉喇忒哈吞崩,自猎所奔赴,勺水不入口者累日,设庐帐居之。其在中书莅事既久,明于听断,四方州县科征、造作之役有病民者闻,即日奏罢。臣下敬惮,中外归心。于是呼必赖汗春秋既高,言事者请禅位于太子,呼必赖汗不悦,真金惧,未几,遂薨,寿四十有三。子额尔济图帖木尔汗即位,追谥文惠明孝皇帝,庙号裕宗。

裕宗孝于亲,慈于众,制节谨度,深求治道。一时儒臣如王恂、许衡辈,咸侍讲幄;汗优礼遇之,德意未尝少衰。虽未登大位,而嘉谟懿行,已足垂裕后昆矣。

武宗库鲁克海山汗

汗世祖太子真金第二子答喇嘛八喇子,母曰弘吉喇忒哈吞,至元十八年七月十九日生。大德间,诏代宁远王阔阔出军于北边。寻封怀宁王,赐金印。成宗既崩,安西王阿难答等潜谋推伯要真哈吞称制。汗弟爱育黎拔力八达卜燕图言于太后曰:“祖宗创业艰难,今大行晏驾,威灵渐远,诸王皆踈属,而怀宁王在朔方,此辈潜有异谋,变且不测,不若先事而发。”遂定计,诛诸异谋者,而遣使迎汗。汗至上都即位,赐阿难答等死。改大德十二年为至大元年,诏赦天下,免各路繁重差税三年,存恤征戍军士,凡鳏寡孤独之民，皆以时存问，蠲儒户差役，勉励学校，议贡举，政令得失，许诸人上书直陈。四方承平，各安其业。惟朝官多滥受恩赏。在位五年，崩，寿三十有一。葬起辇谷。谥仁惠宣孝皇帝，庙号武宗。弟爱育黎拔力八达卜燕图嗣。

汗当富有之大业，慨然欲兴利除害而有为，虽封爵太盛，赏赉太隆，至元、大德之政稍稍变更，更不失为励精图治之主也。

朝官滥受恩赏，如赐那木忽里等钞万二千锭，赐拙忽难等钞万五千八十八锭，诸如此类，及遥授之官不可胜纪。

仁宗卜燕图汗

汗为答喇嘛八喇第三子，母曰弘吉喇忒哈吞，至元二十二年三月生。大德元年冬十月，成宗不豫，中官秉政，诏汗与太后出居怀州。所过郡县，供帐华侈，悉命撤去；严饬扈从，毋扰于民。十一年春正月，成宗崩，时武宗为怀宁王，总兵北边。汗与太后闻哀，奔赴入内，哭尽哀，复出居旧邸。左丞相阿古代等谋乱，汗执而诛之。诸王阔阔出、牙忽都等曰："太子实世祖之孙，宜早正大位。"汗曰："怀宁王，吾兄也，正位为宜。"乃遣使迎武宗即位。诏立汗为皇太子。时有进《大学衍义》者，命詹事王约等节而译之，曰："治天下 ，此一书足矣。"至大四年三月十八日即位。遵逾年改元之制，以至大五年为皇庆元年。谕御史大夫曰："凡大臣不法，卿等劾奏毋避，朕自裁之。"谕省臣曰："翰林集贤儒臣，朕自选用，汝等毋辄拟进。人言御史台任重，朕谓国史院尤重；御史台是一时公论，国史院实万世公论也。"诏行科举，以皇庆三年八月，天下郡县兴其贤能，充贡有司；次年二月，会试京师，中选者亲试于廷，赐及第出身有差。谓侍臣曰："安百姓以图至治，匪用儒臣，何以致此？"敕卫辉、昌平守臣修殷比干及历代诸贤臣祠，岁时致祭。在位十年，以庚申正月二十一日崩于光天宫，寿三十有六。葬起辇谷。谥圣文钦孝皇帝，庙号仁宗。子格根嗣。

汗天性慈孝，聪明恭俭，通达儒术。尝曰："儒者可尚，以其能维持三纲五常之道也。"服御质素，不崇货利；侍皇太后，终身不违颜色；待宗戚勋旧大臣，始终恩礼；每遇有司奏大辟，辄惨恻移时；至于灾异伤民，尤必加赈恤云。灾异如德庆路地震；巩昌陇西县山崩，压死居民；畿内大雨；香河、宝坻等县水，没民田庐，皆给粮以赈之。

顺宗答喇嘛八喇实录(附)

答喇嘛八喇汗为裕宗第二子，母曰徽仁裕圣皇后，弘吉喇氏。至元初，裕宗为燕王，顺宗生于燕邸。明年，诏裕宗居潮河。八月，召至京师。凡岁朝贺，未尝不侍裕宗以行。稍长，世祖赐侍女郭氏，其后乃纳弘吉喇氏为妃。

二十二年，裕宗薨，答喇嘛八喇以皇孙钟爱两宫优其出阁之礼。二十八年，诏出镇怀州，未至，以疾召还。明年春，世祖北幸，留治疾京师，越两月而薨，年二十有九。子三人，长曰阿木哥，封魏王，郭出也；妃所生者曰海山，是为武宗；曰爱育黎拔力八达卜燕图，是为仁宗。大德十一年秋，武宗即位，追谥曰昭圣衍孝皇帝，庙号顺宗，祔享太庙。

顺宗聪敏仁孝，侍裕宗能得其欢心，世祖亦钟爱之。出镇时，行次赵州，从卒有伐民桑枣者，汗杖之以惩众，并遣臣王倚入奏，世祖大悦，以其爱民，且能断也。不王其身，王其子孙，宜哉！

英宗格根汗

汗为卜燕图汗嫡子，母曰弘吉喇忒哈呑，以大德七年二月甲子生。初，仁宗欲立为太子，汗谒太后固辞，曰："有兄在，宜立兄，以臣辅之。"不许。延祐三年，立为皇太子。诏命百司庶务必先启太子，然后奏闻。汗谓中书者臣曰："至尊委我以天下事，日夜寅畏，惟恐弗胜。卿等亦当洗心涤虑，恪勤乃职，勿有隳坏，以贻君父忧。"仁宗不豫，汗夜焚香吁天，愿以身代。及崩，哀毁过礼，日啜一粥。即位后，有献七宝香带者，因近臣以进，汗曰："朕登极以来，不闻卿等荐贤而为人进带，是以利诱朕也。其还之！"敕有司，存恤孔子子孙贫乏者。在位四年，被弑于行幄，寿二十有一。谥睿圣文孝皇帝，庙号英宗。从葬诸帝陵。甘嘛喇之子衣孙忒木尔嗣。

汗性刚明，尝以地震减膳、撤乐、避正殿。丞相拜住进曰："地震乃臣等失职，宜求贤以代。"汗曰："毋多逊，此朕之过也。"尝御鹿顶殿，谓拜住曰："朕惟我祖宗栉风沐雨，戡定万方，曾有此锦衣玉食之乐耶？卿元勋之裔，当体朕怀，毋忝尔祖。"又谓大臣曰："中书选人署事未旬日，御史台即改除之。台除者，中书亦然。今山林之士，遗逸必多，卿等不能尽心求访，惟以亲戚故旧更相引用耳？"其明断如此。然以果于刑戮，奸党畏诛，遂构大变云。果于刑戮，如司徒刘夔，同佥宣政院事囊加台，坐妄献地土，冒取官钱伏诛之类。

泰定帝衣孙忒木尔汗

汗为世祖太子真金长子晋王甘嘛喇之子，至元十三年十月二十九日，汗生于晋邸。晋王薨，袭封，仍镇北边。成宗、武宗、仁宗之立，咸与翊戴之谋，赐誓词铁券。英宗遇弑，诸王奉皇帝玺绶，北迎汗于镇所。即位于龙居河，大赦天下。诛逆贼铁失等于大都，并戮其子孙，籍其家产。诏百司遵守世祖成宪。敕营缮不急者罢之。遣使诣曲阜，以太牢祀孔子。时天下无事，号称治平，外国殊方，毕献方物。在位六年，以戊辰八月初六日，崩于上都，寿三十有六。葬起辇谷。武宗之子拉扎巴克嗣。

泰定之世，四方治平。君臣之间，恪守祖宗之成法而不敢过，亦足称矣。

显宗甘嘛喇实录(附)

甘嘛喇汗为裕宗长子，母曰徽仁裕圣皇后，弘吉喇氏，甘嘛喇日侍世祖，未尝离左右，畏慎不妄言，言必无隐。至元中，奉旨镇北边，边境以宁。尝出征，会大雪，拥火坐帐内，顾谓左右曰："今日风雪如是，吾与卿处犹有寒色，彼从士亦人耳，腰弓矢、荷刃周庐之外，其苦可知。"遂令饔人大为肉糜，亲尝而遍赐之。抚循部曲之暇，时命也灭坚以国语讲《通鉴》。戒其近侍太不花曰："朝廷以藩屏寄我，事有不逮，正在汝等辅助。使百姓安业，主上无北顾之忧，乃所以报国家也。"二十六年，世祖以其居边日久，特命猎于柳林，戒饬从士，民赖以安。北还，觐世祖于上京，世祖甚慰劳之。明年冬，封梁王，授以金印，出镇云南。二十九年，改封晋王，移镇北边，更铸金印授之。明年，置内史府。又明年，世祖崩，晋王闻讣奔赴上都。诸王大臣咸在，晋王曰："昔皇祖命我镇抚北边，以卫社稷，久历边事，愿服厥职。母弟帖木尔仁孝，宜嗣大统。"于是成宗即帝位，而晋王复归藩邸。六年正月薨，年四十五。子三人，曰衣孙忒木尔，曰松山，曰迭里哥尔不花。汗薨后十年，仁宗即位，定谥献武。又十一年，英宗遇弑，衣孙忒木尔汗以嗣晋王即皇帝位，追尊曰光圣仁孝皇帝，庙号显宗，附享太庙。

显宗天性仁厚，御下有恩。元贞初，藩邸属官审伯年老，请以其子代之，内史言于汗，汗曰："惟天子所命。"其自守如此，故尤为朝廷所重云。

明宗拉扎巴克呼图克图汗

汗为库鲁克汗长子，母曰奕乞烈忒哈吞，以大德四年十一月生。武宗入继大统，立仁宗为皇太子，命以次传于汗。武宗崩，仁宗立，议建东宫，时丞相铁木迭耳固位取宠，乃议立英宗为皇太子，而封汗为周王，出镇云南。后英宗被弑，晋王衣孙忒木尔自立为皇帝，改元泰定。汗弟图特睦尔以怀王出居建康。泰定帝崩，倒喇沙专权自用，逾月不立君，朝野疑惧。时佥枢密院事燕特穆尔留守京师，遂谋举义。召百官集兴圣宫，兵皆露刃，号于众曰："武宗有令子二人、孝友仁文，天下归心，大统所在，当迎立之，不从者死！"时汗方远在沙漠，猝未能至，虑生他变，乃迎汗弟怀王入京师，以正大统，固让而后即位，是为文宗。次年。迎汗，即位于和宁。谕燕特穆尔等曰："凡京师百官，朕弟擢用者，悉仍其旧。"立文宗为皇太子，诏谕中书者臣："凡国家钱谷，铨选诸大政事，先启皇太子，然后以闻。"是岁八月庚寅，汗暴崩，年三十。葬起辇谷。谥翼献景孝皇帝，庙号明宗。弟图特木尔嗣。

汗孝友性成，洞达治体，从谏如流。尝谕台臣曰："政有阙失，卿必以闻，朕不尔责。”又曰：“修德应天，乃君臣当为之事，朕未尝斯须忘于怀也。”其孜孜求治如此。享国日浅，未竟其业，惜哉。

文宗图特睦尔库萨拉汗

汗为库鲁克汗次子，母曰唐古忒哈吞，以大德八年春正月癸亥生。明宗崩于途，越四日，汗复即帝位于上都，大赦天下，节妇孝子皆旌其门。御史彻里不花等上言：“朝廷政务，赏罚为先，功罪既定，天下斯定。国家自铁木迭尔等专权，纪纲正紊；泰定爵赏滥颁，尤非正理。虽曰兵兴用人甚急，然赏罚安可不严也？”汗嘉纳举行之。临御以来，六服宾贡，负烈之受旌扬者 ，指不胜屈。在位五年，寿二十有九崩。葬起辇谷。谥圣明元孝皇帝，庙号文宗，兄子林亲巴尔嗣。

汗性明敏，尊儒重道，追封孔子父启圣公叔梁纥为启圣王，颜、曾、思、孟并加封公爵。立奎章阁，置学士员，日以祖宗明训、古往治乱得失陈说于前。又命以国语译《贞观政要》，镌板模印，颁赐百官。凡旌节表忠、蠲租赐赈诸善政，莫不具举。四方来享来王，诚有以感之也。

宁宗林亲巴尔汗

汗为拉扎巴克呼图克图汗次子，母廼嘛津哈吞。天历二年，封汗为鄜王。文宗崩，皇后导扬末命，申固让初志，传位于明宗之子。时汗兄拖懽忒睦尔出居于静江，而汗以文宗眷爱之笃留京师。丞相燕特穆尔请立汗以继大统。十月,即位于大明殿。下令蠲免民间逋欠差税课程。在位五月崩,年七岁。葬起辇谷。谥冲圣嗣孝皇帝,庙号宁宗。兄拖懽忒睦尔嗣。

汗冲龄践祚,政务咸启中宫取进止。凡学校农桑、孝义忠节、科举取士、国学贡试,并依旧制,抑亦守成之主也。惜不永其年,无所表见云。

顺帝拖懽忒睦尔乌哈哈图汗

汗为拉扎巴克呼图克图汗长子,母曰哈禄鲁忒哈吞,以延祐七年四月丙寅生于北方。至顺元年,拉扎巴克呼图克图汗哈吞八不沙被谗遇害,徙汗于高丽,居大青岛中,不与人接。阅一载,移于广西静江。宁宗崩,燕特木尔请立燕特古思,文宗哈吞曰:“吾子尚幼,拖懽忒睦尔在广西,年十三矣,且系拉扎巴克呼图克图汗长子,宜立。”于是迎汗于静江。至迁延数月,而国事皆决于燕特穆尔,奏文宗哈吞行之。及燕特穆尔死,乃定议立汗,汗遂即位。连年灾异迭见,盗贼四起,兵费不给,城邑屡陷。汗不能有所振作,颇耽音乐娱悦之物,倦于政事,中华地土骎骎乎危矣。

明兵进京城,汗率哈吞、皇子从蒙古十万众出古北口,至克尔伦河之北,筑巴尔斯城居焉。从此,遂失中华。

自元世祖大都即位以来,凡一百有八年。汗避位出京时，弘吉喇忒哈吞仓猝遗失，藏匿覆甕中，为明洪武所获。时哈吞怀娠已三月矣，默祝曰："弥月而产，势难留也；惟天悯祐，至十三月而生，乃得保全。"后果至十三月生一子，洪武以为己子，育之，此即明之永乐也。（后，妃以硕为姓云。）拖懽忒睦尔汗出塞后一年崩。在位三十六年，寿五十一。子必力克图嗣。洪武以汗知命退避，加号曰顺帝。

汗之世，灾异叠见，饥馑洊臻，盗贼蜂起。三十六年之间，拯灾御患，日不暇给，而卒以亡国。有元烈祖，创基业而垂统绪，可谓艰矣；至汗而尽失中华之地，何得之难而失之易欤？天命靡常，不信然哉！

蒙古家谱（下卷）

蒙古必力克图汗

汗为拖懽忒睦尔乌哈哈图汗之子，嗣父位，抚有众蒙古部落居之，在位九年崩。弟乌萨哈尔嗣。

乌萨哈尔汗

汗在位十年崩。汗生三子，长曰恩克酌力克图，次曰厄尔白克你古勒苏克漆，三曰哈尔古察克都楞忒睦尔欢台吉（宗室）。长子恩克酌力克图嗣。

恩克酌力克图汗

汗在位四年崩。弟厄尔白克你古勒苏克漆嗣。

厄尔白克你古勒苏克漆汗

汗素疑其弟哈尔古察克都楞忒睦尔欢台吉，其臣威勒忒郭海太尉乘间谮杀之。时哈尔古察克都楞忒睦尔欢台吉之妻额尔济图瓜必济，以其夫死于谗也，每思报复而无其间。一日，汗往猎，必济计诱郭海太尉至其室，醉以酒，卧之寝所而裂其帷，更自毁容乱发，亟使多克身锡拉驰报汗。汗未归而郭海太尉醒，见身卧必济所，知堕计，遂奔去。及汗归，必济愬以郭海太尉酗酒强奸弗从、横肆殴辱状。汗怒，乘马追而欲杀之。太尉弯弓射汗，中指，汗擒斩之而解其皮以示必济。必济刮其膏而啖曰："夫仇不共戴天，食其肉，甘心也。今幸如愿。我虽一妇人，夫仇已报矣！"汗闻之，知枉杀太尉，赐其子巴图拉"丞相"号，妻以萨睦尔公主，命掌四威勒忒。

继而威勒忒努克溙哈什哈率兵来犯，遂弑汗。汗在位六年。努克溙哈什哈纳额尔济图瓜必济为妻，未几，生一子，名阿斋，努克溙哈什哈育之如己子。

阿苏忒部童子洼格得勒库者，为威勒忒所虏，给巴图拉丞相厮役，使负筐拾粪，易其名曰阿鲁克台，盖取筐名"阿鲁克"也。其后努克溙哈什哈杀巴图拉丞相，聚威勒忒会盟。阿鲁克台道遇自盟所归者三人，问何盟，三人小之，戏答曰："议奉阿斋台吉即汗位，以阿鲁克台为太师。"嘻笑而去。阿鲁克台即置筐于地，仰天祝曰："是非若辈之言，天命之矣。我小人耳，安望贵显？而阿斋，则汗之子也。天鉴此言！"乃南向叩首。

未久，努克溙哈什哈殁，其子厄塞库自称为汗，纳巴图拉丞相妻萨睦尔公主为妻，以额尔济图瓜必济及其子阿斋台吉、阿苏忒部阿鲁克台俱为奴。

衮忒睦尔汗

汗为厄尔白克你古勒苏克漆汗之子,抚集余众,即汗位。在位三年崩。其弟额尔济忒睦尔嗣。

额尔济忒睦尔汗

汗在位八年崩。子他尔巴克嗣。

他尔巴克汗

汗在位五年崩。宗室台吉阿台嗣。

阿台汗

汗为清吉思汗第二弟哈卜图哈萨尔之后,以他尔巴克汗无嗣,汗据蒙古国即位。其间威勒忒之厄塞库篡位十一年,死。萨睦尔公主念努克漆哈什哈夙仇,因令额尔济图瓜必济、阿斋台吉、阿鲁克台匿之蒙古国母家,且嘱之曰:“厄塞库已殁,威勒忒乱,誓师而来,会可图也。”三人至蒙古,具告汗。汗曰:“善。”封阿鲁克台为太师。汗与阿斋台吉、阿鲁克台太师统兵伐威勒忒,大破之。虏巴图拉丞相之子帕克木,阿鲁克台以为奴,卧锅下,呼为拖懽。“拖懽”者,锅也,盖报其前曾呼己为阿鲁克台也。

厥后,萨睦尔公主至自威勒忒,挈其子拖懽归。拖懽既至威勒忒,谋于众曰:“蒙古散乱,当兴报仇之师。”其母曰:“小子勿多言!辱可忍耳,念前仇何为?”弗听。率众四万来犯，遂弑汗。汗在位十三年。

时当为拖懽欲自立为汗，乘伊拉斯（马名）黄马至清吉思汗陵寝，绕园林数匝，以刀砍壁曰："咄咄清吉思陵寝，若是其尊显乎？余苏太后，不汝弱也。"蒙古、威勒忒诸臣劝阻曰："不可，此圣主不特蒙古君，天下主也。汝当叩首谢罪求免。"拖懽曰："余行将代彼也，何以谢为？今众蒙古皆已属我，我欲法古人君陟位之制，称汗于陵前。"设宴，将成礼，忽闻寝壁间矢声簌簌然，其从者见所悬矢箙中一矢摇动。拖懽忽中心如焚，解衣视其背，则矢伤宛然，回视摇动之矢扣镞，血痕狼籍焉。见者莫不骇异。拖懽将死，嘱其子厄僧曰："我获罪清吉思汗神灵以致此，今仇皆已翦除矣，帷蒙古孟库贝在耳，汝其图之！"嘱毕而绝。孟库贝者，阿鲁克台太师弟也。前拖懽为奴时，阿鲁克台之妻格勒尔阿哈念拖懽为公主之子，颇怜之。一日，为其理发，孟库贝曰："与理其发，毋宁断其吭耶！"拖懽衔之。至是，拖懽子厄僧自称太师，率蒙古、威勒忒之众伐明，先擒杀孟库贝以徇于众。兵自大同入，大歼明师，掳其君正统以归，付阿苏忒阿里麻丞相监守之。阿里麻丞相名正统为穆呼儿小厮，配以侍女名穆鲁丫头，生一子名大哥子。迨后正统回国，留其子于威勒忒。今阿苏忒他尔拜他布囊、镶黄旗蒙古旗下阿达哈哈番班珠尔塞楞等，即其后也。

厄僧兵还，下令勿泄掳正统事于其母，泄者斩。乃入见其母，母曰："汝得毋获明国之君乎？"厄僧诘之，乃知为永奢布布库苏尔孙告之也。怒其言泄，斩布库苏尔孙。由是，蒙古、威勒忒之众莫不寒心，曰："厄僧太师师出斩一人，师还斩一人，嗜杀如此，人何心堪？"后蒙古之人咸怀旧君，渐次逃去。

阿斋台吉生三子，长曰太嵩台吉，次曰阿巴喀尔津，三曰满都古尔。至是，太嵩台吉即汗位。

太嵩汗

汗即位后，赐其弟阿巴喀尔津"济农"（亲王）号，志切复仇，岁修武备，练兵卒，养精蓄锐，兄弟三人合兵伐威勒忒。至明干哈拉图，遇威勒忒兵，两军列阵，各选一勇士挑战，以决胜负。蒙古军中有吴鲁忒部之勇士寿苏忒者，能长刀破阵，威勒忒军中有卜拉忒部之勇士归林漆者，能挽强命中。此两人虽各事其主，平日相得甚欢，曾于宴饮间预筹之曰："我两国有事，必以我二人为首，将奈何？"归林漆曰："我善用长，君善用短，各自为计可也。"已而，果以此二人挑战。寿苏忒裹两层坚甲以待，谓归林漆曰："君远来，请先。"归林漆张弓射之，矢洞复甲，伤肤几坠马。乃回刃砍归林漆，自顶直下，划然两开。两军合战，至晚，各收军列营。威勒忒之众惧，欲谋降，忒楞古斯部之阿卜都拉色臣曰："蒙古国好信间言，请往说之。事成，酬我以爵;死,则愿善抚我妻子。”乃至蒙古营。素知阿巴喀尔津济农之愚也,入其帐,绐之曰:“威勒忒愿专事君,君若与君兄弟分我国,则我国宁死于战也。”济农信之,与威勒忒合,将倒戈,逐其兄。济农之子哈尔古察克谏曰:“谚有之:‘附外者亡,附亲者昌。’敌人之言不可信,不若乘其不备而袭之。”弗听,夜使使至威勒忒谋定,诘旦会战,汗败走,由肯忒山渡克尔伦河,至郭尔罗斯部,遇彻布登,即其所出阿尔他噶尔津哈吞之父也。念出女之仇,欲弑汗,哈吞曰:“是皆我之过也,彼博尔济锦氏,当危迫之秋而保全之,后必有利焉。”弗听,弑之。汗在位十四年。

威勒忒之众将奉阿巴喀尔津济农称“汗”号,宴之,具两帐,而后帐下置陷坑,掩以毡,伏甲,以度曲高声为号。济农往,威勒忒请济农之从者,每两人为一起,以次入帐犒酒,未入者唯闻帐下度曲声,而济农及侍卫七十七人,旗兵六十一人,皆已入陷坑矣。济农之子哈尔古察克台吉候于外,久之,不闻音耗,使其舅衣那克格勒往探之,阒无其人,惟见帐下流血。因急告,哈尔古察克台吉率衣那克格勒逃去。威勒忒之厄僧太师率勇士三十人追之,至哈尔哈山岩,追及。哈尔古察克台吉弃马踞峰顶,威勒忒之西尔把克把图鲁土尔根披重甲由仄径登,衣那克格勒自上射之,俱颠。土尔古忒部之彻勒克土尔根裹三层坚甲,挺枪而登,哈尔古察克台吉射以黄羊角矢,洞胸而出有声,遂仆,其从者亦颠仆。至夜,两人突围而出。衣那克格勒劫厄僧太师之布古拉哈布萨克奇萨里西尔哈良马,哈尔古察克台吉乘骡马,射得一麕鹿为粮,遁去。念托克穆克国君朱漆之后,我宗也,往依之。居于托克穆克阿克孟克巴颜家,而使其舅衣那克格勒往威勒忒探厄僧事,并访栖栖克必济,如未适人,乘隙挈之来。栖栖克必济者,哈尔古察克台吉妻,厄僧女也。

阿克孟克之弟雅克师孟克尝谓其兄曰:"吾观哈尔古察克台吉之目,非长者也,宜杀之。"不从,更妻以女。一日畋猎,围逐黄羊十一,哈尔古察克台吉发矢,连殪其九。雅克师孟克愈忌之。再合围,众争逐兽之顷,雅克师孟克佯为逐禽,射杀之。

衣那克格勒出使威勒忒,道闻厄僧已称"汗"号,栖栖克必济尚未适人。往见必济,无计挈之行,遂返。至雅克师孟克马群,闻其主已见杀,因杀其牧马者而尽驱其马,投栖栖克必济。

先是,哈尔古察克台吉逃出时,栖栖克必济已怀孕七月,其父厄僧欲令改适,必济曰:"吾夫尚在。"誓死不从,厄僧无如何也。及弥月,生一子,厄僧使阿巴布尔吉往视,且嘱之曰:"女则留之,男则杀之。"阿巴布尔吉至,欲观其子,必济觉之,拽儿阴向后,绐之。阿巴布尔吉返,厄僧疑未释,令复视。比阿巴布尔吉之返也,必济遂以其儿易察哈尔呼拉必斯妇厄退之女，置寝所以待。阿巴布尔吉复至，启衾视之，果女也，遂返命。必济往愬于曾祖母萨睦尔公主曰："我父不能忘情于我子也，数使人探视，我易以他人之女，仅而获免；今舅氏衣那克格勒已归，畏我父，匿于我所，将奈何？"萨睦尔公主命取其子至，名之曰巴颜孟克，使娑龙古斯部桑古尔代之妻哈拉克亲太卜津育之。语其孙厄僧曰："衣那克格勒至，汝杀之不？"厄僧曰："将食其肉而饮其血也。"公主曰："若其杀哈尔古察克而来，则若之何？"曰："诚若是，则宥之。"公主令衣那克格勒见厄僧，曰："我已杀哈尔古察克台吉，截其辫发，并其乘骑萨里西尔哈马为验，敢请命。"厄僧果宥其死，而名之为厄劣那克楚。厄劣，鹰名也；那克楚，舅也；鹰性善戕物，故以名之。

厄僧既贼有蒙古国，使人召寿苏忒巴图鲁。寿苏忒从三十人来，祗与十人入公馆，厄僧使乌尔辉墨尔根皆执杀之。

一日，有威勒忒国人获一鹰，拟命其名而未定。一裸身童子至，曰："是鸟也，巨咀阔掌，锐尾垂胸，盖他斯哈里鹏之子哈济尔得尔白忒也。"其人具以其言告厄僧，厄僧曰："我向日捕寿苏忒巴图鲁之子而未得，此或是欤？"大索之。娑龙古斯部桑古尔代之妻哈拉克亲太卜津闻之，藏巴颜孟克于锅中，覆以马粪，而以其所生之子示使者。

使者不察,去其衣,将缢杀之,其从者止之曰:“曩听见之童子,目炯炯,背若兔然,此非是也。”释之而去。太卜津谓巴颜孟克曰:“势不能育汝于此矣,行人或诘之,则云系本威勒忒,父母殁于兵,我年尚幼,父母之名俱不能记忆也。”训毕,遣去。巴颜孟克途行,过威勒忒之伊拉朱巴颜家,叩其姓氏,行将安往?巴颜孟克一以太卜津所训答之。伊拉朱巴颜以为威勒忒商也,留之,且善抚焉。后厄僧又闻之,必欲杀之而后已,萨睦尔公主怒曰:“汝能必其成立报仇乎?此子,我曾孙女所出,亦汝甥也;拖懽在,决不至有今日也。孙子固当若是耶?”厄僧默然出,曰:“我欲绝博尔济锦氏而格于祖母,将不使之闻而杀之也。”衣那克格勒厄劣那克楚知之,以告萨睦尔公主。公主欲送巴颜孟克避之蒙古国而难其人,衣那克格勒厄劣那克楚曰:“有威勒忒之倭格德台布者,自十三岁从军,即奋勇登先,懋著劳绩而厄僧不加怜爱,其心不平,往试之何如?”遂往告倭格德台布曰:“哈尔古察克之幼子,栖栖克必济所生也,厄僧将谋杀之,公主欲送之蒙古而难其人,汝欲建大功,盖请于公主而送之?将世世子孙为蒙古之元勋矣,不仅及身而已也。”倭格德台布往见公主,请行,公主大悦。遂遣倭格德台布及蒙古哈拉克亲部之博雷太师、萨尔他古尔部之巴颜代墨尔根,共嵇拉忒部之厄塞雷台布,从巴颜孟克逃去。厄僧闻之,使阿巴布尔吉、衣那克格勒厄劣那克楚等追之，未及，阿巴布尔吉以其所乘之赭黑良马与衣那克格勒厄劣那克楚，曰："汝乘此速追之，能夺之归，土地人口并牧马之群，非所爱也，以酬汝。"衣那克格勒厄劣那克楚遂行。倭格德台布等见追者至，弃巴颜孟克而奔。衣那克格勒那克楚挈之马上，追及倭格德台布等，付之曰："此子，尔何弃也？汝等何为而去乎？"故为对射状而去。衣那克格勒厄劣那克楚俟其后队追至，指地下遗镞示之，众遂不疑而返。倭格德台布等逃至无良汉之呼图克少师处，呼图克少师曰："此子暂止我所，将归其宗社焉。"比及巴颜孟克既成立，呼图克少师以其女师克尔妻之。

其后，威勒忒右营之阿拉克忒睦尔丞相、左营之哈滩忒睦尔请于厄僧曰："君今已正汗位，太师之号当以见赐。"厄僧曰："意欲得此乎？已赐吾儿矣。"二人出曰："破蒙古、即汗位，微我二人之才勇与阿布都拉色臣之智不及此，今惟汝父子独享之乎？"纠兵攻之。厄僧逃去，妻子赀畜俱被掳。厄僧孤身忍饥逃窜、过布库苏尔孙之家，求饮解渴，布库苏尔孙之妻谓其子曰："此人貌似厄僧，我夫仇也，汝其图之！"其子布衮等兄弟九人执杀厄僧，以其尸骨暴于枯魁汉岭之树而风化焉。

墨尔古尔格思汗

汗，太嵩汗之子，萨睦尔太后所生，七岁即汗位。萨睦尔太后欲复仇，征威勒忒国，合马步牛队为一军，太后亲佩刀。汗时方幼，以蒉载之而系于驼上。军行至枯魁札布堪地，与威勒忒战，破其众，掳获甚多。因汗系于驼，故号曰乌克克图汗。师还，方在安抚蒙古国事之际，噶初古之后七土默特部多和伦台吉弑汗。在位一年。

摩伦汗

汗，太嵩汗之子，先被出阿尔他噶尔津哈吞所生也。哈吞出时，汗甫三岁，随母归；及外祖彻部登死，居郭尔罗斯部之库部七尔家，给使令之役。适其部落疫灾流行，命卜之，卜者曰："其有干于博尔济锦氏欤？"众是其言，令克穆齐克忒部之他哈太台布，郭尔罗斯部之摩罗代送汗至毛礼海王所。毛礼海王者，布库博尔格太之后，素有功于蒙古者也。其属下之大臣，咸欲尊之为汗，毛礼海王誓不可。及汗至，即以已所乘之魁苏图黄马与之乘，而加金顶于其冠，引之至清吉思汗陵寝前，叩首即汗位。

其后，鄂尔多斯部之孟克、和拖布哈谮于汗曰："毛礼海王将谋叛，兵即至矣。"汗弗听，使往验之，毛礼海王方行围，使者见所扬之尘，误以为兵，复命，汗率兵迎战。而孟克、和拖布哈先密驰报毛礼海王曰："汗欲杀汝而并汝国，兵已发。"毛礼海王初犹未信，及登高望之，果然。乃仰天奠酒，呼太祖汗而祝曰："臣于圣裔，可谓忠矣。今圣裔反欲杀臣，我二人孰是孰非，神灵昭鉴！"祝毕，叩首，披甲上马。念众寡不敌,分兵三百与其弟扎尔古漆,伏左右而自与汗战。伏发,汗败北,被杀。在位二年。博尔博克部之巴颜厄尔伯格尔从战被擒,众欲斩之,毛礼海王曰:“为主尽力,良臣也,善遇之,安必不尽力于我乎?”宥之。巴颜厄尔伯格尔即于汗死所,以所佩刀掘土瘗之。蒙库尔德哈吞哭曰:“惜哉!大业倾颓,非谗人孟克、和拖布哈讵至此乎?”毛礼海王闻之,亦为惋惜,乃执孟克、和拖布哈,断其舌而杀之。

满都古尔汗

汗,阿斋台吉之第三子,太嵩汗之异母弟也。先是,太嵩汗、阿巴喀尔津济农遇害时,汗居阿苏忒山。摩伦汗被弑灭嗣,部下大臣俱以舍汗无人嗣位,固请允之,即位于哈忒呼兰太山。汗有二女,一为博罗克亲公主,适威勒忒伯格尔僧;一为厄式格公主,适蒙古车库忒部之和硕他卜囊。汗欲为其兄之子墨尔古尔格思汗复仇,发兵征七土默特之多和伦台吉,杀之,尽收其众。时无量汉之呼图克少师送巴颜孟克并其从人至,汗大悦,封巴颜孟克为“博尔呼济农”号,以继博尔济锦氏之祀。汗又为摩伦汗复仇,征毛礼海王,使吴鲁忒部寿苏忒之子乌纳博罗忒将兵焉。毛礼海王闻之,遁走。乌纳博罗忒追至乌尔灰之野,先获其子弟七人,枭首以询,因名其地为“多罗忒拖罗海”。毛礼海王孤身窜至空圭扎布堪山峪,结茅以居。乌纳博罗忒追获，杀之。

是时，汗抚有六万众蒙古，与巴颜孟克博尔呼济农共治其国焉。有洪和赖者，谗于汗曰："巴颜孟克博尔呼济农欲谋逆而娶衣克哈巴尔图仲根哈吞。"汗不听，使人告济农。济农大惊曰："谗言出自谁口？是可诛也！"使者反命，汗怒，断洪和赖之舌，杀之。厥后，永耆布之伊思满太师，亦谗人也，谓汗曰："惜乎，枉杀洪和赖，其言不诬。"复往告济农曰："洪和赖之祸发矣，汗将杀汝。"济农疑之，伊思满太师曰："探汝之使，行即至矣，犹不之信邪？"出，使者适至。济农疑其探己也，对使语颇不逊，遣之去。汗闻而大怒，令伊思满太师将兵讨之，济农从二人逃去，伊思满尽收其众。巴颜孟克博尔呼济农逃至其姑博罗克亲公主处。公主留之，秘不使其夫柏格尔僧知，微以言探之，其夫语甚严厉，留之恐被害，遣去。济农行至永耆布界，遣从者往探音问，伫立俟之，遇克列、察罕、忒穆尔、孟克、哈拉把太，欲得济农金带，不与，遂杀之。济农有子曰巴图孟克，与巴尔哈津部之巴海育之。及满都古尔汗在位五年崩，无嗣，巴图孟克即位。

巴图孟克太衍汗

汗自幼育于巴海家，有失调护，得痞疾。汤古忒图勒格尔之子忒睦尔哈达克等昆弟七人谓巴海曰："此子宜善抚之，否则与我。"弗与，夺之去。忒睦尔哈达克之妻鄂云达尔日以银碗盛驼乳摩其患处，至银碗穿，痞下如萍者七枚始愈。后即位，欲报先世之仇，征威勒忒国。步卒牛军先三日启行，汗同满都海赛音哈吞亲统骑兵，使克式克滕部之阿来通开道，至忒思布尔都之地，与威勒忒战，大胜之，服其四万威勒忒。下令威勒忒国士将：嗣后，房舍不得称殿宇，冠缨长不得过四指，居常许跪不许坐，食肉许啮不许割，改“乌苏克”（酸奶）之名为“扎格”。其部众以食肉用刀跪请，许之，余悉如令。威勒忒至今犹奉行焉。

兵还，命郭尔罗斯部托和齐少师等将兵征伊思满太师，即前此满都古尔汗前谗害巴颜孟克博尔呼济农者也。拖和齐少师诛伊思满太师而纳其妻郭罗代焉。

满都海赛音哈吞初生图鲁博罗忒、乌鲁思博罗忒，次生巴尔思博罗忒、阿尔思博罗忒，次生鄂齐尔博罗忒、阿尔出博罗忒，最后生阿尔博罗忒及图鲁尔图公主，皆一母焉。汗又娶无量汉呼图克少师之孙女苏睦尔哈吞，生格勒三扎、格勒；娶威勒忒孟格里阿噶尔古之女库绥哈吞，生噶鲁帝台吉、五巴三察青台吉。共十一男一女也。

汗夙仇皆已雪灭，大赉勋臣，皆赐以“代达尔汉”之号焉。

右翼鄂尔多斯图扪哈拉克坦部之拜音珠呼尔达尔汉、永奢布布列雅忒之朱尔噶代墨尔根、土默特毛名鞍之多和伦阿噶尔古三大臣，请于诸皇子中封一“济农”，出镇三藩。汗封次子乌鲁思博罗忒济农，掌右翼三万众。时永奢布之义巴来太师、鄂尔多斯部之满都赖阿噶尔古谋曰：“封一主至，则我等不克自专主矣，乘此杀之便。”谋定，使石包沁部之必尔珠麻尔伺隙图之。乌鲁思博罗忒至，循“济农”受封故事，诣清吉思汗寝庙行礼，未至而必尔珠麻尔伺于途，冒指其所乘马为己马，执靮阻行。乌鲁思博罗忒以刃加其首曰：“汝……”未终语而义巴来太师、满都赖阿噶尔古即怒曰：“汝甫至，即伤及无辜，自兹以往，我族应无遗类矣。”群起而杀之。拜音珠呼尔达尔汉止之曰：“请于汗而封之，及其来而杀之，蔑视其君，理乎？戕君之子，必受天刑。”弗听，擐甲率兵至，一人当先，乌鲁思博罗忒击倒之，转战间，叛兵大至，乌鲁思博罗忒中箭死。

汗闻震怒，统大兵自翁衮进剿，义巴来太师等率右翼三万劲兵抗战于达兰图鲁地。鄂尔多斯之拜音珠呼尔达尔汉等七人归命助战。汗之第三子巴尔思博罗忒从勇士四十人，自土默特军中突围出，复从鄂尔多斯军后掩杀而入。鄂尔多斯之孟克图克齐引其青纛来降，巴尔思博罗忒遂掩白纛，反树青纛于军诱之，鄂尔多斯咸至，悉歼其众；永奢布之众杀降过半，逃者追至青海，收服之。追杀满都赖阿噶尔古于那亲猜达摩之地，改其地曰“阿噶尔古猜达摩”。追杀义巴来太师于哈密城。右翼三万皆平。

巴尔思博罗忒行间懋建奇勋,封"济农",命抚右翼。

后无量汉之格塞丞相、哈拉呼拉又叛,汗复亲剿灭之。乃以无量汉之众分附众部落而灭其所有图扪之名。于是治定功成,修明国政,与众部落同享太平矣。汗在位七十四年,寿八十而崩。

长子图鲁博罗忒先卒,长孙钵帝阿拉克即汗位。次子乌鲁思博罗忒无嗣。三子巴尔思博罗忒封"济农",掌右翼三万众。四子阿尔思博罗忒掌七土默特。五子鄂齐尔博罗忒掌察哈尔之八克式克滕。六子阿尔楚博罗忒掌五喀尔喀。七子阿尔博罗忒掌察哈尔之鄂齐忒。八子格勒三扎掌北七劄来尔喀尔喀。九子格勒掌察哈尔、敖汉、奈曼。十子噶鲁帝台吉无嗣。十一子五巴三察青台吉掌阿苏忒、永奢布。图鲁尔图公主适扎鲁特部伯苏忒达尔汉他卜囊。

钵帝阿拉克汗

汗为巴图孟克大衍汗之长孙,图鲁博罗忒之子。即位后,科尔沁之巴图鲁摩罗钗告汗曰:"右翼三万暴虐性成,盍讨灭之,以其所属分附左翼三万。"汗从之。将发兵,母察哈章太后止之曰:"不可。昔尔祖大衍汗征右翼三万于达兰图鲁时,科尔沁之乌尔图海王奏曰:'此三万之众群居萃处,后世必为子孙忧,请以察哈尔、鄂尔多斯两国汇居一处,而以永奢布分居科尔沁,以十二土默特分摄十二喀尔喀。'祖曰:'杀我乌鲁思博罗忒者,义巴赉太师、满都赖阿噶尔古也,诛之已矣,右翼三万之众何与焉?'悉宥之。昔四十万蒙古所存,仅此六万耳;今若毁之,何恃以立国?祖有明训而违之,是废先人之业也。且吾闻之,巴尔思博罗忒长子衮必力克库墨力墨尔根哈拉济农之子布扬古里都拉尔代清,遇敌猛勇,不俟裹甲,万夫不能当;墨尔根哈拉济农之二弟阿尔坦之子僧哥都楞忒睦尔,能跃驼峰而上;墨尔根哈拉济农之孙呼图克台塞臣台吉,知未来事;博尔格代棚台吉从狐射其尾,次第皆中;其弟卜尔师哈坦巴图鲁累铁镭三重,射之没羽;其技能如此,能必其可灭乎?苟灭之不能,如国事何?"汗从母言,罢之。在位四年崩。子他赉孙嗣。

他赉孙阔通汗

汗即位后,王道恢宏,人民安辑,往谒清吉思汗寝庙,与右翼三万讲信修睦。回时,巴尔思博罗忒之次子阿尔坦迎之,请于汗曰:"列祖受命以来,辅弼之臣皆封以矢韬之尊号,臣仰蒙圣眷,得以此号宠赐,将竭力以图报也。"允之。时阿尔坦居归化城,自称"格根汗",兵车四出,掳威勒忒国,收图伯特国,东界阿摩力,西取赖古尔,屡入明边界,掠其郡县,明隆庆岁输金帛,称"遂王汗"。在位八年。子图扪嗣。

图扪扎萨克图汗

汗尊信噶尔嘛喇嘛佛教,政教并行。掠明边。朱尔漆忒、纳里古忒、搭吉古尔咸纳贡臣服焉。在位三十五年崩。子布衍嗣。

布衍塞臣汗

汗安抚部众,治理平康。威勒忒送玉玺至,先世所失物也。在位十一年崩。孙林丹嗣。

林丹呼图克图汗

汗,布衍塞臣汗之长孙,莽古思墨尔根台吉之子也。自巴图孟克大衍汗以来,国家承平日久,汗废弛政事,恣肆欺凌宗族,挠乱四国。率其倾国之众,亲征图伯忒,西行至西拉他拉,崩。在位三十一年。

自清吉思汗至林丹呼图克图汗,凡三十二汗,二十二世,四百九年。

林丹呼图克图汗之苏台哈吞、囊囊哈吞挈其子额遮洪郭尔、阿卜乃台吉,奉丧归国,至阿尔坦厄墨格尔之地驻焉。次日启行,时欲奉嘛哈噶拉佛载于驼,忽尔沉重不能举,两哈吞向佛顶礼而祝曰:"自我祖宗以来,敬谨奉佛,今我等当危急之秋,未知所向,仗佛慈悲,指示去留。"诘旦视之,佛忽面东,盖平日皆南向也。哈吞等曰:"东行吉。"至托里莽堪,遇太宗皇帝,钦命妥抚招安之,四大臣、哈吞等遂降。奉传国玺并嘛哈噶拉佛进之,太宗皇帝命建黄寺于盛京,佛仍东向供奉焉。封额遮洪郭尔亲王,尚国长公主,无嗣。阿卜鼐台吉亦封亲王,尚公主,生卜尔尼罗卜藏,居察哈尔,后叛,征灭。林丹呼图克图汗之后裔,自此遂亡。

※　※　※

巴图孟克大衍汗长子图鲁博罗忒之后:今乌朱睦亲两旗,霍齐忒两旗,苏尼忒两旗之王、台吉及镶黄旗察哈尔台吉,内大臣(校者注:康熙十四年任,二十一年休)寿师忒,内大臣阿猷,正白旗子爵散秩内大臣绰尔济等是也。

巴图孟克大衍汗三子巴尔思博罗忒济农之后;今鄂尔多斯六旗王、台吉,土默特贝子哈穆哈巴雅思呼郎图一旗,归化城土默特台吉诺尔布、根都拉式等,及喀喇沁汉阿海、布衍阿海、阿拜诺音,正黄旗喀喇沁贝勒拉式奇布额驸,镶红旗喀喇沁贝勒必拉西额驸,子爵必力克南地乌尔图那苏图,正蓝旗喀喇沁贝勒代达尔汉布尔噶都额驸,贝子卓尔璧,头等伯、副都统索诺穆拉式,副都统巴雅尔图索诺穆,都统罗密,副都统关保,三等子、副都统济昌,镶蓝旗副都统班第等是也。

巴图孟克大衍汗第五子鄂齐尔博罗忒之后;今克西

克滕一旗台吉噶尔弼等是也。

巴图孟克大衍汗第六子阿尔出博罗忒之后：今巴林两旗，扎鲁忒两旗，敖汉一旗，奈曼一旗王、台吉；公吉拉；及镶黄旗尚书（校者注：康熙二十二年任，二十九年休）阿拉尼；侍郎（校者注：康熙四十年正月任，四十八年十二月休）绰可托；内大臣、步军统领阿济图（校者注：雍正三年正月任，十年四月退）；蒙古世封巴岳忒贝子隶正黄旗满洲尚国长公主、原封三等奉义公恩格德理；领侍卫内大臣（校者注：顺治九年十二月任），銮仪卫总理大臣（校者注：四月任，十六年四月休）公额尔克代青；内大臣（校者注：康熙九年任）、工部侍郎、伯囊努克；领侍卫内大臣阿尔泰；散秩大臣（校者注：康熙二十八年任，三十八年卒于官）拉尔泰；内大臣、都统扎克丹；护军统领（校者注：康熙二十一年十一月任）、銮仪卫总理大臣（校者注：二十三年三月任）、正黄旗蒙古都统（校者注：五十五年任）、领侍卫内大臣（校者注：雍正四年十月任，七月卒于官）、伯四格；散秩大臣（校者注：乾隆九年任）镶蓝旗蒙古副都统（校者注：十三年闰七月任）、历任天津都统（校者注：二十五年十二月任）、一等奉义侯（二十七年八月转京任）英泰；内大臣噶尔萨（雍正五年五月任，十年九月退）；杭州副都统和尔敦；四川总兵博尔和；三等侍卫襄善保；参将佛保；子爵、勋旧佐领特通阿；佐领穆通阿；轻车都尉爱隆阿；骑都尉兼佐领福广；二等侍卫（校者注：四十六年四月任）、侍卫班。公中佐领、一等侯安临等是也。

巴图孟克大衍汗第八子格勒三扎之后：今喀尔喀三汗王、台吉是也。

巴图孟克大衍汗第九子格勒博罗忒之后：世封乌鲁特之隆诺音；贝勒吴班；贝勒齐伦（校者注：康熙九年五月初六日奉敕追封）；原封二等伯、追赠一等恭诚侯（校者注：乾隆十五年七月三十日持旨赠）、贝勒明安；内大臣、三等男、赐号达尔汉（校者注：天聪五年）和硕齐昂洪；都察院左侍郎（校者注：崇德三年任）、三等子多尔济；内大臣绰尔济；内大臣、二等伯郎苏；领侍卫内大臣（校者注：顺治九年任，十四年九月卒于官）鄂齐尔；散秩大臣、北路军营参赞大臣、都统图喇；内大臣、前锋统领巴图；鹰鹞处总管、子爵保住；三等子爵、勋旧佐领佛祐；领侍卫内大臣、北路军营副将军，护军统领、侯马兰泰；散秩大臣、护军统领、正蓝旗蒙古都统、侯博伦岱；侍卫什长德裕；三等侍卫德宁；三等男永德；广西南宁府知府、壬申科举人出身德坤；大理府参将永昌；辛卯科举人德昶；散秩大臣（校者注：四十八年二月初一日任）、广州都统（校者注：四十八年二月十四日由镶黄旗汉军副都统转）、侯博清额；佐领祥泰，及正蓝旗伯黑达色；杭州将军扎穆扬；西安将军宗扎布；礼部侍郎罗瞻；刑部侍郎刘祥；广州都统兼勋旧佐领(校者注:四十一年八月十八日任,四十八年二月十四日转京口任)文常等是也。

清吉思汗第二弟哈卜图哈萨尔之后:今科尔沁十旗,阿鲁科尔沁一旗,乌喇忒三旗,毛名鞍一旗,四子部落一旗之王、台吉是也。

清吉思汗第三弟鄂初古之后:库尔鲁忒部落之台吉是也。

清吉思汗第四弟噶初古之后:今翁牛忒两旗王、台吉;哈拉齐里克公索诺穆;及镶黄旗副都御史多尔济达尔汉诺音(校者注:崇德三年七月任,顺治四年承政总宪任,五年卒,《通志》作诺颜,误);正白旗内大臣塞尔格克和硕齐(康熙十二年任,二十年十月卒于官)等是也。

清吉思汗第六弟布库博尔格忒之后:今阿巴噶两旗,阿巴噶那尔两旗王、台吉是也。

巴图孟克大衍汗第三子巴尔思博罗忒济农生有七子,长曰衮必力克库勤墨尔根哈拉济农,原封鄂尔多斯部落,今鄂尔多斯六旗王、台吉是其后也。次子阿尔坦格根汗,在土默特部落为主,今土默特贝子哈穆哈巴雅思呼朗图,及归化城土默特台吉诺尔布、根都尔师等是也。三子拜思哈尔赛音和托郭尔坤都伦代青汗,在喀喇沁部落为主,其后喀喇沁之汗阿海、布颜阿海、阿拜诺音台吉等是也。喀喇沁其名有三:其汗之子孙台吉,则为西拉努忒喀喇沁;其故旧勋戚之裔,则为博罗努忒喀喇沁;其各处俘降,则为哈拉努忒喀喇沁。四子拉布克诺音,在倭格新部落为主。五子和济格尔诺音。六子捺林诺音,在察罕他他尔部落为主。七子博济达拉诺音,在永奢布部落为主,其子孙世居哈尔哈。

喀喇沁之拜思哈尔塞音和托郭尔坤都伦代青汗生六子,长曰拜浑代,次曰代青,三曰萨赉,四曰宾图,五曰鄂托浑出库尔,六曰倭哲忒。

萨赉生阿拜。阿拜生二子,长曰绰克图,次子布尔噶都。绰克图生卓尔璧。卓尔璧生三子,长子参领博勒、次子护军参领查穆颜,三子关东。博勒生二子,长子二等侍卫达赉,次子佐领劳桑。达赉生二子,长子副都统索诺穆,次子都统罗密。劳桑生七格,查穆颜生四子,长子轻车都尉班第,二子护军布颜,三子佐领乌巴,四子叨番七。班第生二子,长子副都统关保,次子黑格。叨番七生札师札穆苏。关东生阿音师。阿音师生雅图。布尔噶都生伯班忠,班忠生伯巴达麻桑。巴达麻桑生四子,长子副都统索诺穆拉西,次子佐领巴雅思呼朗,三子副都统巴牙尔图,四子佐领苏朱克图。索诺穆拉西生子爵副都统济昌。苏朱克图生佐领多尔济。

喀喇沁素与察哈尔不和,至拜浑代之孙拉式奇布时,昆弟布衍阿海、绰克图、布尔噶都等共计,使额尔济泰恭诣盛京，表奏太宗文皇帝，愿归心天命，世效股肱之力，皇天后土实鉴此心。因率其部属内附焉。太宗文皇帝封拉式奇布为额驸，授男爵，分属正黄旗蒙古；布衍阿海之子必拉西为额驸，授子爵，分属镶红旗蒙古；封布尔噶都为额驸，授子爵；其兄绰克图之子卓尔璧授轻车都尉，叔侄二人，皆分属正蓝旗蒙古。自归诚以来，蒙圣主豢养之恩，祖宗衍庆之福，子孙蕃庶，世为勋戚，得享太平之福，岂非早识天心之徵验欤？

巴图孟克大衍汗第八子格勒三札生七子，分据哈尔哈，故称七旗哈尔哈。长子阿式海达尔汉欢台吉之后，今札萨克图汗策旺札布，贝勒博贝、诺尔布、班第、噶尔桑等是也。二子诺音代哈滩巴图鲁之后王彭苏克拉布坦、公民朱尔等是也。三子诺和努呼维真诺音之后，凡四支：一为阿巴太，土谢图赛音汗之孙遮卜尊旦巴呼图克图汗，汪札尔多尔济四额驸，王敦多布多尔济，王丹津多尔济，贝勒车卜登、扯摩初克、那木札尔等；一为阿布呼墨尔根诺音之孙达尔汉亲王诺馁墨尔根济农，王古鲁式奇布等；一为赛音诺音之孙，王善巴代亲六额驸，王策楞，王坤都伦博硕克图衮布等；一为库库脑尔绰克图汗之孙，公阿努里等是也。四子阿敏都拉尔诺音之后，扯臣汗车卜登班朱尔王、台吉等是也。五子达赉台吉无嗣。六子德尔登坤都伦之后，贝勒班第，燐亲，扯登札布等是也。七子塞摩贝马之后，公通摩克等是也。

以上七支原系各有其国，顺治间，始与中国通，岁贡九白。厥后，札萨克图汗、土谢图汗兄弟不睦，干戈日起。厄鲁忒噶尔旦之弟多尔古吉札布（案，此下似有缺文）札萨克图汗为土谢图汗所杀，噶尔旦为其弟复仇，大破哈尔哈，诸汗、诺音皆南窜，入中国投降。圣祖仁皇帝加恩豢养，更使大臣往多伦脑尔，招其流亡。赐复哈尔哈三汗故号，诸诺音封爵有差，分旗以处之。厥后，御驾亲征，诛灭噶尔旦，赐三汗各居故土，高天厚地，恩何极焉。至今子孙繁庶，坐享升平，向之所谓七旗者，今兹有七十旗矣。噫！蒙古国既废复兴、临亡复存，皆圣恩再造之力也。一人有庆，兆民赖之，此之谓也。

乾隆四十六年秋八月裔孙博清额重纂

汉译蒙古黄金史纲

作　　者　朱风　贾敬颜
责任编辑　常　青
封面设计　徐敬东
出版发行　内蒙古人民出版社
地　　址　呼和浩特市新城区中山东路 8 号波士名人国际 B 座 5 层
印　　刷　内蒙古地矿印刷厂
经　　销　新华书店
开　　本　880 × 1230　1/32
字　　数　160 千
印　　张　9.125
印　　数　5001 - 9000 册
版　　次　1985 年第 1 版　2007 年 1 月第 2 版
　　　　　2015 年 1 月第 2 次印刷
书　　号　ISBN 978 - 7 - 204 - 07983 - 4/K · 478
定　　价　29.00 元